index des numéros parus en 2005

politique étrangè

revue trimestrielle publiée par l'Institut français de

n° 1 janvier-mars 2005

n° 2 avril-juin 2005

n° 3 juillet-septembre 2005

n° 4 octobre-décembre 2005

Institut français des relations internationales
27, rue de la Procession - 75740 Paris CEDEX 15
Tél. : 33 (0) 1 40 61 60 00 - Fax : 33 (0) 1 40 61 60 60
ifri

politique étrangère | 1:2006

revue trimestrielle publiée par l'Institut français des relations internationales

politique étrangère **I 1:2006**

revue trimestrielle publiée par l'Institut français des relations internationales

sommaire

page 5 éditorial

Politique étrangère a convenablement épuisé sa soixante-dixième année, et nous voici devant l'anniversaire... 70 ans : un âge respectable, rare pour une revue française, et gage d'une étonnante expérience. Dire : 1936-2006, c'est entendre l'écho de tant de mondes...

Cet écho, et la manière dont il nous installe dans le futur seront les thèmes d'un numéro double exceptionnel de *Politique étrangère* qui paraîtra à la fin de 2006. Mais ce premier numéro de l'année permet, déjà, de remercier tous ceux qui ont fait la longue vie de cette revue, et lui promettent un bel avenir – ses contributeurs, et ses lecteurs.

*

Peut-on ouvrir ce numéro de *Politique étrangère* sans penser aux échanges chaotiques entre mondes européen et musulman qu'a déclenchés la désormais fameuse controverse des caricatures ? Au-delà de son contexte politique, de son instrumentalisation par des régimes en mauvaise posture (Iran, Syrie...), de sa récupération par des opinions déboussolées (Palestine), l'affaire pose des questions fondamentales aux sociétés européennes qui, depuis le 11 septembre au moins, fondent leur stratégie vis-à-vis de leur Sud méditerranéen sur l'idée du *dialogue des civilisations*, ou des cultures, et sur la notion de *tolérance*.

La première question est celle de la surface de notre souveraineté. L'ouverture de nos sociétés doit-elle avoir pour résultat fatal la dépendance vis-à-vis d'opinions internationales erratiques ou manipulables, contestant notre propre droit ? Notre opinion publique peut être erratique, mais elle est filtrée, amortie par des institutions démocratiques, absentes au niveau international. L'affaire des caricatures devrait donc relancer un débat sur les rapports entre les divers niveaux de production du politique. Les libertés, les droits essentiels peuvent et doivent être établis, proclamés à un niveau international. En l'état actuel des choses pourtant, ils ne peuvent sans doute être garantis que par des sociétés politiques structurées – communautés humaines constituées en États. La nôtre doit donc garder la force de se défendre et de maintenir ces droits. La problématique de l'État est au cœur des reconstructions post-conflictuelles de l'après-guerre froide ; elle est tout aussi centrale dans les débats idéologiques, voire moraux, qui essaient de définir les règles de la « coexistence pacifique » contemporaine.

Quel sens aurait dans ce contexte un dialogue des cultures, des civilisations, qui prendrait ces dernières, dans toutes leurs productions, et avec toutes leurs références, pour des ensembles finis, constitués ? Qu'est-ce qu'une tolérance qui respecte l'Autre simplement parce qu'il est *autre* ? Devrait-on tolérer l'intolérance des islamistes, des intégristes religieux de tous poils, au prétexte qu'elle serait leur culture même ? Mais si nous refusons le relativisme – mortifère pour la liberté – que véhicule une certaine vision du dialogue des cultures, au profit de l'absolu de certains droits – et le droit d'expression libre, jusqu'au blasphème, en fait bien sûr partie –, comment faire grandir le consensus autour de ces droits ? Comment les définir à la fois fermement et de manière ouverte ? Pouvons-nous le faire seuls ? Si non, avec qui ? La déroute de la conférence de Barcelone de novembre 2005 est aussi celle d'un dialogue entre des références culturelles multiples, ouvertes et évolutives.

*

Les différentes formes de la radicalisation islamiste sont largement présentes dans ce numéro, à travers les salafismes européens, l'évolution des conflits caucasiens ou la question afghane. À la croisée de ces espaces, et des problèmes posés par les islams contemporains, nous retrouvons la Russie... Une Russie dont les avatars économico-diplomatiques des derniers mois brouillent encore l'image. Ce qui ressort du dossier ici présenté, c'est l'ambivalence de ce pays. Vladimir Poutine est sans doute à la fois le modernisateur et le « réfrigérateur » de la Russie actuelle. De même, le boom des exportations énergétiques est à la fois une immense chance économique et un lourd risque politique pour le pays. Dans son bras de fer avec l'Ukraine, Moscou peut plaider son bon droit ; elle n'en adopte pas moins une posture arrogante, donc dangereuse. Dans ses relations avec la Géorgie, emblématiques de ses difficultés à penser ses relations avec les composantes de l'ex-Empire, Moscou encourage en sous-main les séparatistes ossètes sans faire le pas décisif qui les intégrerait à la Russie. Dans l'affaire iranienne, enfin, Moscou tente de garantir ses marchés extérieurs nucléaires, tout en sachant n'avoir nul intérêt à l'émergence d'un Iran nucléaire sur ses arrières. On voudrait être sûr que cette ambivalence n'est pas ambiguïté, qu'elle témoigne du savoir-faire de la célèbre diplomatie russe : ce n'est, hélas, sûrement pas le cas. La question de la posture même de la Russie dans tous ses environnements demeure donc ouverte.

En tout état de cause, le nucléaire est de retour – loin des proclamations hâtives des années 1990 sur l'avènement d'un monde post-nucléaire. En témoignent les avatars du dossier iranien, dont on comprend bien qu'il met en cause non tant l'Iran que la stabilité de la région et, surtout, la crédibilité – et tout simplement la survie – de l'architecture globale de non-prolifération, dans un contexte politique et technologique particulièrement dangereux. En témoigne aussi l'écho international de la réaffirmation doctrinale du président de la République française[1]. On ne peut s'étonner d'un discours expliquant que le nucléaire doit dissuader toute atteinte aux intérêts vitaux du pays – les responsables français ont-ils jamais dit autre chose ? Ni d'entendre confirmation de ce que les forces nucléaires françaises ont été adaptées au contexte post-bipolaire. On peut s'émerveiller en revanche de ce qu'une presse oublieuse ait pris ces réaffirmations pour une nouvelle donne – le débat est posé en ces termes, doctrinaux ou techniques, depuis plusieurs années. Et qu'une fois encore la France s'exprime sans revendiquer la concertation, ni sur le fond ni sur la forme, avec ses alliés les plus proches – l'Allemagne au premier chef. Comme si la grandeur était décidément un plaisir solitaire.

On finira sur une garantie, utile ces temps-ci, d'absolution non religieuse : « *Qu'est-ce que la tolérance ? C'est l'apanage de l'humanité. Nous sommes tous pétris de faiblesses et d'erreurs ; pardonnons-nous réciproquement nos sottises, c'est la première loi de la nature* »[2].

politique étrangère

1. Discours de Jacques Chirac prononcé le 19 janvier 2006 devant l'état-major de la Force océanique stratégique (FOST).
2. Voltaire, *Dictionnaire philosophique*, article « Tolérance », 1765-1770.

page 9 dossier

Russie : le dedans et le dehors

Russie : la transition inachevée

Par **Mark Medish**

Mark Medish, ancien conseiller spécial du président Clinton et directeur pour les Affaires russes, ukrainiennes et eurasiennes de la Maison-Blanche entre 2000 et 2001, est aujourd'hui avocat international à Washington. Il a également été assistant du secrétaire-adjoint au Département du Trésor américain (1997-2000).

Texte traduit de l'anglais (États-Unis) par Dominique David

La croissance économique russe est spectaculaire ; mais les échecs sociaux et politiques du pays sont tout aussi nets. Vladimir Poutine apparaît à la fois comme l'homme des réformes pragmatiques et comme l'initiateur d'une nouvelle glaciation politique qui s'illustre dans la brutalisation croissante des relations avec l'étranger proche. Les Occidentaux, divisés et largement impuissants, doivent redéfinir et unifier leurs choix politiques vis-à-vis d'une Russie pour le moins incertaine.

politique étrangère

On tentera dans ces réflexions d'aborder trois ensembles de questions. Tout d'abord : où va la Russie ? Vers quelle direction s'oriente son développement interne ? En première analyse, la réponse est que la Russie suit de plus en plus *son chemin* et de moins en moins *le nôtre* – on pourrait d'ailleurs suggérer qu'il s'agit d'une « troisième voie »... –, ou aussi bien qu'elle risque de s'égarer en route.

Deuxième interrogation : que signifie ce choix d'un chemin propre pour son voisinage et pour la sécurité dans l'espace eurasien ? La réponse immédiate semble être ici que tout en demeurant relativement faible, la Russie semble aborder une nouvelle phase d'activisme extérieur, peut-être en recouvrant une sorte de confiance post-impériale en elle-même, sentiment largement dû à sa richesse énergétique.

Enfin, que signifient ces développements pour les États-Unis et pour l'Europe ? Dans quelle mesure sommes-nous concernés par cette évolution, et que pouvons-nous faire ? Réponse évidente : nous sommes concernés au plus haut point et la voie que choisit la Russie est très importante pour notre sécurité, mais nos moyens d'action s'érodent. Le défi pour la communauté euroatlantique est donc de faire plus avec moins de moyens : avec plus de précision, de manière plus décidée et mieux coordonnée.

Une voie russe ?

Les 15 à 20 dernières années représentent pour la Russie une transition dynamique, mais très inachevée. Et les choses y semblent aujourd'hui précisément plus dynamiques et moins achevées.

Il faut ici se situer dans une perspective historique large. En 1767, la Grande Catherine publiait un *oukase* posant les bases d'une constitution pour la Russie. Son premier article était d'une concision remarquable : « La Russie est un État européen ». Vision impressionnante, rêve étonnant pour une fille des Lumières venue de Poméranie… Mais le décret est bel et bien demeuré à l'état de rêve. La constitution de Catherine s'est heurtée à de multiples obstacles, dont les révoltes internes et les guerres extérieures. Cependant, l'affaire nous rappelle, pour la Russie et ses dirigeants, une aspiration – et un désappointement – de longue haleine.

Si nous nous attachons plus précisément à l'époque qui commence avec Gorbatchev, la Russie a suivi une évolution positive, remarquable, et pour tout dire inattendue. Ce qui frappe d'abord, c'est l'ampleur des catastrophes évitées. Pensons à ce qui aurait pu tourner mal en 1989 (lors de la chute du Mur), en 1991 (lors du putsch, puis au moment de la dissolution de l'Union des Républiques socialistes soviétiques, URSS), en 1993 (lors de l'attaque du Parlement), en 1996 (lors de l'ébauche de *comeback* du communisme) ou en 1998 (au moment de la crise financière). Ainsi, la Russie a réussi à éviter les brutaux à-coups qui ont si souvent caractérisé son histoire.

La Russie d'aujourd'hui est sans doute la meilleure de toutes les Russies possibles, ou de celles que nous pouvions imaginer

Certes, se garder du pire ne suffit pas à produire le meilleur. Mais la Russie d'aujourd'hui est sans doute la meilleure de toutes les Russies possibles, ou de celles que nous pouvions imaginer. Et plus généralement, la Russie post-soviétique semble être sur la voie de l'intégration – une intégration globale, sans doute plus qu'une intégration strictement européenne.

En réalité, tout dépend, comme souvent, de l'objectif choisi. Si l'on s'attache aux deux ou trois dernières années, quelques tendances sont préoccupantes. Nombre de critiques pensent que la Russie de Vladimir Poutine s'est brusquement écartée de son précédent cours européen, empruntant désormais une sorte de troisième voie – non répertoriée... Et que sur cette voie, la Russie peut s'égarer et finir en État pétrolier pré-démocratique et pré-moderne, avec un sérieux tropisme post-impérial.

Il n'est pas douteux que de profondes contradictions, tensions, divergences, traversent l'actuel développement politique et économique de la Russie. Et d'abord la contradiction entre le développement quantitatif et qualitatif du pays. L'écart est net entre l'*output* macroéconomique et l'*input* politico-économique. En un certain sens, la Russie n'est aujourd'hui que le plus brillant des États déliquescents.

D'un côté, les succès de l'économie russe sont impressionnants à bien des égards, avec une hausse continue du produit intérieur brut (PIB) depuis 1999. La croissance a été d'environ 6 % en 2005, et devrait se maintenir à ce niveau jusqu'en 2007. Les choix macroéconomiques effectués à travers la politique fiscale et monétaire ont été prudents et efficaces. Le boom russe d'aujourd'hui est en large part dû aux exportations de pétrole et de gaz. Le pétrole est peut-être une malédiction : mais il est tout aussi bien une réalité, qui fonde ce boom économique. En janvier 2006, les réserves de la Banque centrale s'élevaient à environ 185 milliards de dollars, avec 50 milliards spécifiquement attribués au Fonds de stabilisation. Et en dépit de fuites de capitaux toujours élevées, l'aubaine des exportations de réserves fossiles s'est traduite par un arrosage très efficace qui a bénéficié à l'économie russe dans son ensemble. Le niveau de vie progresse, et la classe moyenne se développe.

La Russie réelle pèse parmi les marchés globaux en émergence. Dans une étude de référence[1], les analystes de Goldman Sachs l'ont admise au nombre des quatre marchés émergents les plus importants, avec le Brésil, l'Inde et la Chine. Ces *BRICs* seraient susceptibles d'intégrer le G7 en termes de PIB dans les deux prochaines décennies, si l'on s'en tient à des modèles économétriques constants.

Il existe certes une autre représentation de la Russie. Une Russie qui semble être l'« homme malade de l'Europe » – si toutefois elle fait, une fois de plus, partie de cette Europe. À en juger par les critères démographiques ou sanitaires, elle est d'ailleurs au sens propre un pays malade. La population russe diminue, avec une trop faible espérance de vie, et elle est largement exposée aux maladies de toutes sortes. Elle est cernée de problèmes environnementaux. La Russie a peut-être un État central très fort, mais ses institutions de gouvernance sont désespérément faibles, tout comme

1. Goldman Sachs, *Dreaming with BRICs: The Path to 2050*, New York, Goldman Sachs, « Global Economics Papers » n° 99, 2003.

son État de droit, ou sa réglementation de la propriété. La Russie est le royaume de la corruption rampante : à une échelle massive et jusqu'aux plus hauts niveaux de la société. Elle semble manquer totalement de conscience civique, et être ce que Francis Fukuyama qualifie de société à « faible crédibilité »[2]. La Russie semble s'éloigner de ce que nous identifions comme une société ouverte : et de fait, la société civile russe semble aujourd'hui en voie de « renationalisation ». Les médias sont bâillonnés, les partis neutralisés, et le nationalisme s'affirme sans fard.

Cette sombre Russie, on imagine mal son avenir tant elle peine à se distancier de son passé de stalinisme et de goulag. Si elle veut devenir un pays normal, elle doit se confronter à ce passé. Son développement, comme celui de tout autre pays, sera fait d'éléments matériels et immatériels, mais ces derniers sont peut-être décisifs. D'une certaine manière, elle se trouve face à une crise d'identité nationale : il lui reste à se purger de ses démons.

Et le problème est naturellement de savoir si ces deux Russies peuvent se réconcilier.

L'énigme Poutine

L'ambivalence, ou l'ambiguïté, russe débouche directement sur ce qu'on pourrait nommer *l'énigme Poutine* : qui est-il vraiment, quelles sont ses intentions, que cherche-t-il finalement ?

Fin 1999, quand V. Poutine fut promu Premier ministre, puis président intérimaire, le président Bill Clinton demanda au National Security Council (NSC) de répondre à ces questions sur le personnage. Son ascension était rapide et surprenante, et ses réalisations minces. Notre analyse hésitait à l'époque entre trois personnalités : il pouvait être un « costume vide » – après tout il manquait par trop d'expérience –, un tchékiste classique – là il avait une vraie expérience, auprès des services de sécurité –, ou un jeune modernisateur – il pourrait peut-être se montrer pragmatique et ouvert aux idées nouvelles.

Ce qui est impressionnant, c'est que cinq ans plus tard, nous n'en savons guère plus et son image est toujours aussi brouillée. Les mêmes arguments demeurent, au service de chacune de ces assertions. Et le bilan global suggère d'amalgamer les trois identités – en quelque sorte les frères Karamazov ramassés en un seul personnage.

2. F. Fukuyama, *Trust: The Social Virtues and the Creation of Prosperity*, New York, Free Press, 1996.

La Russie est un immense pays, beaucoup plus vaste que Poutine et le premier cercle de son entourage, et il faut donc éviter de personnaliser l'analyse de façon excessive. Mais Poutine demeure néanmoins un personnage central, un pivot, qui reste très complexe à interpréter.

Dans ses années au Kremlin, il semble avoir glissé d'un Poutine I, modernisateur pragmatique même si parfois erratique, à un Poutine II, rétrograde et brouillon, dont les fautes ne sont masquées ou atténuées que par le boom des exportations de pétrole et de gaz. En d'autres termes, il a mieux démarré qu'il n'était espéré, mais la détérioration de la situation a confirmé les peurs initiales. Cet étrange glissement renforce les interrogations sur sa véritable nature. Comment expliquer ce changement ? Est-il fondamentalement pervers ? Déplorablement ductile ? Ou seulement médiocre ? Pourrait-il encore se transformer ? Et un Poutine III pourrait-il demain se révéler meilleur ?

Au bilan, il semble que Poutine cherche à produire des résultats « modernes », mais en utilisant des méthodes qui le sont fort peu. Or les méthodes comptent pour produire cette modernité. Il est peut-être pragmatique, mais son pragmatisme est de peu d'ambitions.

Poutine a connu mi-2004 mi-2005 une véritable *annus horribilis.* Sa politique y est apparue dangereusement à la dérive. Son leadership s'est, en gros, affronté à trois obstacles :

– *en matière de politique économique*. La déplorable affaire Yukos a mis en lumière le caractère autoritaire et corrompu du régime. La réforme sur les bénéfices a été mal maîtrisée. Les étapes à venir des réformes structurelles – une pâle copie de l'ancien plan Gref[3] – ont été de fait suspendues, et la renationalisation rampante est revenue à l'ordre du jour dans les secteurs stratégiques.

– *en matière de sécurité intérieure*. L'instabilité a continué de se diffuser de la Tchétchénie dans tout le Caucase du Nord, de Beslan à Nalchik.

– *en matière de politique étrangère*. Le « poids des peuples » a semblé pointer un peu partout en Eurasie, avec la révolution des roses en Géorgie, la révolution orange en Ukraine, le soulèvement populaire au Kirghizistan. À chaque fois, Moscou a réagi de manière paranoïaque, avec de mauvais renseignements, de mauvais objectifs, et de mauvaises manœuvres.

3. Publié en juin 2000 sous la direction de German Gref (ministre du Développement économique et du Commerce de la Russie), ce document d'orientation libérale définit la stratégie du gouvernement en matière de réformes structurelles économiques et sociales (réforme fiscale, protection des droits de propriété, création d'un climat d'investissements favorable, etc.) (NDLR).

La performance s'avérait donc catastrophique. La longévité du président russe semblait brusquement mise en question – d'aucuns spéculaient sur un changement de régime, acté d'en haut par les *services*, ou d'en bas par les *grands-mères*. Et l'image internationale de la Russie devait beaucoup souffrir de ces aventures. Poutine paraissait alors de plus en plus isolé de son fidèle « partenaire stratégique » d'hier, le président George W. Bush. Le creux de leur relation fut la conférence de presse donnée à l'issue de la rencontre de Bratislava en février 2005. Qu'était-il arrivé au Vladimir Poutine qui avait si brillamment assuré son interlocuteur de sa solidarité le 11 septembre 2001, semblant ainsi saisir si précisément le rythme de l'histoire ?

Qu'est-il arrivé au Poutine qui avait si brillamment manifesté sa solidarité le 11 septembre 2001, semblant ainsi saisir si précisément le rythme de l'histoire ?

Depuis la mi-2005, Poutine a certes regagné du terrain, et s'est quelque peu restabilisé. Les rumeurs de départ ont disparu. Il a eu des entretiens réussis avec G. W. Bush en septembre en marge de l'Assemblée générale de l'Organisation des Nations unies (ONU), et au sommet de l'APEC (Asia-Pacific Economic Cooperation, forum de coopération économique en Asie-Pacifique) à Pusan (Corée du Sud) en novembre. Il a même obtenu un remarquable succès en retournant l'initiale opposition des États-Unis à la proposition de transfert des activités d'enrichissement nucléaire iraniennes vers la Russie. La Russie apparaissant désormais comme un élément de la solution, et non plus comme un élément du problème.

Mais les faiblesses fondamentales de la Russie, et ses contradictions, sont toujours là. Le Kremlin agit désormais avec une confiance nouvelle, sinon avec suffisance, voire arrogance. Les tendances actuelles à la réaction sont parfaitement illustrées par cette nouvelle loi qui tente de réguler les activités des organisations non gouvernementales (ONG) en Russie, ainsi que par la gestion chaotique des négociations avec l'Ukraine. Le premier exemple éclaire la défiance fondamentale de l'État russe envers ses propres citoyens, et ses réflexes xénophobes face aux influences étrangères. Le second illustre bien la brutalisation de ses relations de voisinage. On pourrait ajouter d'autres exemples : le harcèlement des rivaux politiques, Mikhaïl Kassianov, Gary Kasparov et autres ; le caprice de l'exclusion du parti Rodina des élections à la Douma de Moscou ; la démission du réformateur Andreï Ilarionov de ses fonctions de conseiller économique du Kremlin.

Pour les deux années à venir, qui ouvrent le cycle des élections parlementaires et présidentielle, tous les yeux seront fixés sur la question de la succession. Poutine se succédera-t-il à lui-même, ou inventera-t-il son propre « Poutine » ? Les promotions de Dmitri Medvedev et de Sergueï Ivanov aux postes de vices-Premier ministre ont fait lever les spéculations sur leurs candidatures respectives. Certes, Poutine ne sera pas seul à choisir : divers groupes, dont les *siloviki* ou les oligarques sont intéressés à perpétuer un système dont ils profitent largement. Et un « pouvoir populaire », ultranationaliste ou libéral-populiste, pourrait-il émerger ?

Le voisinage

La Russie post-soviétique reste un pays relativement faible à l'échelle mondiale, assailli par des problèmes intérieurs de long terme. Elle bénéficie d'une recrudescence de confiance en raison du boom pétrolier. Sa capacité à projeter globalement de la puissance ou de l'influence demeure faible, en dépit de réseaux bilatéraux efficaces, comme par exemple avec l'Iran ou la Corée du Nord. À un niveau régional, dans l'ancien espace soviétique, la Russie a plus d'influence, mais elle y combine un mélange de passivité et de brutalité, des pressions économiques et énergétiques, pour des objectifs bien plus négatifs que constructifs.

Sur l'échiquier, la Russie est du côté noir. Elle spolie, joue essentiellement contre les autres et pour minimiser ses propres pertes. Depuis 1991, mais surtout depuis Poutine, le Kremlin a agi pour lui rendre de l'influence, et diminuer celle des puissances extérieures (les États-Unis, l'Union européenne, la Chine) dans son voisinage. Certes, elle a de légitimes inquiétudes quant aux États fragiles ou déliquescents de sa périphérie (par exemple la Géorgie, la Moldavie, la Biélorussie), mais elle a très souvent joué un rôle dans leurs échecs, par exemple en entretenant les « conflits gelés ».

On ne doit pas surestimer la profondeur du tropisme post-impérial russe. Il est toujours redoutable de se retrouver dans une position d'ex-empire : les anciens empires des Habsbourg, ottoman, ou britannique, en témoignent. Mais Poutine a fait plus qu'un lapsus freudien en qualifiant publiquement l'effondrement de l'URSS de « plus grande tragédie du XXe siècle ».

Le Kremlin d'aujourd'hui jalouse à la fois – et dans des registres différents – les États-Unis et la Chine. Dans l'après-11 septembre, équipés d'une rhétorique grandiose et quelque peu militariste (la « guerre globale contre la terreur »…), les États-Unis, superpuissance économique sans équivalent, agissent sans fausse pudeur comme gendarmes du monde. Les Russes, qui croient plutôt dans les moyens du *hard power*, en sont réduits à envier les capacités technologiques américaines, et la capacité politique de Washington à en user. Le Kremlin s'accommode plutôt bien de la présidence impériale de George W. Bush et de son message musclé – selon lequel la force est justifiée quand vous êtes sûr de votre bon droit et de la justesse de vos intérêts.

Par-delà son épaule, le Kremlin s'intéresse aussi à l'Empire du milieu. La remarquable productivité chinoise permet à Pékin de suivre une voie propre, en ignorant les critiques et en résistant à toute conditionnalité extérieure. Sur un temps désormais assez long, Pékin a réussi à marier son autoritarisme post-idéologique au succès de l'économie de marché. La Chine défend une « troisième voie » : la globalisation mais à ses propres conditions, la globalisation mais à la chinoise pourrait-on dire.

Et tout cela est assez fascinant pour la Russie et les autres marchés émergents. Celle-ci n'aurait nulle objection à diffuser dans son voisinage sa propre troisième voie – capitalisme d'État et démocratie dirigée – comme alternative à la déstabilisation introduite par les révolutions de couleur.

L'aubaine pétrolière et gazière a sans doute ranimé son instinct impérial, à mesure qu'elle retrouvait une nouvelle richesse. La Russie dispose désormais d'une carte maîtresse et cherche à maximiser son avantage politique. Mais le dernier épisode Gazprom-Ukraine montre aussi les limites du chantage à l'énergie. En surjouant sa main, la Russie a certes envoyé un brutal avertissement, mais ce dernier est désastreux en matière de relations publiques. Le marché est fondé sur la réciprocité et la confiance : et l'installation des voisins dans une position de demandeurs humiliés ne peut pas constituer une stratégie de long terme. Les effets collatéraux sur l'Europe – où les importateurs du gaz russe ont commencé à douter de la fiabilité de Moscou – en témoignent.

L'aubaine pétrolière et gazière a sans doute ranimé l'instinct impérial russe

Le sens de ce retour impérial russe est différent pour chacun des pays voisins. Comme l'écrit Tolstoï, chaque famille malheureuse est malheureuse à sa manière : il en va ainsi des révolutions de couleurs, des divers despotismes orientaux, des « conflits gelés »… La période qui s'ouvre va voir se succéder des tests de la politique de Moscou dans la région : élections en Biélorussie et en Ukraine en mars 2006, négociations sur les « conflits gelés » en Géorgie, au Nagorno-Karabakh, ou en Transnistrie. Moscou va-t-elle bloquer, faire obstruction ou va-t-elle respecter les souverainetés, et chercher à marquer son influence par sa capacité d'attraction plus que par sa force de pression ?

Et nous voici de retour à la dichotomie de base : soit la Russie est un pays qui se modernise et va dans le sens d'une plus grande intégration européenne – soit elle ne l'est pas. Elle ne peut pas suivre les deux chemins à la fois.

Que faire ?

Dans quelle mesure toutes ces évolutions concernent-elles les États-Unis et l'Europe ? Quelle attitude devrions-nous adopter vis-à-vis de la Russie ? On peut répondre simplement que les enjeux de sécurité sont énormes, que les moyens dont nous disposons sont limités, de plus en plus restreints, et que la difficulté à définir une stratégie efficace n'a sans doute jamais été plus grande.

Si la Russie était condamnée à une faiblesse de long terme, nous pourrions l'ignorer. Mais elle ne l'est pas, et nous ne pouvons donc pas la mettre de côté. Pour notre sécurité, nous devons par exemple nous soucier du devenir des matériaux fissiles russes, et autre composants des armes de destruction massive (ADM). Nous devons nous intéresser aux risques de prolifération nucléaire (spécialement en Iran, en Corée du Nord) ; au développement de la menace islamiste ; au développement économique, aux droits de l'homme, bref à l'ensemble des conditions de la stabilité sur l'ensemble du continent eurasiatique. Nous sommes aussi intéressés, bien sûr, par l'accroissement futur des exportations russes de carburants fossiles. Pour toutes ces bonnes raisons, nous ne pouvons naturellement ignorer la question russe : le chemin que choisit la Russie concerne l'Occident au plus haut point.

Mais cet Occident n'est nullement un monolithe. Les États-Unis et l'Europe ont des intérêts symétriques mais pas semblables vis-à-vis de la Russie. Nos objectifs peuvent se hiérarchiser différemment, et ceci pour des raisons à la fois historiques et géographiques. Plus encore, les États-Unis et l'Europe eux-mêmes ne sont pas monolithiques. Et les différences internes sont sans doute aussi grandes que les divergences transatlantiques.

En Europe. L'Union européenne (UE) connaît, après le double référendum français et hollandais, une crise de confiance qui touche son identité et ses institutions, et la Russie perçoit parfaitement cet affaiblissement. De plus, nul ne sait qui a la préséance, des politiques nationales ou de la politique extérieure de l'UE. Or la Russie sait parfaitement jouer du *diviser pour régner* – comme les États-Unis, au demeurant. Quant à la perception de la Russie, la géographie et l'histoire, encore elles, génèrent un décalage réel entre la « vieille » et la « nouvelle » Europe. Les nouveaux membres considèrent souvent les anciens comme trop tolérants, trop accommodants ; et les anciens voient les nouveaux comme viscéralement anti-Russes. Aucune de ces deux vues n'étant totalement fausse. Mis ensemble, tous ces éléments expliquent pourquoi l'UE en est toujours à identifier ses objectifs politiques. Il reste à voir si les élections à venir au cœur de l'Europe, dont le premier signe fut la transition qui a porté Angela Merkel au pouvoir en Allemagne, déboucheront sur une clarification, une direction plus ferme.

Les quatre écoles américaines. Les attitudes américaines vis-à-vis de la Russie sont complexes, évolutives, parfois incohérentes. Dans ses pires moments, la politique américaine peut être vue comme un hybride – ou comme la moyenne mathématique – de ces approches contradictoires. Et ceci est en partie dû à l'existence d'écoles concurrentes en matière de politique étrangère, avec des approches différentes du souhaitable et du possible. De manière très générale, on peut identifier ces écoles comme formées des *globalistes*, des *néoconservateurs*, des *pragmatistes*, et enfin des traditionnels *réalistes*. Il s'agit là d'idéaux-types, qui se déclinent en positions sur la Russie, la Chine, et en réalité sur la plupart des grandes questions de politique étrangère.

Ces quatre écoles s'opposent mais se rapprochent aussi sur certains points intéressants. *Globalistes* et *néoconservateurs* se retrouvent sur des positions de « transformation ». Ils veulent tous « transformer » la Russie, ou la Chine, mais diffèrent nettement sur les moyens à employer, et en particulier le rôle et le poids respectifs de la carotte et du bâton. *Pragmatistes* et *réalistes* s'accommoderaient de laisser la Russie demeurer la Russie, en se focalisant sur les enjeux centraux de sécurité. Les *pragmatistes*, comme les *globalistes*, s'intéressent aux relations diplomatiques bilatérales, en favorisant les stratégies d'engagement. Les *réalistes*, comme les *néoconservateurs*, sont plus tentés d'appeler les choses par leur nom, et par les postures de confrontation.

Chacune de ces conceptions a sa part de vérité, aucune ne vaut pour tous les temps et dans toutes les circonstances. L'école réaliste, par exemple, a plus de sens dans des périodes de continuité comme celle de la guerre froide, et elle semble moins adaptée à des périodes de changements dynamiques (comme aujourd'hui ?) L'identification de la position juste, à partir de ces écoles contradictoires, exige beaucoup de prudence.

Le défi commun aux Européens et aux Américains s'apparente donc à un calcul intégral prenant en compte tous les objectifs et les stratégies possibles. Dans ce calcul, nous devons demeurer particulièrement exigeants et attentifs sur deux points : nos intérêts de sécurité nationaux, et le caractère limité de nos moyens d'action. Notre discours doit tenir compte de ces deux éléments. Tenter de masquer notre incapacité à influer sur les choix russes par la rhétorique, positive ou négative, n'aurait aucune efficacité, sinon pour miner notre crédibilité.

Des moyens d'action en baisse

Le problème est en réalité qu'en dépit du maintien d'une certaine influence sur la Russie, nos moyens collectifs d'action ont décliné de façon constante depuis les années 1990.

En dépit du maintien d'une certaine influence, nos moyens collectifs d'action ont décliné de façon constante depuis les années 1990

La conditionnalité financière. Les jours sont loin des grands programmes du Fonds monétaire international (FMI) et de la Banque mondiale et de leurs conditions politiques. La Russie s'en est délivrée en remboursant les prêts du FMI, et en rachetant la plus grande partie de sa dette au Club de Paris.

Le commerce international. La Russie souhaite bien sûr devenir membre de l'Organisation mondiale du commerce (OMC), et elle devra pour cela respecter des standards techniques, qui définissent une certaine conditionnalité. Mais la question est de savoir si les partenaires de la Russie voudront politiser l'accession à l'OMC, et donc élargir la conditionnalité politique (qui jouerait alors un rôle de sanction).

Le G8. La Russie respecte le G8 avant tout pour son prestige. Bill Clinton, Tony Blair et Jacques Chirac ont favorisé l'ouverture – très tôt, si ce n'est trop tôt – du G8 à Moscou, sous Boris Eltsine. Le G5, puis le G7 étaient censés être un club réunissant les pays industriels les plus avancés. On voit aujourd'hui, en ce qui concerne la Russie, ce qu'il en coûte de considérer les questions de statut avant d'exiger que les standards habituels soient respectés. Moscou prend, pour la première fois, la présidence du G8. Le Sommet de Saint-Pétersbourg prévu en juillet 2006 sera à cet égard à la fois un test et une chance. Un test pour le G8 et pour la Russie. La Russie parviendra-t-elle à démontrer qu'elle mérite d'être membre du club, qu'elle a opéré les bons choix dans la bonne direction ? Et si ce n'est pas le cas, le G8 aura-t-il la force de le lui dire ? La chance est ici celle de pouvoir travailler avec le Kremlin pour établir un agenda substantiel en vue du Sommet. La convergence du thème de la « sécurité énergétique », privilégié par Moscou, et du tropisme énergétique de l'Administration Bush, pourrait donner à la Russie des moyens de pression peu souhaitables. De même, la thématique de la « guerre globale contre la terreur » est largement dépourvue de sens, mais elle a pour effet de flatter nombre de réflexes négatifs de la part de la Russie. À l'inverse, la résolution des « conflits gelés » serait beaucoup plus intéressante à inscrire à l'agenda de la rencontre : la Russie détient la plupart des clés de ces conflits.

Les autres institutions. En dépit de multiples efforts pour structurer une véritable coopération, le partenariat Organisation du traité de l'Atlantique Nord (OTAN)-Russie demeure assez peu productif. Sur le fond, Moscou ne peut voir l'OTAN que comme une alliance anti-russe. Quant à la relation Russie-UE, elle relève largement du dialogue de sourds.

Le dialogue entre dirigeants. En définitive, les sommets bilatéraux semblent avoir été assez peu efficaces pour peser sur les choix de V. Poutine dans les domaines critiques. Certes, il faut être deux pour danser le tango... D'un côté, Poutine n'est pas Eltsine. De l'autre, ses interlocuteurs américains ou européens n'ont sans doute pas toujours été les plus performants. Le fait que le président G. W. Bush et A. Merkel se soient souciés de la loi réglementant l'activité des ONG va dans la bonne direction. La réponse collective à l'affaire Youkos et aux poursuites contre Mikhaïl Khodorkovsky avait été nettement moins glorieuse (par rapport à la réaction de Bill Clinton, Tony Blair et Gerhard Schröder qui avaient demandé en 2000 l'élargissement de Vladimir Gousinsky). Il faut que les dirigeants occidentaux usent de tous leurs moyens d'influence, de manière privée mais décidée, pour peser sur le président russe : ce dernier est fort sensible au fait d'être accepté par les États-Unis et les États européens.

Des stratégies de « guérilla » ? Certaines voies d'influence méritent une attention particulière. Tout d'abord, il faut insister sur la « logique du capital », à savoir les retombées politiques positives de la volonté d'un gouvernement de pays émergent d'attirer les capitaux étrangers. L'intégration commerciale à travers l'OMC est une voie possible pour amplifier cette logique. L'ennui est que les principaux investisseurs directs étrangers en Russie se concentrent sur les domaines stratégiques comme celui du pétrole, et que leurs attentes sont relativement inélastiques : autrement dit, que leur propension à investir n'est pas directement liée au climat général des affaires. Nous sous-estimons trop, d'autre part, l'importance du soutien de la société civile, et des échanges à la base, entre les peuples, avec la Russie. C'est là la grande force des démocraties, et nous devons nous en servir. Enfin, il nous faut maintenir notre soutien actif à l'ouverture des sociétés, et à l'intégration progressive dans les dynamiques internationales de l'ensemble du voisinage russe.

***

Le chemin russe reste bien incertain ; nos intérêts sont directement affectés par les choix russes, et ces intérêts sont largement communs ; nos moyens d'action existent, mais ils sont limités ; et la Russie n'est évidemment pas notre seul problème de politique étrangère… C'est en tenant compte de tous ces éléments que les États-Unis et les pays européens doivent revoir, réactualiser, préciser leur approche de la question russe. Il est souhaitable que, des deux côtés de l'Atlantique, nous coordonnions nos approches pour en maximiser les effets. Il faut faire mieux avec moins de moyens : cela exige clarté, ambition et discipline – des éléments peu présents ces dernières années. Le réveil est tardif, mais il n'est pas trop tard encore pour peser dans le jeu de manière décisive.

MOTS-CLÉS :

Russie
Développements internes
Étranger proche
Politique pétrolière et gazière

Politique étrangère russe : l'étrange inconstance

Par **Thomas Gomart**

Thomas Gomart est responsable du programme Russie/Nei à l'Ifri où il coordonne la *Task force* sur l'avenir des relations Union européenne/Russie. Il est également enseignant à l'École spéciale militaire de Saint-Cyr (Coëtquidan).

La Russie de Vladimir Poutine a retrouvé des marges internationales. Mais les objectifs de sa politique étrangère restent peu clairs, entre le poids de la constance – le tropisme militaire, les visions géopolitiques, le nécessaire contrôle de l'empire, la référence à la richesse énergétique – et la tentation de l'inconstance – sur l'affaire iranienne ou sur l'option européenne... C'est parce que la politique extérieure russe est irréductible à nos normes qu'elle exige un constant décryptage.

politique étrangère

La politique étrangère russe frappe par sa capacité à saisir les opportunités et son incapacité à engendrer des situations nouvelles. Plus flexible que rigide, moins créative que réactive, elle se trouve actuellement sous le feu croisé de vives critiques. D'un côté, la posture néo-impériale de Moscou est dénoncée, à travers la reconstitution de capacités militaires offensives, le recours constant aux services de renseignement et l'utilisation systématique de l'arme énergétique[1]. De l'autre, l'organisation du système russe et ses implications extérieures suscitent des mises en garde, justifiées par le rapport ambivalent des Russes – en particulier des jeunes générations – à leur passé totalitaire, par la bureaucratisation du pouvoir, indissociable de la captation de la rente énergétique et, enfin, par le recul des libertés publiques[2].

1. Voir, sur ces problèmes respectifs, S. Rosefielde, *Russia in the 21st Century, The Prodigal Superpower*, Cambridge, Cambridge University Press, 2005 ; J. Bugajski, *Cold Peace, Russia's New Imperialism*, Westport, Praeger/CSIS, 2004 ; K. Smith, *Russian Energy Politics in the Baltics, Poland, and Ukraine, A New Stealth Imperialism*, Washington D.C., CSIS, 2004.
2. Voir, sur ces problèmes respectifs, S. Mendelson et T. Gerber, « Soviet nostalgia: an impediment to Russian democratization », *The Washington Quarterly*, hiver 2005-2006 ; L. Shevtsova, *Otkat, ili Kak Vladimir Putin načinaet vtoroe prezidentstvo* (« *Le recul : ou comment Vladimir Poutine commence son second mandat* »), Carnegie Moscow Center, « Briefing » n° 1, janvier 2005 ; M. Mendras, « Les institutions politiques en danger », *Pouvoirs*, n° 112, 2005.

Dans une optique réaliste, ces critiques ne doivent pas masquer l'essentiel : par rapport à la période Eltsine, la Russie a retrouvé de véritables marges de manœuvre sur la scène internationale. Même s'il a commis de lourdes fautes, Vladimir Poutine est parvenu, à plusieurs reprises, à renverser des situations délicates en recourant à une dialectique économie/sécurité, en exploitant le « terrorisme international » et en déséquilibrant habilement ses partenaires[3]. Après une *annus horribilis* en 2004, due notamment aux conséquences internationales de Beslan (Ossétie du Nord) et à la « révolution orange » en Ukraine, la politique étrangère russe présente un bilan 2005 beaucoup plus favorable : la commémoration du 60e anniversaire de fin de la Seconde Guerre mondiale, la signature des feuilles de route avec l'Union européenne (UE) sur les quatre espaces définis à Saint-Pétersbourg, le regain d'influence en Asie centrale à travers l'Organisation de coopération de Shanghai (OCS), les exercices militaires avec la Chine et l'Inde, la tournée au Moyen-Orient et la poursuite d'une politique ambivalente à l'égard de l'Iran, témoignent de l'activisme du Kremlin en matière internationale. Sa capacité de rebond profite des prix énergétiques mondiaux, qui lui procurent des moyens financiers conséquents. En ouvrant 2006 par une crise gazière avec l'Ukraine, le Kremlin a mis en lumière une tendance sous-jacente de sa politique étrangère : l'utilisation de l'approvisionnement énergétique comme révélateur du différentiel de puissance entre la Russie et ses voisins. À la veille de sa première présidence du G8, V. Poutine se sent en position de force, convaincu de la centralité de la « sécurité énergétique » dans les rapports de force internationaux.

Actualité et contexte obligent donc à un effort d'interprétation de la politique étrangère russe. Cette politique plonge ses racines dans une identité nationale et post-impériale en pleine recomposition, encore hantée par le rapport à l'étranger. L'influence de la situation intérieure finit toujours par se faire sentir en politique extérieure, ce qui invite, dans la perspective de la prochaine échéance présidentielle (mars 2008), à suivre attentivement le mouvement régression/progression qui caractérise la Russie de V. Poutine[4]. Même si cela peut sembler de prime abord contradictoire, les récentes initiatives de ce dernier doivent être lues à la fois comme des constantes de la politique étrangère russe et comme une forme d'inconstance, elle aussi structurelle. Vladimir Poutine est indiscutablement parvenu à multiplier les options en desserrant l'étau des années Eltsine, sans pour autant convaincre sur

Poutine s'inscrit dans une tradition historique et stratégique : préserver sa liberté d'action pour ne rien en faire

3. Th. Gomart, « Vladimir Poutine ou les avatars de la politique étrangère russe », *Politique étrangère*, n° 3-4, 2003.
4. Th. Gomart, « Russie : trop plein d'énergies ou d'inerties ? », *in* Th. de Montbrial et Ph. Moreau Defarges (dir.), *RAMSES 2006*, Paris, Ifri/Dunod, 2005.

ses choix stratégiques, laissant ainsi planer une incertitude qui favorise la manœuvre aux dépens des objectifs. Le président russe inscrit ainsi sa politique dans une tradition historique et stratégique qui pourrait se résumer à la tension suivante : préserver sa liberté d'action pour ne rien en faire.

Une constance certaine

L'héritage stratégique et historique

Sans aller aux tréfonds de la culture stratégique russe, il n'est pas inutile d'essayer de déceler quelques constantes. Depuis le XVIIe siècle, la Russie conçoit sa *grand strategy* avec un arrière-plan géopolitique composé de trois théâtres : occidental (de la Baltique aux Carpates), méridional (du Danube aux montagnes de Perse) et oriental (de la Volga à l'Altaï)[5]. L'élite politico-militaire du pays s'est efforcée de toujours être en mesure d'intervenir *simultanément* sur ces trois théâtres, afin d'exercer une hégémonie globale sur le *heartland*. Cette volonté de conserver une capacité de manœuvre à tout prix s'est traduite dans un mode d'organisation du pouvoir caractérisé par une unité de commandement (le tsar et ses conseillers) et une classe dirigeante dominée par les militaires. Ce système a entraîné chez le peuple et les élites une association étroite entre le prestige de l'État et celui de l'armée : à l'époque impériale comme à l'époque soviétique, les objectifs militaires priment sur tous les autres[6]. Ce militarisme fondateur se traduit également par une peur de l'encerclement et de l'invasion, qui trouve probablement moins ses racines dans le souvenir de l'occupation mongole (XIIIe-XIVe siècles) que dans les tentatives d'invasion venant de l'Ouest, toujours échouées[7].

Avec de profondes mutations idéologiques, cette vision du monde traverse le temps et se ressent dans l'attitude actuelle de Moscou. Cet « outillage mental » oblitère sa quête identitaire et contraint à la synthèse l'élite politique, dans la mesure où cette dernière se considère aujourd'hui dépositaire du passé aussi bien soviétique qu'impérial[8]. Ce double héritage se retrouve dans le rapport au passé de V. Poutine, qui souhaiterait réconcilier les Russies blanche et rouge par un usage politique de la mémoire : à titre d'exemple, il reprend l'hymne soviétique (décembre 2000) et organise l'inhumation en grande pompe du général Denikine au monastère

5. J. LeDonne, *The Grand Strategy of the Russian Empire, 1650-1831*, Oxford, Oxford University Press, 2004.
6. A. Golts et T. Putnam, « State militarism and its legacies », *International Security*, n° 2, 2004, p. 121-158.
7. Sur cette inversion de perspective, voir l'essai stimulant de M. Poe, *The Russian Moment in World History*, Princeton, Princeton University Press, 2003.
8. Voir, respectivement, J. Billington, *Russia in Search of Itself*, Washington D.C., Woodrow Wilson Center Press, 2004 ; D. Trenin, « Identucnost' i integraciâ: Rossiâ i Zapad v XXI veke » (« L'identité et l'intégration : la Russie et l'Occident au XXIe siècle »), *Pro et Contra*, n° 3, 2004, p. 10-11.

Donskoï (octobre 2005). Cette volonté de synthèse historique se retrouve dans la série d'expositions récemment organisées dans plusieurs capitales avec le soutien des autorités russes[9]. Ce rapport au passé prend un tour plus polémique et plus douloureux dès qu'il touche à l'attitude de Moscou vis-à-vis des pays jadis dominés[10]. Sans doute peine-t-on encore à imaginer à quel point les morts de l'expérience soviétique hantent les consciences et inhibent les comportements. Pour la Russie, la réconciliation avec ses voisins (en premier lieu, baltes et polonais) passe aussi et surtout par une acceptation de la pluralité de ses propres mémoires, et par un travail de deuil. Reconnaître l'emprise du passé serait la première étape du cheminement pouvant conduire à une mise en accord avec soi-même.

Une puissance du statu quo

Cet héritage stratégique, ce poids de la mémoire rendent extrêmement sensible tout ce qui touche à la souveraineté du pays. Centrale dans le débat politique russe, cette notion est le plus souvent analysée sous l'angle des menaces, internes ou externes, qui pèseraient sur elle[11]. Cette souveraineté exacerbée conduit la Russie à une politique d'indépendance visant à défendre, sans fausse honte, ses intérêts nationaux, en tous temps et tous lieux. Les Russes ont été, sont et seront patriotes. Cet axiome historique induit un comportement politique et stratégique. Politiquement, le glissement du patriotisme au nationalisme peut toujours être encouragé par des forces politiques, au risque de virer à un racisme primaire. Stratégiquement, cela se traduit par une impossibilité congénitale à accepter un rôle de *junior partner* avec quiconque. Les spéculations sur un partenariat russo-américain de cette nature, à la suite du 11 septembre 2001, ne se sont pas vérifiées[12].

Avec Vladimir Poutine, cet héritage stratégique trouve trois traductions pratiques. Premièrement, depuis son arrivée au pouvoir, le président russe s'emploie à desserrer l'étau de la dette pour rompre avec les années Eltsine, en refusant une dépendance prolongée vis-à-vis des créanciers internationaux. En 2000, la dette représentait 61,3 % du produit intérieur brut (PIB) du pays ; en 2006, elle ne devrait représenter que 14,8 %[13]. Au 1er octobre 2005, la dette extérieure de la Russie s'élevait à 86,8 milliards de dollars.

9. Voir par exemple l'exposition « Russia! » (septembre 2005-janvier 2006) au musée Guggenheim de New York.

10. Voir notamment la polémique au moment de la commémoration à Moscou de la fin de la Seconde Guerre mondiale : V. Poutine, « Les leçons de la victoire sur le nazisme », *Le Figaro*, 7 mai 2005 ; S. Courtois et J.-L. Panné, « Les leçons d'histoire du "professeur" Poutine », *Le Figaro*, 30 mai 2005.

11. F. Lukyanov, « Passions over sovereignty », *Russia in Global Affairs*, n° 4, 2005, p. 5 (éditorial suivi d'un dossier « Sources of russian sovereignty »).

12. A. Kuchins, « New directions in Russian foreign policy: Is the East wind prevailing over the West wind in Moscow? », Wilton Park conférence sur la « Russia, the G-8 Chairmanship, and Beyond », disponible sur <www.cdi.org/>.

13. Site du ministère des Finances de la Fédération de Russie, « Politique budgétaire 2006-2008 », septembre 2005, <www1.minfin.ru/>.

À ce rythme, le Kremlin devrait avoir honoré l'essentiel de ses échéances financières à horizon 2008-2010. Deuxièmement, Moscou conçoit le territoire russe comme une charnière stratégique et mène, par conséquent, une politique à la fois globale (par un activisme au sein des institutions internationales) et bilatérale (qui la place en situation de force, en particulier dans l'espace post-soviétique). Dans cette optique, la notion de « grand jeu » (*great game*) fréquemment utilisée pour décrire les rivalités actuelles en Asie centrale, par analogie à la compétition russo-britannique du second XIXe siècle, est trompeuse : pour Moscou, le « grand jeu » ne concerne pas seulement l'Asie centrale, mais une zone allant des Balkans à l'Extrême-Orient[14]. Il n'y a chez Poutine nulle rétractation du champ d'action en politique étrangère. Troisièmement, la Russie de Poutine s'efforce de tenir ses positions, c'est-à-dire de stopper la perte d'influence des années Eltsine, en particulier dans l'espace post-soviétique. Parallèlement, à tous les niveaux, du politico-stratégique aux projets de coopération militaire, Moscou entend garantir, coûte que coûte, sa liberté d'action[15]. Pour le Kremlin, la préserver n'est pas un moyen, mais une fin en soi. Cela implique officiellement un outil militaire combinant une modernisation des forces nucléaires stratégiques, un développement de forces conventionnelles projetables et une augmentation des exercices d'envergure[16].

Une puissance unijambiste

L'importance de l'outil militaire se ressent en termes d'allocation des ressources avec l'augmentation spectaculaire des crédits militaires[17]. Avec des dépenses militaires supérieures à celles de la France et une économie comparable à celle des Pays-Bas, la Russie n'est plus en mesure de rivaliser avec les États-Unis et, à terme, avec la Chine, tout en demeurant une puissance nucléaire de premier rang. Sur le plan technologique, elle semble encore en mesure de prolonger les cycles de la période soviétique : elle se trouve ainsi davantage dans une logique de continuation que d'innovation. Sa part dans le dépôt de brevets et publications scientifiques suit une courbe décroissante, avec toutefois un maintien de niches d'excellence et de filières de formation[18]. Par le biais de l'énergie, le Kremlin privilégie les gains de puissance à court terme sans forcément poser les fondements d'un renouveau technologique.

---

14. P. Baev, « How does history inform Russia's policy in the great anti-terrorist game? », *Central Asia and the Caucasus*, n° 1, 2002, p. 15.
15. P. Williams, « NATO-Russia military co-operation », *RUSI Journal*, n° 5, octobre 2005. En 2004, les « ministères de force » employaient 4 millions de personnes. Le ministère de la Défense emploie environ 2 millions de personnes (800 000 civils et 1,2 million de militaires dont 500 000 officiers).
16. S. Ivanov, « Russia must be strong », *The Wall Street Journal*, 11 janvier 2006.
17. Pour l'IISS de Londres, dans son *Military Balance 2004*, les dépenses militaires de la Russie s'élevaient en 2003 à 65 200 millions de dollars alors que celles de la France s'élevaient à 45 695 millions de dollars. Elles représentaient 4,9 % du PIB en Russie et 2,6 % en France.
18. Sur le premier aspect, voir C. Wilson et V. Markusova, « Changes in the scientific output of Russia from 1980 to 2000, as reflected in the *Science Citation Index*, in relation to national politico-economic changes », *Scientometrics*, n° 3, 2004 ; sur le second, I. Dezhina, *Où sont ? Où vont les scientifiques russes ? Ressources humaines et politique de la recherche en Russie*, Paris, Ifri, « Russie.Nei.Visions », n° 4, juin 2005.

En réalité, Vladimir Poutine est en train d'inventer une dissuasion énergétique par empirisme. À l'instar de la dissuasion nucléaire, elle repose sur un arsenal, un discours et une crédibilité. À la différence du nucléaire, elle peut trouver des traductions opérationnelles ponctuelles, sans pour autant signifier l'anéantissement, en utilisant le besoin vital d'énergie de l'économie mondiale tout en s'adaptant à la posture et à la solvabilité des pays concernés. L'arsenal, ce sont les réserves, les volumes de production et les systèmes d'exportation. Avec 6 % des réserves mondiales de pétrole, 31 % de celles de gaz, 10 % de la production mondiale de pétrole et 22 % de celle de gaz, mais aussi une capacité de contrôle sur les systèmes d'exportations des pays de la Communauté des États indépendants (CEI), la Russie est un acteur énergétique de premier plan[19]. Le discours, ce sont les écrits et déclarations de Vladimir Poutine. En 1997, le futur président a soutenu une thèse (*kandidat*) à l'université de Saint-Pétersbourg sur les ressources naturelles comme facteur de développement économique. Selon ses travaux, publiés en 2000, après sa nomination au poste de Premier ministre, le développement de la Russie passe par l'exploitation des ressources énergétiques : pour rejoindre les pays développés, il lui faut atteindre une croissance de 4-6 % par le biais de consortiums industrialo-financiers capables de rivaliser avec les multinationales occidentales[20]. Septième capitalisation boursière au monde, Gazprom talonne désormais des entreprises comme Shell ou BP, et incarne aujourd'hui les ambitions internationales du Kremlin. En avril 2005, lors de son discours annuel à l'Assemblée fédérale, Vladimir Poutine a justifié le recours à la préemption par des entreprises contrôlées par l'État pour garantir la protection non seulement de l'industrie de défense, mais aussi des ressources naturelles et des infrastructures[21]. La crédibilité de la dissuasion énergétique passe par l'implication présidentielle dans tous les grands accords énergétiques. Le Kremlin politise à dessein le dossier énergétique, dans la mesure où, vu de l'étranger, il entend être le point d'entrée unique, avec le principe suivant : si le président Poutine est dans la boucle, le contrat se fera. S'il ne l'est pas, les investisseurs étrangers prennent les plus grands risques. Dit autrement, ce ne sont ni les règles du marché ni l'arsenal juridique qui garantissent les investissements, mais l'onction présidentielle. En outre, en faisant de la « sécurité énergétique » le thème principal de sa présidence du G8, Moscou entend se présenter comme le principal four-

Vladimir Poutine est en train d'inventer une dissuasion énergétique par empirisme

19. Pour un point sur les réserves pétrolières, voir J. Grace, *Russian Oil Supply*, Oxford, Oxford University Press, 2005, p. 213-216. Sur les réserves gazières, voir J. Stern, *The Future of Russian Gaz and Gazprom*, Oxford, Oxford University Press, 2005, p. 201-204.
20. V. Putin, « Mineral'no-syr'evye resursy v strategii razvitiâ rossijskoj èkonomiki », *in* N. Marfenin, *Rossiâ v okružaûšem mire: 2000* (« La Russie dans l'environnement international : 2000 »), Moscou, MNÈPY, 2000.
21. H. Balzer, « Vladimir Putin on Russian energy policy », *The National Interest*, hiver 2005/2006.

nisseur énergétique (pétrole *et* gaz) à l'échelle globale, étant sous-entendu que ce fournisseur, quelles que soient les évolutions de la Russie à horizon 2008, demeure moins instable que l'Organisation des pays exportateurs de pétrole (OPEP).

La politique étrangère de la Russie est aujourd'hui fragilisée par deux lignes de faille, qui ne manqueront pas de jouer à nouveau dans un proche avenir. Premièrement, en construisant sa dissuasion énergétique, Vladimir Poutine a oublié le principe fondamental de toute dissuasion : le non-emploi. En recourant, même de manière maîtrisée et limitée, aux ruptures d'approvisionnement (auxquelles B. Eltsine s'était lui-même livré en son temps), Poutine altère son atout maître, dans la mesure où il ne va pas manquer d'encourager des stratégies de contournement chez ses clients et renforcer le caractère unijambiste de la puissance russe. Deuxièmement, en assumant une filiation historique, le maître du Kremlin soumet son action aux constantes de la politique étrangère russe, mais fait paradoxalement preuve d'inconstance, c'est-à-dire d'une forme de versatilité dans ses orientations de long terme. Cette inconstance s'explique sans doute moins par les aléas de sa présidence que par les tendances lourdes de la Russie vis-à-vis de ses voisins : le décalage entre l'étroitesse de la vision stratégique et la multiplication des coups tactiques reste saisissant. Cette inconstance resurgit dès qu'il s'agit de traduire un rapprochement en alliance ou en système d'intégration, en fait dès qu'il est question de donner sa confiance au partenaire dans la durée. Sans doute faut-il y voir autant l'héritage d'une tradition de suspicion que l'expression d'un doute de soi.

Une certaine inconstance

Le dossier iranien

En raison de son caractère particulièrement sensible, le dossier iranien place la Russie au cœur de l'actualité, lui réservant un rôle de médiation, du fait de sa contribution directe aux activités nucléaires de Téhéran. Habile pour les uns, inconsciente pour les autres, la politique de la Russie à l'égard de l'Iran fait également preuve d'une profonde inconstance, dans la mesure où elle révèle une gestion au coup par coup d'un dossier susceptible de rompre les équilibres stratégiques mondiaux et régionaux. Tout se passe comme si Moscou suivait ce dossier dans une logique diplomatique et/ou économique, en éludant les implications militaires et stratégiques d'un programme mené par une puissance voisine, ambitieuse et agressive. Une nouvelle fois, on observe un découplage, à la fois cause et conséquence de l'inconstance russe.

Moscou a toujours réfuté la notion d'État voyou (*rogue state*) utilisée par les États-Unis pour qualifier les États menaçants la sécurité internationale.

Par ce biais, la Russie valorise sa position d'intermédiaire entre les puissances occidentales et l'Iran ou la Corée du Nord. Non sans habileté, elle perçoit ainsi trois types de dividendes. Premièrement, ces contacts globalisent sa politique étrangère en lui permettant d'être présente et active aussi bien au Moyen-Orient qu'en Extrême-Orient. Deuxièmement, elle voit dans ces pays des marchés d'exportation pour ses armes et technologies. Décisive au cours des années Eltsine, cette source de revenus prend cependant une importance secondaire sous Poutine en raison de l'augmentation des revenus énergétiques. Troisièmement, les échanges étroits avec l'Iran permettent de perturber un système unipolaire dominé par les États-Unis[22]. Cette approche de court terme transforme le commerce des armes en principal levier d'influence politique de la Russie au Moyen-Orient. Téhéran est aujourd'hui son troisième client pour les armes[23]. L'équilibrisme russe risque pourtant de devoir prendre fin dans les mois qui viennent, même si Moscou, à l'instar de Pékin, pense pouvoir se poser en arbitre. Sur le plan diplomatique, les fortes réticences du Kremlin pour un transfert du dossier au Conseil de sécurité doivent se lire comme un souci de préserver des activités commerciales lucratives, mais surtout de différer encore et toujours l'« épreuve de vérité[24] ». Cette échéance se rapproche pourtant avec le transfert par l'AIEA du dossier iranien au Conseil de sécurité (février 2006) : le soutien russe marque une inflexion notable. Sur le plan stratégique, au nom précisément des constantes de la politique étrangère russe, les positions de Moscou devraient être déterminées *in fine* en fonction des intérêts de sa politique de sécurité, dont on comprend mal pourquoi, et comment, elle pourrait s'accommoder d'un Iran nucléaire et d'une désagrégation du système international de non-prolifération nucléaire[25].

On comprend mal pourquoi, et comment, Moscou s'accommoderait d'un Iran nucléaire

Intégration versus *eurasisme*

Un réflexe courant, concernant la politique étrangère russe, consiste à la définir en fonction de ses relations avec l'Europe[26]. Ce prisme s'explique par une conviction ancrée chez les élites russes selon laquelle l'Europe

22. T. Ambrosio, *Challenging America's Global Preeminence, Russia's Quest for Multipolarity*, Burlington, Ashgate, 2005, p. 90-91.
23. Sur les projets de coopération militaire et nucléaire avec l'Égypte, Israël, l'Autorité palestinienne et la Syrie envisagés lors de la tournée de Poutine (avril 2005), voir M. Smith, « Putin's Middle East diplomacy », Wills, CSRC, « Russian Series » 05/27, juin 2005. Pour une comparaison rapide des volumes d'exportations, voir P. Rivlin, *The Russian Economy and Arms Exports to the Middle East*, Tel Aviv, Jaffee Center for Strategic Studies, « Memorandum » n° 79, novembre 2005.
24. Th. Delpech, « L'Iran nucléaire : la course contre la montre », *Politique étrangère*, n° 3, 2005, p. 583.
25. V. Lata et A. Khlopkov, « Iran's missile and nuclear challenge: a conundrum for Russia », *Arms Control and Security Letters* (Pir center), n° 6, juillet 2003.
26. I. Oldberg, « Foreign policy priorities under Putin, a tour d'horizon », *in* J. Hedenskog *et al.*, *Russia as a Great Power*, Londres, Routledge, 2005, p. 29.

demeure un partenaire naturel en raison de l'étroitesse des liens culturels, mais surtout de l'identification de la population à son mode de vie[27]. Ce prisme est simplificateur. En limitant l'analyse de la politique étrangère russe à son dilemme traditionnel – comment s'européaniser sans perdre son identité nationale ? – et à sa *spécificité* revendiquée, on raisonne en termes de degré d'intégration quand Moscou continue à raisonner fondamentalement en termes de *statu quo* et d'équilibre des puissances. Dans le même temps, Moscou ne cherche pas à rivaliser frontalement avec les États-Unis ou à tendre ses relations avec l'UE, mais défend le principe d'une interaction ne reposant pas sur un système de contraintes et de valeurs communes.

L'inconstance de la politique russe naît du frottement entre des tendances lourdes (situation géographique, sentiment d'insécurité profondément enraciné, armature de la culture stratégique, déclin démographique) et des enjeux de court terme : le pragmatisme attribué à Poutine se traduit davantage par une agilité permanente que par une articulation maîtrisée entre des objectifs stratégiques de long terme pourtant identifiés (au premier rang desquels figure la montée en puissance de la Chine ou de l'Iran) et des décisions opérationnelles le plus souvent réactives[28]. Ce pragmatisme traduit également une profonde difficulté à opérer des choix stratégiques, et à s'y tenir en dépit des obstacles rencontrés. À cet égard, il est possible d'établir une analogie entre les années Eltsine et les années Poutine dans le rapport à l'Occident et dans l'utilisation des relations avec la Chine ou l'Iran. Avec des tonalités et des moyens différents, les deux mandatures s'ouvrent par une volonté affichée d'ancrage à l'Ouest et s'achèvent sur des inflexions eurasistes. Sur ce sujet, il convient de distinguer le courant intellectuel et ses implications diplomatiques[29]. Plusieurs signes récents témoignent d'évolutions similaires parmi les principaux responsables de la politique étrangère russe[30]. Or l'eurasisme est la traduction plus ou moins littérale en politique étrangère du nationalisme russe, qui connaît actuellement un incontestable regain *via* une glorification des forces armées, un antiaméricanisme virulent, un interventionnisme d'État systématisé, une affirmation renouvelée de l'autoritarisme politique, et enfin des projets rajeunis de maîtrise de l'espace post-soviétique[31].

27. S. Karaganov *et al.*, « Russia's European strategy: a new start », *Russia in Global Affairs*, n° 3, 2005.
28. Sur cette contradiction entre court et long termes, voir Th. Gomart, « Putin's Russia: towards a new combination of military and foreign policies », *World Defence Systems*, n° 2, 2004 ; D. Trenin et B. Lo, *The Landscape of Russian Foreign Policy Decision-Making*, Moscou, Carnegie, 2005, p. 19.
29. Voir A. Tsygankov, « Mastering space in Eurasia: Russia's geopolitical thinking after the Soviet break up », *Communist and Post-Communist Studies*, n° 1, 2003 ; D. Trenin, *The End of Eurasia*, Moscou, Carnegie, 2001.
30. Voir, par exemple, l'intervention d'I. Ivanov en ouverture du XIe séminaire Ifri/Mgimo sur les questions de sécurité, Moscou, décembre 2005.
31. M. Smith, « Russian nationalist movements & geopolitical thinking », Wills, CSRC, « Russian Series » 05/40, septembre 2005.

Russie réelle, Russie virtuelle

Le parallèle Eltsine/Poutine se heurte, toutefois, à deux différences fondamentales : le déplacement du centre de gravité politique et la situation financière du pays. Boris Eltsine a accompagné la transition démocratique et laissé un pays ruiné. Vladimir Poutine laissera un pays désendetté, avec un espace public rétréci. Le déplacement du centre de gravité politique se ressent dans l'influence exercée aujourd'hui par des nationalistes confortés par le relatif mieux-être d'une Russie qui ne devrait son salut qu'à ses propres ressources et à sa capacité de survie. Pour dire les choses rapidement, dans le débat public, Rodina (« Patrie », parti nationaliste) a remplacé Iabloko (parti libéral). Alors que les nationalistes s'activent, les libéraux se discréditent par leurs divisions internes et s'épuisent à justifier les années de transition. Quant à la principale force politique du pays – Edinaâ Rossiâ (« Russie unie ») –, elle se contente de défendre et relayer les décisions du Kremlin. L'influence intellectuelle des nationalistes est particulièrement perceptible dans la politique russe au sein de la Communauté des États indépendants (CEI). En effet, leur discours repose sur le constat suivant : à des degrés divers, aucun pays de la CEI ne peut envisager son avenir sans Moscou en raison de sa dépendance énergétique[32]. Cette dernière devient le principal outil de gestion diplomatique, ce qui a pour conséquence de bilatéraliser plus encore les enjeux entre Moscou et les capitales concernées.

Par le biais énergétique, Moscou montre sa force et obtient des concessions, mais en ruinant ses projets d'intégration régionale. C'est également un des enseignements à tirer de la « guerre du gaz » avec l'Ukraine. Plus profondément, les dirigeants russes ne parviennent toujours pas à élaborer, proposer et conduire un projet positif d'intégration, fondé sur un principe d'équilibre et de co-décision[33]. Ils disposent pourtant d'atouts non négligeables comme l'appartenance de ces pays à la sphère informationnelle de la Russie. L'expansion de la Russie se fait aujourd'hui par le biais de larges capacités d'investissements, sans qu'il soit réellement possible de savoir si ces dernières s'inscrivent dans une cohérence d'ensemble ou dans la simple poursuite d'intérêts privés. Cette absence de projets viables d'intégration régionale traduit une difficulté à s'engager dans la durée en construisant une confiance mutuelle. En ce sens, la politique russe demeure profondément immature. Comme une adolescente capricieuse, la Russie de Poutine est susceptible, accorde

La politique russe demeure profondément immature

32. Entretiens avec des responsables de Rodina, juin et décembre 2005.
33. M. Delyagin, « Russia's solitude after the CIS », *Russia in Global Affairs*, n° 4, 2005.

le plus grand soin à son image, au risque d'être trop fardée, multiplie les aventures et n'en revient pas d'être invitée à la table des grands. Elle croit exister en oubliant son avenir. Évitera-t-elle la bague au doigt ?

***

La difficulté à analyser la politique étrangère russe s'explique par le frottement entre constance et inconstance. Néanmoins, trois enseignements opérationnels peuvent être ici tirés. Premièrement, il faut bien comprendre que la Russie de V. Poutine est sortie d'une logique d'assistance, ce qui est en train de bouleverser ses relations avec les États-Unis et l'Union européenne, en ouvrant la question de l'utilisation extérieure des moyens financiers procurés par la rente énergétique et la stabilisation intérieure. Cette évolution devrait conduire à envisager les partenariats avec la Russie non pas sous l'angle de l'intégration, mais sous celui d'une association permettant à Moscou de défendre le principe d'un degré de développement politico-économique spécifique. Autrement dit, la Russie entend participer à la démonstration que le modèle de relations État/société défendu par l'Occident est moins universel que ce dernier ne le prétend.

Deuxièmement, la Russie va continuer, sur un plan tactique, à mobiliser une partie de ses ressources extérieures, à maintenir ses positions dans l'espace post-soviétique, et à reprendre pied là où les opportunités se présentent. Du point de vue européen, cela implique d'ouvrir et de trancher le débat sur la nature néo-impériale ou post-impériale de la politique de Vladimir Poutine, mais surtout de comprendre que la Russie a dépassé le temps de l'imitation des modèles, et se sent prête à assumer ses propres orientations.

Troisièmement, en termes méthodologiques, il convient de dés-européaniser l'analyse de la politique étrangère russe. En effet, si la Russie se comportait comme les Occidentaux l'espéraient au moment de la chute de l'URSS, s'appliquait à respecter les règles démocratiques et à observer les principes élémentaires de l'économie de marché, alors sa politique étrangère pourrait faire l'objet d'une moindre attention, dans la mesure où elle correspondrait, dans ses grandes lignes, à un même système de valeurs. Ce n'est pas le cas aujourd'hui. Ce ne sera probablement pas le cas dans les années à venir. La rigueur réaliste commande donc de remettre sans cesse le travail d'interprétation sur le métier, afin d'évaluer au plus juste l'état d'une puissance russe indispensable à l'équilibre européen et à la stabilité générale du *heartland*[34]. Il faut donc plus que jamais faire preuve de constance dans l'intérêt porté à la Russie, en raison même de la fluidité de sa politique étrangère.

PE

Mots clés :

Russie
Politique étrangère
Espace post-soviétique
Iran

34. Sur ce principe méthodologique, voir H. Kissinger, *Diplomacy*, New York, Simon & Schuster, 1994, p. 63.

Un Venezuela du froid ?
La « malédiction des ressources » et la politique russe

Par **William Tompson**

William Tompson, économiste principal pour les pays de l'ex-URSS et de l'Europe du Sud-Est au département des Affaires économiques de l'Organisation de coopération et de développement économiques (OCDE), est également professeur de sciences politiques à l'Université de Londres.

Texte traduit de l'anglais (Grande-Bretagne) par Sonia Marcoux

La Russie semble menacée par la « malédiction des ressources », qui freine les réformes économiques de fond, rend le pays vulnérable aux à-coups des marchés, et structure le pouvoir autour de l'exploitation de la rente. Mais le cas russe est particulier : les éléments négatifs aujourd'hui décelables (corruption, autoritarisme...) doivent peu à la structure économique du pays, et tout compte fait, la Russie a jusqu'ici assez bien résisté aux pathologies d'ordinaire associées au développement économique fondé sur les ressources naturelles.

politique étrangère

Un nombre croissant d'études empiriques suggèrent que les pays dotés d'importantes ressources naturelles ont tendance à être en retard en termes de croissance du produit intérieur brut (PIB) réel à long terme sur des pays qui leur sont comparables. Ce résultat a donné lieu à un large débat sur la « malédiction des ressources » (Sachs et Warner, 2001). Les explications mettent en évidence à la fois des processus économiques et politiques, incluant l'impact des ressources naturelles sur la compétitivité d'autres biens commerciaux (syndrome hollandais ou *Dutch disease*) ; l'impact de la volatilité du prix des matières premières et de son interaction avec les imperfections des marchés financiers ; et l'impact de la richesse en ressources naturelles sur la qualité des institutions, les processus politiques et la gouvernance (Hausman et Rigobon, 2003). Les gouvernements ont à leur disposition les instruments politiques pour atténuer, voire éliminer,

Les opinions exprimées dans cet article n'engagent que la responsabilité de l'auteur et aucunement celles de l'OCDE ou de ses États membres.

les problèmes purement économiques liés à cette « malédiction ». Leurs échecs répétés semblent montrer que les erreurs politiques sont à la racine du problème (Lal et Myint, 1996 et Ross, 1999). Si tel est le cas, alors les explications les plus prometteuses de la « malédiction des ressources » sont celles qui reposent sur des approches d'économie politique, et il s'agit donc de comprendre comment la richesse en ressources naturelles peut influencer de manière négative les politiques gouvernementales et être à l'origine d'échecs politiques et institutionnels.

Les richesses naturelles de la Russie : une malédiction politique ?

À première vue, on peut répondre sans hésitation par l'affirmative. La Russie souffre indubitablement de beaucoup des problèmes de gouvernance identifiés dans la littérature d'économie politique comme typiques des États riches en ressources naturelles. L'ex-conseiller économique du président, Andreï Illarionov, se plaît à parler de la « pétro-politique » et de la « vénézuélianisation » de la Russie – une combinaison d'enlisement des réformes, de dépenses populistes et de nationalisations sans cesse plus larges dans le secteur de l'énergie[1]. Un examen attentif suggère pourtant qu'il serait hasardeux d'attribuer trop d'importance à la dépendance de la structure économique vis-à-vis des ressources naturelles pour expliquer les maux qui affectent le système politique russe. Le cas russe ne semble pas correspondre aux modèles théoriques proposés par la littérature sur cette question. Mais il paraît parfois confirmer certains aspects de la théorie : la Russie souffre des pathologies institutionnelles typiques des économies fondées sur les ressources naturelles, comme l'omniprésence de la recherche de la rente, ou la corruption. Toutefois, on pourrait s'attendre à trouver des problèmes similaires dans une Russie pauvre en ressources naturelles.

Selon les indicateurs proposés par la littérature, on peut sans aucun doute qualifier la Russie d'économie fortement dépendante des ressources naturelles. Combustibles et métaux réunis représentaient, selon les estimations, 65 % de la valeur ajoutée dans l'industrie en 2000. En 2003, les hydrocarbures, les métaux et autres matières premières représentaient 76 % des exportations totales, soit 24 % du PIB. Le « choc des ressources » en Russie n'a pas été le résultat de la découverte de nouveaux gisements, mais de l'ajustement des prix relatifs au début de la transition post-soviétique. Les prix relatifs des matières premières, maintenus à des niveaux artificiellement bas sous le régime de gestion centralisée, sont montés en flèche après

1. Andreï Illarionov a présenté sa thèse de la « vénézuélianisation » à l'Euromoney Conference « Russia & The CIS Investment Forum 2005: Moving Towards A Balanced Economy », qui a eu lieu à Moscou, le 13 septembre 2005.

1991. Cela a provoqué une radicale réallocation des rentes provenant des ressources naturelles exploitées par le secteur des matières premières, réallocation toujours contestée.

Les institutions *ex ante* d'un pays ont un fort impact sur l'utilisation de ressources nouvellement trouvées et les conséquences politiques de ces découvertes. Quelques traits particuliers de l'environnement institutionnel de la Russie méritent donc d'être identifiés. Comme économie en transition, la Russie est – même si l'on ignore ses dotations en ressources – un environnement très « riche en rentes ». Les droits de propriété sont toujours relativement faibles et fluides, et les distorsions économiques héritées du système soviétique (ou créées par des réformes inachevées), ont généré des « rentes de transition » substantielles. Ensuite, la Russie a débuté la période post-soviétique avec un État très faible. Enfin, on doit souligner l'absence de responsabilité politique, de capital social et de respect de la loi – les trois principales défenses contre l'*antisocial governance*. La Russie contemporaine est donc prédisposée à nombre des pathologies politiques identifiées dans la littérature sur la « malédiction des ressources ».

La Russie est prédisposée à nombre des pathologies associées à la « malédiction des ressources »

La recherche de rentes

La richesse en ressources naturelles crée l'incitation à la recherche de rentes. L'État et les acteurs privés peuvent ensemble tendre vers la capture de rentes plutôt que vers la création de richesse. La bataille pour le contrôle de la rente peut même constituer un axe principal des rivalités politiques, et peut alors être préjudiciable à la performance économique, dans la mesure où ces conflits sont improductifs. La nature même des ressources importe : des études de cas suggèrent qu'une abondance de ressources géographiquement concentrées, comme les gisements de minerai, peut plus facilement conduire à une fragilisation des systèmes politiques et à d'importants désavantages économiques que l'existence de ressources diffuses, comme la pêche ou la sylviculture. Les ressources concentrées sont plus faciles à monopoliser. Les luttes pour leur contrôle sont le plus souvent des jeux à somme nulle, le vainqueur appartenant à l'élite politique. Ainsi, les rentes plus importantes et plus concentrées donneront lieu à des luttes plus violentes que les rentes plus petites et plus diffuses (Auty, 2004).

Un problème lié, et pourtant distinct, affecte l'intensité en capital de l'activité d'extraction des ressources naturelles dans de nombreux secteurs. Ces industries ont tendance à être dominées par des entreprises plus grandes et moins nombreuses, ce qui favorise, pour les élites politiques et administratives, les incitations à nationaliser. En effet, les dirigeants politiques peuvent craindre que de puissantes compagnies privées se révèlent « ingérables ». Il n'est pas étonnant que la littérature sur la « malédiction des ressources » se concentre sur les minerais : il s'agit de ressources ponctuelles dont la production requiert la mobilisation d'une grande masse de capitaux, et génère dans nombre de cas d'importantes économies d'échelle. Il est donc plus probable que de tels secteurs se caractérisent par des niveaux de concentration de la propriété (publique ou privée) plus élevés que d'autres. Étant donné la très grande richesse de la Russie en minerais (principalement des hydrocarbures, des métaux et des pierres précieuses), la littérature nous conduit à anticiper de féroces luttes pour l'appropriation des rentes.

Bien sûr, les implications de tels conflits sur la politique et la gouvernance dépendent de l'environnement institutionnel. Il y a de grandes chances que la recherche de rentes soit particulièrement attractive dans un environnement où les droits de propriété sont faibles, où les institutions sont instables. Dans un tel environnement, les agents font peu de cas de l'avenir. Cette vision de court terme aura tendance à rendre la recherche de rentes plus attractive que la production, en particulier parce que les activités productives, si elles sont couronnées de succès, auront tendance à susciter la convoitise. Dans une telle situation, un cadre légal fragile ne sera probablement pas capable de résoudre les conflits, qui seront alors réglés par des moyens illégaux.

Ce constat correspond précisément à la situation russe. Les conflits sur l'appropriation de la rente ont été au cœur de la vie politique russe ces dix dernières années. Ils doivent cependant être remis dans le contexte de la transition, qui a offert des opportunités pour la recherche de rentes dans virtuellement tous les secteurs, et a connu des luttes sur les droits de propriété de toutes sortes d'entreprises, grandes ou petites. Dans cet environnement, les luttes pour le contrôle des gisements de pétrole ou d'aluminium sont peut-être plus longues et plus acharnées que celles menées pour des commerces locaux ; mais les racines du problème résident dans la faiblesse générale des droits de propriété et des institutions politiques, plus que dans la nature des biens. Cela apparaît clairement lorsque l'on compare la Russie à la Norvège, pays caractérisé par une gouvernance démocratique et un règne du droit bien antérieurs à la découverte du pétrole en mer du Nord. La Norvège a pu gérer ses ressources et résoudre les conflits sur la rente dans un cadre démocratique stable.

La taxation de la rente

Selon une deuxième hypothèse, les États riches en ressources souffrent de mécanismes de prélèvements fiscaux sous-développés (Chaudhry, 1989 et Karl, 1997). L'aisance avec laquelle l'État tire des revenus importants du secteur des matières premières réduit son incitation à développer d'autres instruments fiscaux. Politiquement, la capacité de l'État à fonctionner grâce aux ressources de la rente peut aussi contribuer à le rendre moins responsable vis-à-vis de ceux qu'il gouverne (Ganev, 2001). Des analyses des États pétroliers suggèrent que les gouvernements ont beaucoup moins de chances d'être responsables à l'égard des gouvernés si les dirigeants peuvent financer leurs activités, et même fournir des prestations à ceux qu'ils dirigent, sans avoir à les taxer.

En dépit de leur pertinence, ces arguments ne nous éclairent pas beaucoup sur la Russie post-soviétique. Dans un passé récent, la situation russe était aux antipodes des modèles proposés par la littérature. Au début de la période post-soviétique, la Russie avait des institutions de prélèvement très faibles. De nombreux efforts ont tenté, ces dix dernières années, de les renforcer. Mais les institutions fiscales russes ont initialement porté peu d'attention à la taxation de la rente. Avant 2000, les secteurs du pétrole, du gaz, des métaux et des forêts bénéficiaient de charges fiscales réelles inférieures à celles que supportait l'industrie manufacturière. Alors qu'il y a eu récemment un mouvement sensible vers une taxation plus importante de l'industrie pétrolière, aucune tentative n'a été faite jusqu'à présent pour recueillir une plus grande part de la rente dans la plupart des autres secteurs – actuellement, la métallurgie et la sylviculture bénéficient des charges fiscales les plus basses de tout le secteur industriel (Vasileva et Gurvich, 2005). Enfin, on ne peut affirmer que la Russie est devenue un État rentier, qui n'aurait pas besoin de négocier les termes de sa politique fiscale avec la société. Malgré l'accroissement rapide, ces dernières années, des revenus de l'État liés aux ressources naturelles, la Russie n'a pas une politique fiscale typique d'un État pétrolier. Les taxes à l'exportation et les taxes sur les ressources naturelles ont représenté seulement environ 20 % des revenus en 2003, bien moins que d'autres taxes, comme les contributions sociales (22,2 %) ou les taxes sur la consommation (29,5 %).

La Russie n'a pas une politique fiscale typique d'un État pétrolier

L'attitude des décideurs politiques

Une troisième série d'arguments considère que la richesse en ressources suscite une certaine suffisance des décideurs politiques et/ou des agents privés. Une telle suffisance conduit à des politiques excessivement laxistes et à négliger les réformes structurelles et les mesures nécessaires pour encourager la diversification. Les excès des périodes fastes obligent à de fortes réductions des dépenses quand chute le prix des matières premières. L'impact des changements des termes de l'échange est ainsi aggravé. On peut penser que les décideurs politiques des pays riches en ressources connaissent très bien les dangers des cycles économiques en dents de scie, mais trouvent difficile de résister aux pressions en faveur d'un assouplissement de la fiscalité.

En ce sens, la Russie n'est pas une exception. Les économistes du gouvernement sont conscients du besoin de maintenir une discipline macroéconomique tout au long du cycle du prix des matières premières, et pendant la période 1999-2004, la Russie a montré une discipline fiscale exemplaire (Ahrend, 2004). Toutefois, la pression politique a été croissante pour dépenser une part toujours plus grande des retombées économiques du pétrole, alors que les prix restaient élevés et que s'estompaient les souvenirs de la crise de 1998. Les « faucons fiscaux » du gouvernement sont soumis à une pression croissante pour accroître les dépenses de la part des ministères, d'intérêts particuliers cherchant un soutien fédéral pour leurs priorités, et d'un Kremlin déterminé à maintenir la pression sur le gouvernement afin de doubler le PIB à bref horizon. Alors même que les pressions à la dépense augmentaient, les réformes structurelles restaient au point mort.

Tout comme les luttes pour l'appropriation de la rente, l'indiscipline politique s'aggrave dans un environnement institutionnel fragile. Dans un tel environnement, les échéances se rapprochent, les agents ont une vision à plus court terme, sont donc moins prudents. De plus, si les gouvernants sont incertains de leur propre mandat, ils hésitent moins à s'approprier et à manipuler la rente de façon plus agressive pour conserver le pouvoir. En Russie, il n'est pas difficile d'observer de tels phénomènes à l'œuvre : ils consolident le régime ou apaisent la contestation sociale où qu'elle émerge. Ces phénomènes freinent bien sûr la volonté de réforme.

Des bureaucraties hypertrophiées

Une quatrième série d'arguments analyse le problème de l'utilisation par les dirigeants des produits de la rente qu'ils contrôlent. On l'a dit, les dirigeants ont logiquement tendance à utiliser cette rente pour renforcer leur emprise sur le pouvoir. Robinson *et al.* (2002) mettent l'accent sur l'utilisation de la rente à des fins clientélistes, argumentant que son usage a souvent pour résultat une expansion de la bureaucratie d'État pour des motifs politiques (Auty, 2004).

La masse bureaucratique a effectivement augmenté en Russie, mais pas si rapidement qu'on le pense souvent. Le nombre des fonctionnaires de l'administration publique n'a crû que de 13,6 % dans la période 1994-2001, et l'administration centrale ne représente pas la plus grande part de cette augmentation. L'administration russe n'emploie qu'une part assez réduite de la population active, si l'on compare avec la majorité des pays de l'Organisation de coopération et de développement économiques (OCDE) et des pays en transition. Ce qui rend peu crédible la thèse selon laquelle existerait en Russie une bureaucratie hypertrophiée par la rente. Les données régionales suggèrent cependant que la richesse en ressources naturelles joue un rôle dans la croissance des bureaucraties au niveau infranational. Entre 1995 et 2003, l'emploi dans les administrations régionales et municipales a augmenté de 22,5 %. Mais dans les dix régions où le ratio d'extraction de minerai est le plus important par rapport au produit régional brut (PRB), le chiffre est de 51,6 %.

La discussion sur l'utilisation de la rente par les dirigeants russes pour assurer la pérennité de leur pouvoir serait incomplète sans le thème des privatisations. À première vue, la décision de Boris Eltsine de privatiser les industries pétrolières et métallurgiques russes, si rapidement et à si bon marché, peut surprendre, surtout dans la mesure où l'administration était incapable de les taxer efficacement. Les politiques semblent donc avoir abandonné ces rentes spectaculaires sans combat. Toutefois, le comportement d'Eltsine prend son sens si l'on considère qu'il raisonnait à court terme. La privatisation rapide des entreprises publiques qui avaient le plus de valeur avait deux intérêts capitaux pour son destin politique au milieu des années 1990. Premièrement, elle l'aidait à obtenir le soutien des plus riches magnats du pays pour sa réélection. Elle l'aidait de plus à s'assurer, qu'en cas d'échec, ses adversaires auraient à affronter une puissante opposition à toute tentative de marche arrière en matière de politique économique. Vladimir Poutine, pour sa part, n'a pas encore dû faire face à une menace pesant de manière immédiate sur son mandat : il s'intéresse donc plus à organiser le contrôle de l'État sur une partie croissante de ces ressources, dans une perspective de long terme.

La corruption

De nombreux auteurs soutiennent qu'existe un lien entre la richesse en ressources naturelles et la corruption des autorités, notamment parce qu'il est tentant de manipuler les institutions publiques pour s'approprier la rente. Le lien entre les richesses naturelles et la corruption en Russie n'est pourtant pas évident. Des signes clairs indiquent que le problème de la corruption s'est beaucoup aggravé depuis 1991 ; mais il est difficile d'attribuer ce développement à la « malédiction des ressources », compte tenu des nombreux autres facteurs à l'œuvre. S'il y avait un lien fort entre les ressources minérales et la corruption, on pourrait s'attendre à ce que la corruption soit plus grande encore dans les régions riches en ressources. Or les indices de corruption régionaux de 2002 de Transparency International – Russia (Transparency, 2002) ne confortent nullement cette thèse. Une étude récente menée conjointement par l'institut de sondage VTsIOM et le lobby des petites entreprises OPORA échoue de la même manière à démontrer ce lien (OPORA Rossii, 2005). Classées sur l'échelle de corruption d'OPORA, les régions russes les plus dépendantes des ressources naturelles vont du 6e au 78e rang.

Cela ne signifie pas que les régions riches en ressources sont, en comparaison, indemnes de corruption. Au contraire, selon les deux études, les niveaux de corruption sont élevés presque partout. Il est à peine plus faible dans les régions les mieux classées. La corruption en Russie s'explique par de très nombreuses raisons. Si le pays avait commencé la transition sans importante dotation en ressources naturelles, on y aurait sans doute aussi trouvé des niveaux de corruption élevés. Ses voisins de la Communauté des États indépendants (CEI), pauvres en ressources, ne sont visiblement pas moins corrompus.

Les richesses naturelles et la politique russe selon le modèle de Charles Tilly

On peut donc rester sceptique sur les hypothèses de liens, en Russie, entre ressources et politiques. Mais ce serait une erreur de conclure que n'existe aucun lien significatif. La nature des principales sources de richesse nationale peut affecter dans toute société le processus de décision, y compris le cadre institutionnel (Karl, 1997). En ce qui concerne les économies fondées sur les ressources naturelles, on peut s'attendre à ce que leurs caractéristiques déterminent le mode dominant de prélèvement des ressources employé par l'État. La discussion qui suit analyse la relation entre le mode de prélèvement des ressources publiques et la gouvernance dans la Russie contemporaine, à partir du travail de Charles Tilly (1992) sur l'émergence des structures étatiques en Europe.

Le développement de l'État et ses modes d'appropriation

Tilly voit l'État comme un mécanisme d'appropriation des ressources et d'attribution de celles-ci à des fins déterminées par l'élite – le « projet dominant de l'élite ». Une grande partie de son travail concerne les stratégies de l'élite pour s'approprier les biens des autres : où sont « situées » (en termes socio-économiques) les ressources que les « élites dominantes » tentent de s'approprier, et que faut-il faire pour les « extraire » ? Tilly considère que les élites ont besoin d'entrer dans divers réseaux sociaux pour obtenir ces ressources, et que ces modes d'engagement déterminent les structures qui seront utilisées comme instruments de gouvernance. Pour ce qui nous occupe, la question principale est celle du lien entre la nature des ressources que les acteurs peuvent s'approprier et les stratégies qu'adoptent les élites pour s'en saisir. Ainsi, la possibilité de s'emparer de la rente à des coûts relativement bas, modèle un certain type d'institutions.

La possibilité de s'emparer de la rente à des coûts relativement bas modèle un certain type d'institutions

Les caractéristiques du secteur procurant les ressources jouent aussi un rôle. Lorsque le secteur économique dominant est maîtrisé par un nombre réduit d'acteurs, lorsqu'il est protégé par des barrières importantes à l'entrée et à la sortie, et que les biens produits sont très spécifiques, le secteur a des chances d'être politiquement puissant et peu flexible. L'État voit alors s'éroder son autonomie, et ses capacités d'action sont modifiées de sorte qu'il développe des institutions spécialisées et des pratiques particulières pour traiter avec le secteur dominant. Intuitivement, on s'attend à ce que cela soit particulièrement vrai dans les secteurs du pétrole, du gaz, des métaux – il s'agit de ressources géographiquement concentrées, très intensives en capitaux, générant dans nombre de cas d'importantes économies d'échelle, tous éléments qui compliquent l'entrée sur le marché, et accroissent la probabilité qu'il soit dominé par quelques grands acteurs.

Il est possible que la présence de sources de rentes importantes et concentrées, comme celles que l'on trouve dans le secteur des minerais, pose un problème politique dont la solution la plus simple (sinon la plus efficace économiquement) est pour beaucoup d'États la nationalisation. L'exigence d'une grande quantité de capitaux signifie que ce secteur d'activité sera dominé par un petit nombre d'acteurs très puissants, publics ou privés, nationaux ou étrangers. Si la propriété privée domine, le système politique risque de ne pas être assez solide pour résoudre des conflits impliquant des agents privés aussi lourds. L'État risque également de ne pas pouvoir réguler le comportement des compagnies privées, ni percevoir efficacement la rente. À condition qu'il dispose des forces nécessaires, la nationalisation peut être plus facile que la maîtrise de puissants acteurs privés. De plus, un contrôle plus direct rendra assurément plus simple pour les élites politiques l'appropriation et l'allocation des rentes des ressources naturelles, bien plus que des moyens indirects comme la taxation et la régulation. L'ironie de ce raisonnement est qu'il est plus probable que les États faibles choisissent la nationalisation précisément à cause de leurs capacités limitées, alors même que les capacités étatiques sous-développées rendent plus probable une mauvaise gestion des industries nationalisées.

Ce point est central dans le vaste débat sur la « malédiction des ressources ». Jones Luong (2004), Auty (2004), Ross (1999) et d'autres suggèrent que la propriété publique, plus que la richesse en ressources *per se*, se trouve à la racine de la contre-performance chronique en matière d'exportation des ressources. Les producteurs de minerais appartenant à l'État sont le plus souvent moins efficaces, moins transparents et aussi plus sujets à l'ingérence politique.

Les incitations à rechercher le contrôle public qui découlent de la présence de riches dotations naturelles (en particulier de minerais) ont certainement des conséquences politiques. Mais leur nature dépend de l'ordre politique existant et de l'environnement institutionnel. Là où la responsabilité politique et le respect de la loi sont faibles, la création d'une grande entreprise publique dans un secteur des plus lucratifs sera beaucoup plus probablement associée à une grande opacité, à la corruption, à la recherche de la rente par les initiés. Les ressources à la disposition des élites peuvent aussi être utilisées pour acheter, ou résister à ceux qui exercent des pressions pour le changement. Bref, un contrôle direct sur des rentes importantes peut permettre à l'élite au pouvoir de s'enrichir et de s'isoler, surtout si les mécanismes de contrôle de la gestion de la rente sont faibles ou inexistants.

Ces affirmations prennent une signification nouvelle si l'on considère que les exigences institutionnelles du « secteur dominant » sont susceptibles de transformer les institutions économiques et, dans une certaine mesure, les institutions politiques de la société entière. Une stratégie de développement fondée essentiellement sur le contrôle des ressources naturelles par l'État est sans doute moins exigeante institutionnellement que d'autres voies de développement. Le développement de la société civile, la qualité de l'environnement contractuel (et donc le respect de la loi), la sécurité des droits de propriété et le développement du capital humain, ont alors moins d'importance que dans une économie se développant sur la base de l'entreprise privée. Les exigences institutionnelles relativement laxistes d'une telle stratégie la rendent plus attractive pour les décideurs lorsque les institutions sont faibles *ex ante*. Cette stratégie pose problème en ce qu'elle réduit l'incitation à améliorer les institutions.

Repenser le cas russe

Les dirigeants d'un État riche en ressources sont donc, de manière compréhensible, soucieux de s'emparer d'une large part du surplus économique généré par lesdites ressources. L'avidité personnelle et la corruption peuvent jouer un rôle, mais ce n'est pas toujours le cas. Suivant la logique de Tilly, la concentration sur l'appropriation de la rente est, pour les élites, une stratégie évidente et rationnelle. Mais les mécanismes d'appropriation employés dépendent des outils à leur disposition. Les États dont les capacités de régulation – administratives ou autres – sont faibles, sont plus enclins à succomber à la tentation de nationaliser directement, ou à miser à tous niveaux sur leur pouvoir coercitif pour garder une forte emprise sur le secteur des ressources. Il est probable qu'une telle solution est économiquement inefficace mais elle a ses avantages politiques pour les décideurs.

Ces arguments correspondent-ils à la Russie contemporaine ? Le « projet dominant » de Vladimir Poutine comprend le rétablissement du pouvoir de l'État en Russie et la restauration de son statut de « grande puissance » après le chaos des années 1990. De plus, il a publiquement exprimé l'idée que la richesse de la Russie, en hydrocarbures en particulier, était cruciale pour le rétablissement de sa position dans le monde. Il n'est donc pas surprenant que Poutine se soucie de maintenir l'emprise de l'État sur le pétrole et le gaz russes, qui constituent la plus grande source potentielle de richesses pouvant soutenir son projet de développement de l'État à l'intérieur du pays et sa volonté d'améliorer la puissance et le prestige de la Russie à l'extérieur. Poutine a clairement dit que l'État devait récupérer une grande partie du surplus généré par ces secteurs, et que cela était crucial pour la renaissance, à long terme, de la Russie (Putin, 1999 et Olcott, 2004). Son problème est donc en conséquence d'identifier la meilleure façon de contrôler ce surplus.

Selon Poutine, la richesse en hydrocarbures est cruciale pour le rétablissement de la position de la Russie dans le monde

Économiquement, les solutions optimales auraient probablement impliqué une restructuration du secteur du gaz orientée vers le marché, accompagnée d'une meilleure régulation et d'une taxation de l'industrie pétrolière, principalement privée. Au lieu de quoi V. Poutine s'est fixé pour objectif de renforcer l'emprise sur le monopole du gaz – Gazprom –, intégré verticalement et contrôlé par l'État, et d'étendre son contrôle direct sur le secteur pétrolier. En même temps, la charge fiscale sur le secteur pétrolier augmentait substantiellement, l'administration fiscale se durcissant pour se garantir des retombées pétrolières très larges.

De multiples causes semblent avoir influencé l'approche de V. Poutine du secteur de l'énergie, dont des facteurs politiques conjoncturels, et ses propres préférences idéologiques. Il n'y a rien d'inévitable à l'extension de l'État dans le secteur pétrolier : les décideurs et leurs choix politiques demeurent des variables clés. Ce serait pourtant une erreur d'oublier l'importance des caractéristiques sectorielles décrites ci-dessus, et les faiblesses des institutions publiques russes. Les capacités administratives et de régulation de l'État étaient et restent faibles. Ses capacités coercitives sont considérables. On peut donc s'attendre à ce qu'un État caractérisé par de faibles capacités à réguler et à faire appliquer ses lois, mais disposant de moyens de coercition très développés, use plutôt de sa force de contrainte.

Aux racines du problème sont donc les faiblesses institutionnelles de la Russie. Elles ne déterminent pas complètement les actions menées par le Kremlin vis-à-vis de l'industrie pétrolière entre 2003 et 2005, mais les expliquent largement – hors les intérêts personnels et des factions en jeu. Il n'est pas difficile de voir le cercle vicieux qui peut alors se former. Des institutions faibles invitent les dirigeants à choisir les solutions viables, même si elles ne sont pas optimales – dans le cas présent, la confiance dans le contrôle direct et la coercition plutôt que dans le contrat, la régulation et la taxation. Les solutions adoptées, à leur tour, créent des obstacles aux améliorations institutionnelles et, faute de mieux, servent souvent à enraciner les faiblesses qui leur ont donné naissance. Et ces mêmes faiblesses institutionnelles font que les États les plus susceptibles de nationaliser sont aussi ceux qui sont les plus faibles pour gérer des industries nationalisées.

***

Prétendre que la Russie est devenue « un Venezuela du froid » est grandement exagéré. D'un point de vue politique, ce qui frappe, pour la Russie, n'est pas sa conformité au stéréotype d'une économie politique des ressources naturelles, mais au contraire le fait qu'elle a jusqu'ici résisté aux pathologies institutionnelles et politiques habituellement associées à un développement économique fondé sur ces mêmes ressources. Il y a peu de raisons de croire que le régime russe serait plus sain si le pays avait commencé sa transition vers l'économie de marché avec moins de richesses naturelles. Ces dernières représentent pourtant un vrai danger pour la Russie et son développement politique. Le problème crucial n'est pas la nature des ressources elles-mêmes, mais leur positionnement dans un environnement institutionnel qui ne dispose pas des compétences nécessaires pour venir à bout des pressions et des problèmes que cette richesse peut engendrer.

PE

MOTS-CLÉS :

Russie
Rente pétrolière et gazière
Politique économique
Institutions

RÉFÉRENCES

Ahrend, R., 2004, *Accounting for Russia's Post-Crisis Growth*, Paris, OCDE, « Département économique. Working Paper », n° 404.

Ahrend, R., 2002, *Press Freedom, Human Capital and Corruption*, Paris, ENS, « DELTA Working Paper », n° 11.

Auty, R., 2004, « Patterns of Rent-Extraction and Deployment in Developing Countries: Implications for Governance, Economic Policy and Performance », intervention au séminaire Poverty Reduction and Economic Management Unit, Washington, DC, Banque mondiale, avril.

Chaudhry, K., 1989, « The price of wealth: business and state in labour remittance and oil economies », *International Organization* vol. 43, n° 1, hiver, p. 101-145.

Leite, C. et J. Weidmann, 1999, *Does Mother Nature Corrupt? Natural Resources, Corruption, and Economic Growth*, Washington, DC, FMI, « IMF Working Paper », n° 85.

Easterly, W., 2001, *The Elusive Quest for Growth. Economists' Adventures and Misadventures in the Tropics,* Cambridge (MA), MIT Press.

Ganev, V., 2001, *Post-Communism as a Historical Episode of State-Building: A Reversed Tillyan Perspective*, Chicago (Il), Université de Chicago, Département de science politique, « Working Paper », n° 289.

Hausman, R. et R. Rigobon, 2003, *An Alternative Interpretation of the "Resource Curse": Theory and Policy Implications*, Cambridge (MA), National Bureau of Economic Research (NBER), « NBER Working Paper », n° 9424.

Jones Luong, P., 2004, « Rethinking the Resource Curse: Ownership Structure and Institutional Capacity », communication à la Conference on Globalization and Self-Determination, Yale (CT), Université de Yale, 14-15 mai.

Karl, T., 1997, *The Paradox of Plenty: Oil Booms and Petro-States,* Berkeley (CA), University of California Press.

Lal, D. et H. Myint, 1996, *The Political Economy of Poverty, Equity and Growth* Oxford (R-U), Clarendon Press.

Mauro, P. (1995), « Corruption and growth », *Quarterly Journal of Economics,* vol. 110, n° 3, p. 681-712.

Olcott, M., 2004, « Vladimir Putin and the Geopolitics of Oil », communication pour le projet du James A. Baker III Institute for Public Policy, « Vladimir Putin and the Geopolitics of Oil ».

OPORA Rossii, 2005, *Conditions and Factors Affecting the Development of Small Entrepreneurship in the Regions of the Russian Federation*, disponible sur <www.opora.ru/>, juin.

Putin, V., 1999, « Mineral'no-syr'evye resursy v strategii razvitiya rossiiskoi ekonomiki », (« Ressources naturelles et minérales dans la stratégie de développement de l'économie russe »), *Zapiski Gornogo Instituta*, vol. 144, p. 3-9.

ROBINSON, J., R. TORVIK et T. VERDIER, 2002, *Political Foundations of the Resource Curse*, Londres, CPER, « CEPR Discussion Paper », n° 3422.

ROSS, M., 1999, « The political economy of the resource curse », *World Politics,* vol. 51, n° 2, janvier, p. 297-322.

SACHS, J. et A. WARNER, 2001, « The curse of natural resources », *European Economic Review*, vol. 45, n° 4-6, p. 827-836.

TILLY, C., 1992, *Coercion, Capital, and European States, AD 990-1992,* Oxford (R-U), Basil Blackwell.

Transparency International – Russia, 2002, *Regional Corruption Indices 2002* disponible sur <www.transparency.org.ru/>.

VASILEVA, A. et E. Gurvich, 2005, « Reglament nalogooblozheniya neftegazovogo sektora » (« Règlement fiscal pour le secteur du pétrole et du gaz »), *Neft' Rossii,* n° 3, mars.

Le conflit en Ossétie-du-Sud : la Géorgie contre la Russie

Par **Tracey C. German**

Tracey C. German, *Lecturer* au département des Études de défense du King's College de Londres, mène des recherches sur les questions de sécurité dans la région du Caucase, et tout particulièrement sur le conflit tchétchène et les relations entre la Géorgie et la Russie.

Texte traduit de l'anglais (Grande-Bretagne) par Benjamin Bloch

La liquidation de l'URSS a réveillé en Ossétie-du-Sud et en Abkhazie les revendications nationalistes. Moscou a constamment usé de son soutien aux populations d'origine russe pour affaiblir globalement une Géorgie jugée trop indépendante. Ni les menaces du nouveau président géorgien, ni ses propositions nouvelles n'ont pu dénouer la crise. Seul un engagement plus lourd de la communauté internationale dans une région essentielle pour sa sécurité pourrait sans doute débloquer une situation dangereuse.

politique étrangère

Lorsque l'Union des Républiques socialistes soviétiques (URSS) s'est désagrégée, au début des années 1990, plusieurs des nombreux groupes ethniques peuplant la Géorgie ont ranimé leurs revendications d'autodétermination. La guerre a éclaté en Ossétie-du-Sud et en Abkhazie, et, depuis plus de 10 ans, ces deux régions sont *de facto* indépendantes. Sur les conflits séparatistes qui agitent la Géorgie, l'ombre du puissant voisin du Nord est manifeste, Moscou essayant de maintenir son influence sur cet État du Sud-Caucase. Tbilissi a fréquemment accusé la Russie de saper sa souveraineté en soutenant les provinces séparatistes.

Fin mai 2004, Mikhaïl Saakachvili, galvanisé par son succès en Adjarie, offrait à l'Ossétie-du-Sud et à l'Abkhazie un « statut spécial » au sein de la Géorgie, proposant la création d'un État fédéral avec des autonomies réelles. Des deux régions, l'Ossétie-du-Sud semblait la mieux disposée à transiger et à faire des concessions à Tbilissi.

La volonté de M. Saakachvili de consolider l'intégrité territoriale de la Géorgie a entraîné un regain de tension avec la Russie, laquelle entretient un contingent de maintien de la paix en Ossétie-du-Sud et fournit également un soutien tacite à la région séparatiste. Les espoirs d'une résolution rapide de l'interminable conflit d'Ossétie-du-Sud se sont rapidement évanouis avec l'aggravation des tensions. Les craintes ont ressurgi d'une confrontation armée entre troupes russes et géorgiennes, stationnées dans la région séparatiste pour y maintenir la paix. Le président géorgien a averti qu'un conflit armé généralisé en Ossétie-du-Sud engagerait les relations bilatérales russo-géorgiennes et ne pourrait être considéré comme un simple conflit interne[1].

Depuis que la Géorgie s'est déclarée indépendante de l'URSS en 1991, les relations Tbilissi-Moscou sont empreintes de méfiance et de tension. La Géorgie a tenté de maintenir une politique étrangère autonome et pragmatique qui l'éloigne de la sphère d'influence russe ; et la nouvelle classe dirigeante a cherché l'implication d'acteurs extérieurs tels que l'Union européenne (UE), l'Organisation pour la sécurité et la coopération en Europe (OSCE) ou les États-Unis, démontrant ainsi son désir de s'intégrer à l'Occident. Tout cela contrarie Moscou qui n'apprécie guère les penchants européens de son voisin du Sud, pas plus que sa lucrative relation avec Washington, qui se traduit entre autres choses par l'élargissement de l'influence militaire américaine au Sud-Caucase[2].

Vladimir Poutine a clairement confirmé que Moscou continuerait à tenter d'influencer les anciens États soviétiques. Mais la manipulation des événements dans des régions telles que l'Ossétie-du-Sud ou l'Abkhazie, loin de lui permettre de sauver son influence, a accéléré le glissement de la Géorgie vers l'Occident, renforçant son désir de rejoindre l'Organisation du traité de l'Atlantique Nord (OTAN) et de réduire l'ascendant russe.

L'Ossétie-du-Sud ne cherche pas à devenir un État indépendant. Elle en appelle plutôt à la réunification avec les Ossètes vivant dans la République russe d'Ossétie-du-Nord-Alanie, de l'autre côté de la frontière, dans le nord du Caucase. Le russe est la langue officielle de la région, le rouble russe sa monnaie officielle, et en février 2004, le dirigeant sud-ossète Edouard Kokoïty déclarait que 95 % des quelque 100 000 habitants de la république avaient opté pour la citoyenneté russe. Un régime spécial – vu comme preuve de l'ingérence russe dans les affaires géorgiennes –, permet aux personnes d'ethnie ossète, ainsi qu'aux Abkhazes et aux Adjars, d'ob-

1. BBC Monitoring (version en ligne), 9 septembre 2005, *Imedi TV*, Tbilissi, 16:02 GMT.
2. Le soutien financier des États-Unis à la Géorgie se monte à plus d'un milliard de dollars, ce qui fait des Géorgiens les seconds plus grands bénéficiaires par habitant de l'aide américaine – après les Israéliens.

tenir la citoyenneté russe en évitant la très longue procédure habituelle[3]. Comme la Géorgie n'autorise pas la double nationalité, une partie importante de la région située à la frontière nord du pays se trouve hors contrôle de Tbilissi, peuplée de citoyens « étrangers ».

La majorité de la population d'Ossétie-du-Sud ayant choisi la citoyenneté russe, Moscou peut invoquer la sécurité de ses ressortissants comme motif d'escalade dans le conflit. C'est ce qu'ont fait les autorités russes en juillet 2004, en déclarant que Moscou « ne restera pas indifférent au sort de ses citoyens, dont fait partie la majorité absolue de l'Ossétie-du-Sud »[4]. Andreï Kokochine, président de la Commission sur les affaires de la Communauté des États indépendants (CEI) de la Douma affirmait alors que la Russie « ne restera[it] pas à l'écart » si la Géorgie recourait à la force : « Beaucoup d'habitants d'Ossétie-du-Sud sont des citoyens russes et la Russie a le droit de défendre la vie, la liberté, la propriété et la santé de ses citoyens en utilisant tous les moyens dont dispose un État dans ces circonstances »[5].

Les origines du conflit

Pou David Darchiashvili, les séparatismes ossète et abkhaze ne résultent pas d'un « complot russe », mais d'un « réveil » de ces groupes ethniques, distinct de la « renaissance » géorgienne[6]. Les Ossètes sont un peuple d'origine iranienne arrivé en Géorgie au XIIIe siècle. Ils se répartissent aujourd'hui entre la région géorgienne d'Ossétie-du-Sud et la République d'Ossétie-du-Nord-Alanie dans le Nord-Caucase russe. L'Ossétie-du-Sud constituait une région autonome de la République socialiste soviétique (RSS) de Géorgie, tandis que l'Ossétie-du-Nord était une république autonome (RSSA) au sein de la RSS de Russie. Traditionnellement, l'Ossétie-du-Sud se méfie de l'État géorgien, craignant ce qu'elle perçoit comme un « chauvinisme » géorgien menaçant les identités ethniques. L'idée d'une réunification des deux Ossèties est apparue lors du mouvement de renouveau national de la

L'idée d'une réunification des deux Osséties apparaît lors du renouveau national de la fin des années 1980, sous la perestroïka

3. Ces populations tiennent à obtenir des passeports russes, dans la mesure où leur refus de reconnaître l'État géorgien fait qu'elles n'ont pas de passeport géorgien et ne peuvent donc voyager hors du pays. Abkhazes et Sud-Ossètes sont aussi dispensés du régime de visas que la Russie a imposé aux citoyens géorgiens en décembre 2000 – une mesure décrite par le Parlement européen comme une « annexion *de facto* du territoire géorgien. » Voir Parlement européen, *Régime de visas imposé à la Géorgie par la Fédération de Russie*, adopté le 18 janvier 2001, disponible sur <www.europarl.eu.int/>.
4. Ministère des Affaires étrangères de la Fédération de Russie, Communiqué « V svyazi s obostreniem situatsii vokrug Yuzhnoi Osetii » (« Compte tenu de la dégradation de la situation autour de l'Ossétie-du-Sud »), 9 juillet 2004, disponible sur <www.ln.mid.ru/>.
5. BBC Monitoring (version en ligne), 4 août 2005, *RTR Russia TV*, Moscou, 13:00 GMT.
6. D. Darchiashvili, « Georgian security problems and policies », *in* D. Lynch (dir.), *The South Caucasus: A Challenge for the EU*, Paris, ISS-EU, « Chaillot Papers », n° 65, décembre 2003, p. 115.

fin des années 1980, pendant la perestroïka initiée par Mikhaïl Gorbatchev, alors que le regain du nationalisme géorgien aggravait les tensions interethniques dans la république soviétique. Il faut souligner que les Ossètes du nord n'ont jamais été très enthousiastes à l'idée d'une réunification. Ils se soucient bien plus de l'instabilité croissante de leur propre république, en particulier à la suite du siège de Beslan (septembre 2004), et des implications économiques d'une telle évolution[7].

Le 20 septembre 1990, les autorités communistes d'Ossétie-du-Sud proclament la République démocratique soviétique d'Ossétie-du-Sud, partie constitutive de l'URSS, et la séparation de cette nouvelle entité d'avec la Géorgie. Les résidents d'origine géorgienne vivant en Ossétie-du-Sud et en Abkhazie expriment alors leur mécontentement vis-à-vis de ce qu'ils perçoivent comme des choix anti-géorgiens, et en octobre 1990, Zviad Gamsakhourdia se hisse à la tête du Soviet suprême géorgien grâce, pour l'essentiel, au soutien qu'il apporte aux droits de ces populations géorgiennes. Z. Gamsakhourdia supprime le statut d'autonomie de l'Ossétie-du-Sud et déclare l'état d'urgence, transformant les aspirations ossètes à la réunification avec l'Ossétie-du-Nord en revendication violente[8]. Dès lors, les accrochages armés se multiplient, menant à une véritable guerre au printemps 1991. L'élection d'Edouard Chevardnadze à la présidence en mars 1992 devait encourager les deux parties à adopter une attitude plus conciliante, et le 24 juin 1992 étaient signés les accords de paix de Dagomys, déployant dans la zone de conflit une Force commune de maintien de la paix (FCMP) composée de trois bataillons « nationaux » de Géorgie, d'Ossétie-du-Sud et de Russie. Un organisme de négociation quadripartite, la Commission mixte de contrôle (CMC), est également mis en place, pour aider à la réconciliation politique entre les différents camps. Elle comprend des représentants de Géorgie, d'Ossétie-du-Sud, de Russie, d'Ossétie-du-Nord-Alanie, ainsi que de l'OSCE[9].

En dépit d'un durable cessez-le-feu, le règlement politique du conflit reste difficilement envisageable, et les autorités séparatistes gardent le contrôle de la plus grande partie du territoire de la région, à l'exception de plusieurs enclaves géorgiennes. La situation a semblé assez prometteuse à

7. K. S. Gadzhiev, *Geopolitika kavkaza* (« Géopolitique du Caucase »), Moscou, Mezhdunarodnyie Otnosheniya, 2001, p. 162.
8. Z. Gamsakhourdia proposa ouvertement de nettoyer le pays des Ossètes. À la suite des tentatives de Tbilissi, en août 1989, de faire du géorgien la seule langue officielle du pays, les autorités d'Ossétie-du-Sud (où seuls 14 % de la population parleraient le géorgien) décidèrent que l'ossète serait la seule langue du pays. Le 19 janvier 1991, l'Ossétie-du-Sud organisa un référendum au cours duquel 90 % de la population auraient voté en faveur d'un rattachement à la Russie, mais les résultats ne furent jamais reconnus par la Géorgie. Voir S. E. Cornell, *Small Nations and Great Powers: A Study of Ethnopolitical Conflict in the Caucasus*, Londres, Curzon Press, 2001, p. 162-169. Voir aussi, J. Birch, « Ossetia: a Caucasian Bosnia in microcosm », *Central Asian Survey*, vol. 14, n° 1, 1995, p. 43-74.
9. L'UE y participe depuis avril 2001. L'OSCE (alors dénommée CSCE) a établi une mission en Géorgie le 6 novembre 1992. Pour plus d'information, voir F. Sabahi et D. Warner (dir.), *The OSCE and the Multiple Challenges of Transition*, Aldershot, Ashgate Publishing, 2004.

la fin des années 1990, les deux communautés semblant tentées de normaliser leurs relations, les réfugiés commençant à rentrer chez eux[10]. Mais en l'absence d'une solution politique claire, l'Ossétie-du-Sud se maintient hors du contrôle de Tbilissi et, hors de toute reconnaissance internationale, elle se retrouve très dépendante de revenus d'origine criminelle.

La reprise des hostilités entre la Géorgie, l'Ossétie-du-Sud et la Russie est la conséquence de la détermination de M. Saakachvili à s'attaquer aux problèmes non résolus de l'ère Chevardnadze. En mai 2004, les autorités géorgiennes installent une série de postes de contrôle pour endiguer le flux de marchandises arrivant à Ergneti en Ossétie-du-Sud – important centre de contrebande. Selon les autorités géorgiennes, ces postes de police furent si efficaces que les dirigeants sud-ossètes « sentirent que leur principale source de revenu, la contrebande, était menacée »[11]. Aux termes des accords de paix de 1992, les postes de contrôles ne pouvaient être installés dans la zone de conflit qu'avec l'autorisation de la CMC, que la Géorgie n'a pas cherché à obtenir. Le commandant des troupes russes de maintien de la paix dans la région, le général Sviatoslav Nabzdorov, a ainsi menacé de démanteler ces postes de contrôles, provoquant une crispation entre les soldats russes et les 300 hommes du ministère géorgien de l'Intérieur envoyés pour les défendre.

Localement, on craignait qu'avec le déploiement des troupes du ministère de l'Intérieur, la Géorgie ne cherche à sortir de l'impasse politique par des moyens militaires. Alors que le Premier ministre géorgien Zourab Jvania cherchait officiellement à rassurer, expliquant que la décision d'envoyer des troupes dans la région ne préludait pas à une attaque, il ajoutait au même moment : « personne ne doit ne serait-ce que penser à nous empêcher de rétablir l'ordre sur notre territoire, en Géorgie »[12]. Ce qui n'aidait pas vraiment à dissiper les soupçons. Dans un discours télévisé, M. Saakachvili assurait aux Ossètes que la Géorgie cherchait seulement à réaffirmer son contrôle sur la région par des moyens pacifiques, et précisait que la question du statut devait être déterminée par la négociation plutôt que par la force. Pour tenter de prouver ses intentions pacifiques, il proposait de rétablir la ligne ferroviaire vitale joignant la capitale, Tskhinvali, au reste de la Géorgie, de verser les retraites de la région sur le budget de l'État, de mettre en place un service gratuit d'ambulances pour la population de Tskhinvali, et de distribuer gratuitement des engrais pour l'agri-

10. D. Lynch, « A regional insecurity dynamic », *in* D. Lynch (dir.), *op. cit.*, note [6], p. 20.
11. Déclaration de Vano Merabichvili, secrétaire du Conseil de sécurité de Géorgie, reprise par BBC Monitoring, Select Central Asia and Transcaucasus, 31 mai 2004, p. 13-14, *Georgian State Television Channel 1*, Tbilissi, 15:00 GMT.
12. BBC Monitoring, Select Central Asia and Transcaucasus, 31 mai 2004, p. 11, *Imedi TV*, Tbilissi, 09:00 GMT.

culture[13]. Dernière manœuvre astucieuse : le président géorgien annonçait que la station de télévision régionale allait commencer à diffuser des informations en langue ossète.

Ces mesures auraient été beaucoup plus efficaces s'il avait été possible d'imposer un blocus complet sur les marchandises en provenance de Russie, l'Ossétie-du-Sud dépendant entièrement de l'aide extérieure. Et l'ensemble des mesures « douces » annoncées s'accompagnait d'une nette mise en garde : « La désintégration de la Géorgie ne se produira pas. C'est la fin d'une Géorgie fragmentée.[14] »

La guerre des mots

L'impasse dans laquelle se trouvaient les troupes russes et géorgiennes sur la question des postes de contrôle en mai 2004 déboucha bientôt sur une guerre des mots entre Moscou et Tbilissi, aggravant encore la confrontation. Le ministre russe des Affaires étrangères produisit un communiqué soulignant l'importance fondamentale de la question sud-ossète pour Moscou, et soutenant que « les actions brutales [de Tbilissi] ne [faisaient] rien pour favoriser le développement des relations russo-géorgiennes. » Une seconde déclaration très ferme du même ministre allait plus loin le 1er juin 2004, avertissant que « les mesures provocatrices » de Tbilissi pouvaient entraîner « des conséquences extrêmement négatives »[15]. Le ministre géorgien des Affaires étrangères répondait alors en rappelant que « le problème concerne le territoire de la Géorgie qui est un État souverain »[16]. En dépit des protestations pacifiques de Tbilissi, E. Kokoïty maintint une attitude hostile, en appelant la Douma russe à reconnaître l'Ossétie-du-Sud comme État indépendant, et à prendre des mesures de protection de la population[17].

La réticence d'Edouard Kokoïty au compromis et au dialogue a été largement démontrée durant l'été 2004. En réponse à ce qu'il décrivait comme

13. Le président géorgien a observé que « [les] concitoyens d'origine ossète ont participé à l'enrichissement de [la] nation au même titre que les autres citoyens de Géorgie. Aujourd'hui, ils sont dans une situation injuste puisqu'ils ne sont pas en mesure de percevoir les pensions de retraite auxquelles ils ont droit en tant qu'habitants de la Géorgie. » Déclaration reprise par BBC Monitoring, Select Central Asia and Transcaucasus, 31 mai 2004, p. 14, *Georgian State Television Channel 1*, Tbilissi, 16:14 GMT, 31 mai 2004.
14. *Ibidem*. Pour un point de vue russe sur le nouveau modèle de « maintien de la paix » de la Géorgie, voir *Novye Izvestiya*, 17 juin 2004, p. 1-4.
15. Ministère des Affaires étrangères de la Fédération de Russie, Communiqué du 1er juin 2004, disponible sur <www.ln.mid.ru/>. Le ministère russe des Affaires étrangères critiquait aussi sévèrement Tbilissi pour avoir apparemment utilisé en Ossétie-du-Sud des troupes entraînées par le programme américain Georgia Train and Equip Program (GTEP). Ce communiqué fut suivi, le 2 juin, par une déclaration de la Douma russe condamnant les renforts géorgiens en Ossétie-du-Sud ; une semaine plus tard, le Conseil de la Fédération de Russie exprimait son inquiétude quant à la montée des tensions dans la région, et appelait à la retenue.
16. BBC Monitoring, Select Central Asia and Transcaucasus, 2 juin 2004, p. 19, *Kavkazia-Press News Agency*, Tbilissi, 09:29 GMT.
17. *Nezavisimaya Gazeta* (version en ligne), 11 juin 2004, disponible sur <www.ng.ru/>.

la « politique agressive » de la Géorgie, le dirigeant sud-ossète proclama la suspension de toutes les relations avec Tbilissi : la région ne maintiendrait désormais le contact avec les officiels géorgiens que dans le cadre de la CMC et les négociations ne reprendraient qu'une fois que la Géorgie aurait indemnisé l'Ossétie-du-Sud « pour les dommages subis lors de l'agression du début des années 1990 »[18], le préjudice étant évalué à un milliard de dollars (34 milliards de roubles). Il exigea aussi des excuses et une reconnaissance par le Parlement géorgien du « génocide du peuple sud-ossète entre 1989 et 1991 »[19]. Les jours suivants, cependant, le dirigeant sud-ossète paraissait changer de ton dans une interview à la télévision géorgienne où il appelait Tbilissi à engager le dialogue : « L'Ossétie-du-Sud n'est pas l'ennemie de la Géorgie »[20].

La tension entre la Géorgie et la Russie devait monter encore d'un degré en juillet 2004, lorsque 38 soldats de la paix géorgiens furent capturés par une milice armée dans le village sud-ossète de Vanati. Le Parlement géorgien publia un communiqué sur la situation en Ossétie-du-Sud, appelant la Russie à « faire un choix entre l'adhésion aux normes civilisées et le soutien au séparatisme, à la dictature et à la criminalité », et réitérant les intentions pacifiques des autorités géorgiennes : « les intérêts culturels, économiques et sociaux des citoyens d'ethnie ossète seront toujours pleinement protégés dans une Géorgie unifiée »[21]. M. Saakachvili accusait alors les politiques russes de « souffrir d'ambitions néo-impérialistes malsaines » et d'aggraver le conflit en Ossétie-du-Sud. « Nous voulons avoir des relations normales et positives avec la Russie… [Elle] est un partenaire important pour nous, mais nous ne pouvons pas nous laisser aller à la politique de l'autruche »[22]. Soumis depuis des années aux pressions russes, les dirigeants géorgiens pensent bénéficier du soutien des États-Unis et d'autres nations occidentales et se sentent dès lors beaucoup plus assurés dans leurs prises de position. Un tel soutien s'est manifesté lorsque le secrétaire d'État américain Colin Powell prit l'initiative d'un contact téléphonique avec son homologue russe Sergueï Lavrov pour discuter du regain de tension en Ossétie-du-Sud et en appeler à la retenue afin d'éviter un conflit armé. Aux termes d'une déclaration du

Saakachvili accuse les autorités russes de « souffrir d'ambitions néo-impérialistes malsaines »

18. BBC Monitoring, Select Central Asia and Transcaucasus, 11 juin 2004, p. 21, *Interfax News Agency*, Moscou, 16:21 GMT.
19. *Ibidem*.
20. BBC Monitoring, Select Central Asia and Transcaucasus, 12 juin 2004, p. 14, *Imedi TV*, Tbilissi, 12:00 GMT.
21. Communiqué du Bureau du Parlement géorgien, 9 juillet 2004, Tbilissi, disponible sur <www.parliament.ge/>.
22. BBC Monitoring, Select Central Asia and Transcaucasus, 10 juillet 2004, p. 19-21, *Rustavi-2 TV*, Tbilissi, 11:00 GMT.

ministère russe des Affaires étrangères suivant cet appel téléphonique, les deux parties auraient affirmé leur attachement au maintien de l'intégrité territoriale de la Géorgie sans recours à la force[23].

En dépit des propos vigoureux de M. Saakachvili, la Géorgie s'est gardée de toute action de représailles. Le président géorgien menaça cependant d'abandonner l'accord de cessez-le-feu de 1992 quand la Russie commença à regrouper des blindés en Ossétie-du-Sud, officiellement pour renouveler, comme prévu, l'équipement des troupes russes de maintien de la paix déployées dans la région[24]. En Adjarie, le président se fit menaçant : « Si le drapeau géorgien ne peut flotter sur la région de Tskhinvali dans le cadre des accords existants signés par Chevardnadze, je suis prêt à dénoncer ces accords. » Moscou le mit alors en garde : toute tentative de se retirer de l'accord de paix de 1992 pourrait déclencher un nouveau conflit armé dans la région – avertissement que reprirent E. Kokoïty et son « ministre des Affaires étrangères » Murad Jioyev. Les responsables géorgiens s'employèrent dès lors à calmer les craintes d'une guerre imminente, en soulignant que les propos de M. Saakachvili ne signifiaient pas un rejet de tout accord, et qu'un nouveau traité de paix pourrait remplacer les accords de Dagomys[25].

La menace d'une guerre s'éloigna encore lorsque la Géorgie retira d'Ossétie-du-Sud la plus grande partie de son contingent de maintien de la paix, fin 2004. En avril 2005, ce dernier fut réduit jusqu'à 25 militaires, laissant entrevoir le spectre du chaos et de l'instabilité dans la région. Le nouveau ministre de la Défense géorgien, Irakli Okrouachvili, justifia cette mesure, déclarant qu'il avait pris cette décision en partie pour se défaire de son image de « faucon » et de « va-t-en-guerre » qui chercherait uniquement à provoquer un conflit en Ossétie-du-Sud. La mort, en février 2005, du Premier ministre géorgien Zourab Jvania avait jeté une ombre sur les relations avec l'Ossétie-du-Sud, laissant craindre une ascension des « faucons »[26]. Cette perspective avait été ouverte par le remaniement ministériel de décembre 2004, qui voyait I. Okrouachvili passer du poste de ministre de l'Intérieur à celui de ministre de la Défense. Okrouachvili

---

23. Ministère des Affaires étrangères de la Fédération de Russie, 9 juillet 2004, disponible sur <www.ln.mid.ru/>.
24. Environ 44 blindés, dont 22 véhicules de combat BMP-2 pour l'infanterie et 18 véhicules de transport des troupes BTR-70, furent envoyés dans la région, officiellement pour le bataillon sud-ossète de la FCMP. Ils étaient destinés à remplacer 40 blindés présents dans la zone de conflit depuis 1992 et qui devaient être révisés à Vladikavkaz en Ossétie-du-Nord. La Russie a formellement démenti avoir omis d'informer la Géorgie de la rotation de ce matériel.
25. Guigui Ougoulava, vice-ministre géorgien de la Sécurité, a essayé de calmer les tensions en proposant une révision de l'accord de 1992 au motif qu'il ne reflétait plus la réalité (voir I. Baramidze, « Georgy Ugulava: "Gruzii voina ne nuzhna" » (« Guigui Ougoulava : "la Géorgie ne veut pas de guerre" »), *Novye Izvestiya*, 26 juillet 2004, p. 4).
26. Pour une analyse des conséquences de la mort de Jvania, voir C.W. Blandy, *Georgia: the Death of Zurab Zhvania. « A Setback for President, Government & Country »*, Wilts, Conflict Studies Research Centre, « Caucasus series », février 2005.

est né à Tskhinvali et soutient le rétablissement de l'intégrité territoriale de la Géorgie[27]. Les changements de la scène politique intérieure géorgienne n'allaient donc pas dans le sens de la résolution pacifique du conflit avec l'Ossétie-du-Sud, et le second semestre de 2005 a vu la région se militariser encore plus. Les tentatives de M. Saakachvili de reprise du contrôle de l'Ossétie-du-Sud sont au point mort, et Tbilissi n'a pas avancé vers le rétablissement de l'intégrité territoriale géorgienne. Alors que sur place les accrochages entre groupes armés se poursuivent, la menace d'un conflit violent impliquant des troupes géorgiennes, russes et sud-ossètes reste tout à fait réelle.

La question du contrôle de la frontière au passage de Roki reste l'un des principaux obstacles à un accord entre la Russie et la Géorgie. Tbilissi y a demandé la création d'un poste de contrôle russo-géorgien commun jouxtant le tunnel de l'autoroute transcaucasienne. Il s'agit de la seule route reliant l'Ossétie-du-Sud à la Russie, et les responsables géorgiens pensent qu'un check-point commun permettrait d'empêcher une contrebande facilitée par l'absence de contrôle[28]. Les inquiétudes géorgiennes sur ce passage ont été comparées aux craintes des Russes concernant le secteur tchétchène de la frontière russo-géorgienne : lorsque Moscou fut exaspérée de voir les combattants tchétchènes s'échapper à travers la massive chaîne du Caucase, la Géorgie céda aux demandes russes d'établir un contrôle commun sur cette partie de la frontière[29]. Moscou est au contraire restée intransigeante sur la question du passage de Roki ; et le problème reste ignoré, bien que les responsables géorgiens demandent toujours un contrôle renforcé de l'OSCE sur la région.

La résolution pacifique du conflit achoppe aussi sur le déficit de dialogue direct entre Tbilissi et les autorités sud-ossètes. Pour les autorités géorgiennes, la plupart des postes clés de Tskhinvali relatifs à la sécurité sont occupés par d'anciens ou d'actuels officiels russes. Givi Targamadze, président de la Commission parlementaire de la Défense géorgienne, a qualifié d'« inutiles » les pourparlers avec l'Ossétie-du-Sud, puisque les titulaires « des postes clés à Tskhinvali sont directement nommés par la Russie », les autorités locales n'ayant aucune influence. Il n'y avait pas de représentant de l'Ossétie-du-Sud, ni de la Russie, à la Conférence de paix qui s'est tenue à Batoumi en juillet 2005, et où M. Saakachvili dévoila ses nouvelles propositions pour résoudre le conflit.

---

27. I. Okrouachvili, *Georgia: Security Challenges and Opportunities*, Washington, DC, Center for Strategic and International Studies, « Statesman's Forum », 16 juin 2005.
28. Pour plus de détails sur la contrebande entre Ossétie-du-Nord et Ossétie-du-Sud, voir M. Shavlokhova, « V shage ot voini » (« À deux doigts d'une guerre »), *Novye Izvestiya*, 1er juillet 2004, p. 1-4.
29. Des tensions se firent jour entre la Russie et la Géorgie, fin 2004, lorsque Moscou refusa de prolonger le mandat de contrôle de l'OSCE, qui couvrait la frontière géorgienne avec les républiques de Tchétchénie, d'Ingouchie et du Daghestan. Le mandat a expiré le 31 décembre 2004 à minuit.

Moscou joue un rôle clé dans l'affaire, à la fois en nourrissant les conflits et en calmant les tensions. Incapables de cesser de s'ingérer dans ce qu'ils jugent être leur arrière-cour, les responsables russes rencontrent périodiquement les dirigeants des régions séparatistes de la Géorgie. En septembre 2005, ils accueillaient une conférence de républiques autoproclamées, la « Communauté des États non reconnus », avec des représentants d'Ossétie-du-Sud, d'Abkhazie et de Transnistrie. Cette reconnaissance tacite d'une grande puissance mondiale ne peut qu'encourager les séparatismes. Les responsables sud-ossètes ont ainsi rejeté une série de propositions de paix de Tbilissi, offrant une autonomie considérable, au prétexte que la région est déjà indépendante et qu'accepter un accord représenterait en définitive un recul.

Moscou joue un rôle clé dans l'affaire, à la fois en nourrissant les conflits et en calmant les tensions

Ramifications internationales

Depuis la reprise des hostilités, les dirigeants géorgiens ont constamment demandé une plus grande implication régionale et internationale ; et en juillet 2004, des pourparlers se sont tenus à Tskhinvali auxquels ont assisté des représentants de la Géorgie, de la Russie, de l'OSCE, de la Commission européenne et des Nations unies. Tbilissi recherche un contrôle international de la situation en Ossétie-du-Sud afin d'établir de manière indépendante la quantité d'armes et de formations armées présentes dans la région – et ce, en particulier pour mettre fin à des rumeurs infondées qui attisent le feu des oppositions.

Tbilissi cherche à utiliser les tribunes internationales des Nations unies ou de l'OSCE également pour tenter de réduire l'influence russe dans le Caucase. M. Saakachvili a réitéré son attachement à une résolution pacifique des conflits séparatistes dans un discours devant l'Assemblée générale des Nations unies en septembre 2004. Tout en proposant un plan de règlement en trois étapes, il a insisté sur sa détermination à résoudre ces conflits, affirmant que de tels « trous noirs » étaient « incompatibles avec le progrès, le développement et une stabilité durable »[30]. Le président géorgien a aussi demandé une meilleure coopération entre la Géorgie et la Russie ainsi que la fin du principe des deux poids deux mesures : une référence indirecte au soutien russe aux groupes séparatistes en Géorgie[31].

---

30. M. Saakachvili, *Remarks on the Occasion of the 59th Session of the UN General Assembly*, New York, Organisation des Nations unies, 21 septembre 2004, disponible sur <www.un.org/>, p. 6-10.
31. *Ibidem*, p. 11.

Les relations russo-géorgiennes ont également été discutées à l'Assemblée parlementaire du Conseil de l'Europe (APCE) en octobre 2004, où Nino Bourjanadze, présidente du Parlement géorgien, accusa une fois de plus la Russie d'appliquer deux poids, deux mesures, en soutenant les groupes séparatistes en Géorgie et en les combattant en Tchétchénie. Le 14 octobre, le Parlement européen adopta une résolution « déplorant les récentes déclarations des autorités russes sur le recours à des frappes préventives dans le Sud-Caucase »[32]. M. Saakachvili utilisa encore la tribune de l'APCE en janvier 2005 afin d'accuser la Russie d'entraver les efforts pour résoudre le conflit. Il y exposa aussi les grandes lignes de son nouveau plan de paix (incluant une garantie des droits linguistiques ainsi qu'un contrôle local sur l'éducation, le maintien de l'ordre et les politiques sociales), offrant à la région la garantie constitutionnelle d'une large autonomie dans une Géorgie fédérale, une proposition rejetée, comme on l'a vu, par l'Ossétie-du-Sud au prétexte qu'elle est déjà « indépendante ».

La Géorgie a cherché à impliquer à la fois l'UE et les États-Unis dans le règlement du conflit. Lors de sa visite en mai 2005, le président américain George W. Bush réclama le respect de la souveraineté et de l'intégrité territoriale de la Géorgie en soutenant les plans de M. Saakachvili qui prévoyaient de faire de l'Ossétie-du-Sud et de l'Abkhazie des régions autonomes mais non indépendantes. Au lendemain de la crise internationale générée par l'opération controversée d'Irak, l'Administration Bush cherchait de nouveaux alliés dans ces zones centrales du Caucase et de la Caspienne. La Géorgie y occupe une position stratégique clé, entre l'Europe, l'ancienne URSS et le Moyen-Orient. De plus, Tbilissi tient beaucoup à préserver son autonomie politique de l'influence du puissant voisin du nord. Les États-Unis ont ainsi un allié accommodant dans une zone géostratégiquement vitale et économiquement importante, tandis que la Géorgie bénéficie d'une aide considérable, financière, militaire et politique.

Au contraire des États-Unis, la politique de l'UE vis-à-vis de la Géorgie, et de la région du Caucase en général, est hésitante. Elle a cependant inclus le Sud-Caucase dans la politique européenne de voisinage (PEV), un revirement par rapport aux lignes de conduite antérieures qui évitaient tout engagement dans la région. Bien que la PEV n'offre nulle possibilité d'adhérer à l'UE, elle propose une « relation privilégiée », avec comme horizon la stabilité et la prospérité de l'Union. C'est un noble objectif, mais peu de réels progrès ont été accomplis vers un approfondissement des relations avec les États du Sud-Caucase. Bien que la Commission européenne ait recommandé leur « intensification significative » à travers le développement d'un Plan d'action, l'intégration de ces pays dans la PEV

32. Texte adopté à la séance du Parlement européen, jeudi 14 octobre 2004, disponible sur <www.europarl.eu.int/>.

doit encore se traduire par de véritables programmes[33]. En mai 2003, le secrétaire général sortant de l'OTAN, Lord Robertson, décrivait la région du Caucase comme une « zone d'une importance cruciale pour la sécurité commune [de l'OTAN] », et les pays qui la forment comme « des États en première ligne contre les menaces du terrorisme, de la prolifération et de l'instabilité régionale »[34]. La région est également devenue plus importante pour la sécurité économique de l'Occident. En 2006, environ 25 % des nouvelles ressources pétrolières mondiales devraient provenir de la région caspienne, un objectif auquel contribue le pipeline Bakou-Tbilissi-Ceyhan (BTC), qui a commencé à acheminer du pétrole en mai 2005. La Géorgie est considérée comme le maillon le plus faible de cette infrastructure d'exportation.

Les efforts géorgiens pour se tourner vers l'Occident incommodent Moscou. En septembre 2005, le ministre russe des Affaires étrangères a mis en garde les États membres de l'OTAN contre la fourniture de matériel militaire à la Géorgie, laquelle pourrait déstabiliser toute la région du Caucase en renforçant le désir de Tbilissi de résoudre ses conflits territoriaux par l'affrontement[35]. En dépit des critiques géorgiennes sur l'attitude russe, il faut aussi prendre en compte le rôle modérateur de Moscou dans l'ensemble de la région caucasienne. Son influence stabilisatrice et son importante présence ne peuvent être ignorées. C'est pour l'essentiel la Russie qui a permis d'éviter toute effusion de sang lors de la « révolution des roses » en Géorgie (novembre 2003), en pesant discrètement pour favoriser le départ de Chevardnadze ; et elle reste la puissance économique clé dans le pays[36].

***

M. Saakachvili poursuit une stratégie à haut risque. En faisant du rétablissement de l'intégrité territoriale du pays sa priorité et en cherchant à résoudre de très anciens conflits séparatistes, il prend le risque, en cas d'échec, de saper sa propre position politique. Dès le début de sa présidence, il a affirmé sa détermination à régler la question de l'Ossétie-du-Sud, peut-être afin d'affirmer son leadership, et son intention de poursuivre une

Saakachvili poursuit une stratégie à haut risque

33. Commission européenne, *Country Strategy Paper 2003-2006. Tacis National Indicative Programme 2004-2006. Georgia, Bruxelles*, Commission européenne, adopté le 23 septembre 2003.
34. Discours prononcé par Lord Robertson à l'Université française d'Erevan (Arménie), le 15 mai 2003, disponible sur <www.nato.int/>.
35. Ministère des Affaires étrangères de la Fédération de Russie, 13 septembre 2005, déclaration disponible sur <www.ln.mid.ru/>.
36. À l'été 2003, le monopole russe de l'électricité, UES, a acquis le principal fournisseur d'énergie de la Géorgie. Ironiquement, il l'a racheté à l'entreprise énergétique AES Corp. L'accord avec le géant du gaz russe Gazprom pour la fourniture de gaz naturel a aussi été très controversé, dans la mesure où il rend le pays totalement dépendant des exportations russes.

politique plus dynamique que son prédécesseur. Bien qu'il n'ait cessé de démentir tout projet militaire contre l'Ossétie-du-Sud, il risque de ne plus avoir vraiment le choix si toutes ses tentatives de résoudre le conflit par des moyens politiques et économiques échouent. Dans une déclaration qui pourrait être prémonitoire, le président de la Commission parlementaire de la Défense géorgienne a affirmé que Tbilissi devait continuer à rechercher un règlement négocié, mais qu'il n'écartait pas la possibilité « que la crise ne devienne plus aiguë cet automne et que le conflit n'atteigne son point culminant au printemps [2006] », deux ans après que M. Saakachvili ait annoncé son intention de réintégrer l'Ossétie-du-Sud dans la Géorgie[37].

Une nouvelle offensive paraît peu probable. Mais si M. Saakachvili se résolvait à l'option militaire pour sortir de l'impasse politique, le conflit pourrait être un désastre pour l'instable Sud-Caucase et exigerait le déploiement de forces internationales de maintien de la paix ou de missions internationales, ainsi qu'une aide humanitaire substantielle et des forces pour protéger les infrastructures énergétiques de la région. Derrière l'hypothèse d'un règlement militaire se profile aussi celle d'un affrontement ultérieur avec la Russie, puissance économique et militaire dominante. L'attitude de Moscou à l'égard des problèmes séparatistes rencontrés par Tbilissi est ambiguë : tout en soutenant l'intégrité territoriale de la Géorgie, elle ne rejette pas publiquement les demandes sud-ossètes d'intégrer la Fédération de Russie. Mais si Moscou voulait réellement incorporer l'Ossétie-du-Sud, elle l'aurait sans doute déjà fait...

Suite à l'accord de 2005 entre Moscou et Tbilissi sur la fermeture des bases militaires russes en Géorgie, on a cru pouvoir poursuivre cet élan positif pour régler d'autres points de friction importants. On peut se demander si la Russie a vraiment intérêt à faciliter le règlement de ces conflits, dans la mesure où ceci la priverait d'un moyen de pression sur Tbilissi. On peut considérer l'approche russe comme peu visionnaire : sur le court terme, la Russie gagne en influence sur son voisin du sud en fournissant un soutien aux groupes séparatistes ; sur le long terme, une telle intervention ne peut apporter que davantage d'instabilité dans le Caucase. Moscou gagnerait plus, sans doute, à encourager le développement d'un pays solide sur son instable frontière sud, et à coopérer avec Tbilissi sur des problèmes transnationaux comme le trafic d'armes et de drogues. Mais d'un autre côté, une Géorgie instable est moins attractive pour l'Occident en termes d'investissement et de partenariat politique, ce qui permet aussi à Moscou de conserver son influence dominante sur la région.

37. BBC Monitoring (version en ligne), 15 septembre 2005, *Alia Newspaper*, Tbilissi, 15 septembre 2005.

Le conflit a des conséquences non seulement sur la stabilité interne de la Géorgie et de la région caucasienne, mais aussi sur l'Europe et la communauté internationale dans son ensemble. Une plus grande implication internationale est nécessaire, notamment pour l'OSCE et l'UE. Les nombreux conflits non résolus dans le sud du Caucase ne peuvent plus être considérés comme étrangers à la sécurité européenne. Dans la mesure où les frontières d'organisations telles que l'UE ou l'OTAN glissent progressivement vers l'Est, et où les intérêts occidentaux dans la région s'étendent en fonction de son importance comme zone de transit des hydrocarbures de la Caspienne, une plus grande attention doit être portée à la sécurité de cette nouvelle périphérie. Les conflits non résolus minent la stabilité de la région non seulement par la menace d'une reprise des combats, mais aussi et surtout parce que cette situation crée des « trous noirs », hors de tout contrôle gouvernemental, qui fournissent des conditions idéales pour le développement du terrorisme, du crime organisé et de tous les trafics.

Mikhaïl Saakachvili tente, tant bien que mal, de réintégrer l'Ossétie-du-Sud dans le giron géorgien. Même s'il est décidé à engager le dialogue avec la région séparatiste sur la question de son statut politique, rien ne pousse E. Kokoïty à participer à ces négociations tant qu'il bénéficie du soutien russe. En apparence, le conflit oppose les autorités de Tbilissi aux séparatistes. Mais il est bien un champ de bataille entre la Géorgie et la Russie.

PE

mots-clés :

Géorgie
Russie
Ossétie-du-Sud
Abkhazie

page 65 dossier

Islam : quelle radicalisation ?

Le salafisme en Europe :
la mouvance polymorphe d'une radicalisation

Par **Samir Amghar**

Samir Amghar, diplômé en science politique de l'Université Paris-I, achève une thèse de doctorat à l'École des hautes études en sciences sociales (EHESS) sur les idéologies minoritaires de l'islam de France et notamment sur l'émergence du salafisme.

Les courants salafistes, vecteurs privilégiés de la réislamisation en Europe, concurrencent désormais les structures plus anciennement implantées. Il s'agit d'une mouvance composite, au sein de laquelle peuvent être distingués un salafisme révolutionnaire ou djihadiste, un salafisme de prédication et un salafisme politique. Chacune de ces tendances entretient un rapport particulier aux sociétés européennes, aux sociétés musulmanes, et aux moyens – dont le djihad – de hâter l'avènement de l'État islamique.

politique étrangère

L'islam d'Europe a une histoire de plus d'un demi-siècle. Depuis la fin des années 1980 émerge une nouvelle religiosité qui trouve ses adeptes chez les jeunes d'origine maghrébine, turque et indo-pakistanaise, dont une partie est née en Europe. Le nouveau rapport au religieux islamique qui domine chez ces jeunes n'est pas la reproduction de la religiosité communautaire des parents. Si l'affect religieux de ces derniers reposait sur des logiques ethnico-nationales où prédominait un rapport traditionnel à la religion, les jeunes refusent de reproduire les clivages de la première génération[1]. Jusqu'au début des années 1990, les Frères musulmans, ainsi que le Tabligh, jouaient un rôle central dans la réislamisation, avec un monopole sur l'offre religieuse islamique en Europe. On assiste depuis à une diversification de l'offre avec l'apparition de nouveaux acteurs. Parmi eux, le salafisme : d'abord minoritaire et marginalisé dans le champ de la réislamisation en Europe[2], il est devenu, au début des années 2000, un pilier de

1. F. Khosrokhavar, *L'Islam des jeunes*, Paris, Flammarion, 1997.
2. Voir S. Amghar, « Le paysage islamique français : acteurs et enjeux », *in* J.-F. Dortier et L. Testot, *La Religion. Unité et diversité*, Paris, Sciences humaines, 2005, p. 195-201.

la réislamisation, concurrençant les structures plus anciennement implantées. Le Tabligh ou les Frères musulmans présentent une homogénéité doctrinale et organisationnelle, alors que le salafisme apparaît comme une mouvance plurielle et contradictoire[3], dont il faut identifier les diverses composantes en Europe[4].

La genèse du salafisme

Bien que la mouvance salafiste ait connu une médiatisation récente, après les attentats du 11 septembre 2001, sa naissance coïncide sans doute avec le début de l'apostolat de Mahomet au VIIe siècle. Autour de sa prédication se regroupent des hommes et des femmes – les plus connus sont les quatre premiers califes de l'islam : Aboubakr, Omar, Othman et Ali, qui forment plus tard, avec d'autres, ce que les théologiens musulmans nomment les compagnons du Prophète, les *sahâba*. À ces compagnons s'ajoutent les successeurs (*tâbi'ine*), puis les successeurs des successeurs (*tâbi'i at tâbi'ine*)[5]. Ces trois groupes forment ce que les théologiens désignent par le terme de « Salaf », les pieux prédécesseurs : trois générations incarnant l'âge d'or de l'islam. Les Salafs se distingueraient par leur piété exemplaire, et par leurs conquêtes militaires, à l'origine d'un vaste empire qui s'étend de l'Espagne à l'Inde. Théologiens et clercs établissent dès lors une relation de causalité entre la foi des Salafs et leurs succès militaires et politiques. Dès lors, à chaque fois que les sociétés musulmanes se retrouveront face à une crise économique, politique ou sociale, certains théologiens préconiseront un retour à l'islam des Salafs. Le premier à avoir formalisé cette idée à un niveau religieux fut Ibn Hanbal (780-855), dans une période où l'empire musulman était en proie à des luttes entre factions politico-religieuses. Puis elle fut reprise par Ibn Taymiyya (1263-1328), alors que sa région subissait les invasions mongoles.

Cette idée du retour aux pieux ancêtres comme réponse au déclin des sociétés musulmanes fut plus tard reprise par Mohammad Ibn Abdel Wahhab (1720-1792), qui s'inspirait des écrits d'Ibn Hanbal et d'Ibn Taymiyya, et tentait de cerner les causes de l'affaiblissement de l'Empire ottoman face à l'hégémonie européenne. L'origine de la crise de la Sublime Porte ne serait ainsi pas imputable à des considérations politiques ou économiques, mais à la trahison par les musulmans du message coranique originel, organisé autour du concept de *tahwid* (unicité de Dieu), tel que les Salafs l'avaient compris et appliqué.

3. Expression empruntée à F. Frégosi dans « Les musulmans laïques en France : une mouvance plurielle et contradictoire », *Maghreb-Machrek*, n° 185, printemps 2005.
4. Pour une typologie des différentes tendances du salafisme en France, voir S. Amghar, « Les salafistes français : une nouvelle aristocratie religieuse », *Maghreb-Machrek*, n° 185, printemps 2005.
5. S. Mervin, *Histoire de l'islam. Doctrines et fondements*, Paris, Flammarion, 2000, p. 25-29.

Les trois tendances du salafisme en Europe

Trois tendances antagonistes s'inscrivent en Europe dans cette filiation, se réclamant explicitement du salafisme[6]. La première est le salafisme dit révolutionnaire, aussi appelé djihadiste[7]. Ce courant fut, dans un premier temps, attaché à la doctrine politique des Frères musulmans. Il n'a conservé de l'idéologie fériste qu'une idée : les actions politiques et sociales doivent nécessairement s'inscrire dans une perspective islamique – perspective mariée à une lecture littéraliste des textes coraniques à connotation politique sur la gestion du pouvoir, le califat et l'autorité, le tout tendant à une action révolutionnaire. Le discours est radical et s'oppose à toute idée d'engagement ou de collaboration avec les sociétés musulmanes ou occidentales. Il s'agit de s'opposer aux pouvoirs, même en Occident, de lutter pour l'instauration de l'État islamique et, à terme, du califat. S'inspirant en partie des avis religieux du théologien damascène du XIIIe siècle Ibn Taymiyya, qui justifia le recours au djihad contre des Mongols dont il mettait en doute l'appartenance à l'oumma, ce courant prône l'action directe pour instaurer le règne de Dieu sur terre. Hostiles à une action religieuse limitée à la prédication (*da'wa*), les salafistes révolutionnaires placent le djihad au cœur de la croyance islamique[8].

Hostiles à une action limitée à la prédication, les salafistes révolutionnaires placent le djihad au cœur de la croyance islamique

Les violences associées au djihad relèvent de deux catégories, verticale lorsqu'il conteste l'État qu'il soit européen ou arabe, horizontale quand il touche des individus accusés de contrevenir à une norme religieuse que les djihadistes entendent faire respecter par tous les moyens[9]. En Occident, ces violences visent seulement à contester la légitimité et l'action des régimes occidentaux, l'appui des différents pays européens aux régimes arabes étant perçu comme un obstacle à la révolution et à l'instauration d'un État islamique dans les pays musulmans. Les attentats du 11 mars 2004 à Madrid n'avaient pas pour objectif de punir les victimes pour leur non-respect de la norme islamique, mais de faire pression sur les États occidentaux, en l'occurrence l'Espagne, pour qu'ils rappellent leurs militaires d'Irak. Autre exemple, les attentats des Groupes islamiques armés (GIA), dans le RER parisien en juillet 1995, voulaient pousser la France à cesser son soutien au régime algérien. Cette violence verticale diffère donc

6. La majorité des mouvements islamistes ou néo-fondamentalistes se réclament du salafisme. Voir O. Roy, *L'Islam mondialisé*, Paris, Le Seuil, 2002.
7. G. Kepel, *Jihad. Expansion et déclin de l'islamisme*, Paris, Gallimard/Folio, 2003, p. 341-342 (édition originale : Paris, Gallimard, 2000).
8. B. Rougier, « L'islamisme face au retour de l'islam », *Vingtième siècle*, n° 82, avril-juin 2004, p. 111.
9. F. Burgat, *L'Islamisme en face,* Paris, La Découverte, 2002, p. 113. Voir également F. Khosrokhavar, *Les Nouveaux Martyrs d'Allah*, Paris, Flammarion, 2003.

du terrorisme islamiste qui sévit dans le monde arabo-musulman. En plus de la pression sur les États, les actions dans les pays arabes visent le respect par les individus des obligations religieuses. Lorsque les GIA massacraient des civils, ils entendaient également sanctionner des populations enfreignant, selon eux, la norme religieuse.

L'idée du djihad vertical est développée dans un texte d'Ayman Al-Zawahiri, théoricien d'origine égyptienne d'Al-Qaida, « Cavaliers sous la bannière du Prophète », dans lequel il juge nécessaire, pour renverser les régimes arabes, d'obtenir le soutien des masses musulmanes. Al-Zawahiri propose une stratégie d'exportation du djihad en Occident, et notamment aux États-Unis, pour, d'une part, obtenir le soutien des masses indécises et, d'autre part, affaiblir les soutiens occidentaux aux pays musulmans jugés impies. Il s'agit donc de frapper l'ennemi occidental qui, par ricochet, affaiblira les régimes arabes, ce qui facilitera une prise de pouvoir dont l'objectif ultime est l'instauration de l'État islamique[10].

Il faut souligner que le djihad pensé en Europe relève aussi de deux logiques stratégiques, selon qu'il se déroule en Occident ou dans le monde arabo-musulman – même si elles peuvent se recouper. En Europe, il doit être qualifié d'*offensif* : il exprime la volonté de déstabiliser les gouvernements occidentaux pour qu'ils cessent de soutenir des régimes arabo-musulmans que les salafistes combattent. Dans le cas du djihad lancé par de jeunes musulmans d'Europe vers les pays musulmans, il doit être considéré comme *défensif*. Pour les djihadistes européens, les actions militaires manifestent la volonté de soutenir des populations musulmanes victimes d'une agression souvent perpétrée par les puissances occidentales.

De multiples organisations inscrivent leurs actions dans des logiques salafistes de type révolutionnaire. C'est le cas du groupuscule Kaplan, résultat d'une scission avec le parti islamiste turc, le Refah (Parti de la prospérité). Présent en France, en Allemagne ou encore en Belgique, il prône l'instauration du califat par tous les moyens. Ce discours se retrouve également chez le Hizb ut-Tahrir[11] (Parti de la libération), fruit d'une séparation d'avec les Frères musulmans. Fondé par Taqieddin Nabhani en 1958, il est présent en Grande-Bretagne et au Danemark. Enfin, on peut citer la *filière irakienne* qu'ont empruntée quelques jeunes Français pour combattre les troupes américaines en Irak, suite à la prédication d'un jeune de 23 ans d'origine algérienne, Farid Benyettou.

10. G. Kepel, *Fitna. Guerre au cœur de l'islam*, Paris, Le Seuil, 2004 ; voir aussi sous sa direction : *Al-Qaida dans le texte*, Paris, PUF, 2005. Voir également le texte d'Ayman Al-Zawahiri, « Al wala'wa al-baraa », septembre 2002.

11. J.-F. Mayer, « Le Hizb ut Tahrir, un parti transnational islamiste (Grande-Bretagne et Danemark) », *in* S. Amghar (dir.), *Islamismes d'Occident*, Paris, Lignes de repères, 2006.

Alors que le salafisme révolutionnaire prône le djihad, la deuxième tendance s'inscrit quant à elle dans une logique missionnaire et de prédication. S'opposant au salafisme révolutionnaire qu'elle voit comme un groupement violent et hérétique, elle estime que ce n'est pas le djihad[12] ni l'action armée qui permettront de mettre en place un État et une société islamiques. Beaucoup de ceux qui se réclament aujourd'hui du salafisme prédicatif se sont donc opposés à l'entrée de militants musulmans dans l'activisme politique ou révolutionnaire. Un célèbre commentaire du cheikh salafiste albano-syrien, Nasir ud-Din Al-Albani précise : « Il fait partie de la [bonne] politique, aujourd'hui, de délaisser la politique ». Ce théologien, qui fut la figure la plus marquante du salafisme avec le grand mufti d'Arabie Saoudite Abdelaziz Ibn Baz – depuis les années 1960 jusqu'à leur mort en 1999 –, a beaucoup participé à la diffusion du salafisme prédicatif à travers le monde. Tous deux étaient convaincus que la seule solution aux problèmes des musulmans était ce qu'ils nommaient *At-Tasfiyatu wa-Tarbiyya*, la purification et l'éducation : purification de la religion des « innovations » entachant ses préceptes et ses dogmes pour revenir à la religion transmise par le Prophète ; éducation des musulmans pour qu'ils se conforment à cette religion et délaissent leurs mauvaises coutumes – toute autre solution (politique ou révolutionnaire) ne faisant que les détourner du bon chemin. Critiquant le salafisme révolutionnaire incapable d'instaurer par la guerre sainte le royaume d'Allah sur terre, ces théologiens lui opposent une vision piétiste, qui s'appuie sur une croyance eschatologique et apodictique, où la purification des croyances et l'éducation islamique s'inscrivent dans le destin de l'humanité. Il s'agit bien d'insuffler aux musulmans une conscience islamique par un retour à une pratique religieuse délivrée de tout ajout postérieur à la révélation coranique et à l'apostolat prophétique. La prédication permettra de créer un mouvement social aboutissant à une nouvelle organisation du monde qui accordera à l'islam la prééminence. Les salafistes piétistes ne s'occupent donc pas dans un premier temps de politique, mais ils s'attachent à corriger la croyance et les pratiques religieuses[13].

Les salafistes piétistes s'attachent à corriger la croyance et les pratiques religieuses

En Europe, cette tendance est en grande partie incarnée par le salafisme d'inspiration wahhabite. Liée à l'institution religieuse officielle de l'Arabie Saoudite (Dar el Ifta) et aux différentes universités islamiques du pays, elle a pour chef de file des théologiens comme Ibn Baz, ancien

12. Un recueil de fatwas condamne par exemple les attentats qui ont lieu en Algérie, *Fatâwas al 'ulamâ alkabir fîma ouhdira mi dima' fi-il jaza'ir* (éditions Maktaba al furqa, 1422).
13. O. Roy, *op. cit.*, note [6].

mufti du royaume, Al-Albani[14] (décédés tous deux en 1999), ou encore Ibn Uthaymin[15], mort en 2001. Fawzan[16], Al-Madkhali[17] et le grand mufti du royaume saoudien, Al-Cheikh, ou le Yéménite Muqbil[18] (mort en 2001) sont les représentants contemporains de cette tendance.

Les salafistes prédicatifs s'opposent à toute forme de participation politique des populations musulmanes à la société européenne, au motif qu'elle serait contraire à l'islam. La démocratie est assimilée à une forme d'associationnisme (*chirk*) conduisant à l'hérésie, puisque les députés occidentaux légifèrent au nom de valeurs qui ne sont pas celles de la charia. Les salafistes prônent en Occident une attitude de retrait, teinté d'indifférence par rapport à la scène politique officielle, quand bien même celle-ci concerne les musulmans d'Europe. Lors des manifestations contre le projet de loi sur les signes religieux à l'école[19] organisées par des associations musulmanes en décembre 2003 et janvier 2004, sur les quelques milliers de participants, rares étaient, selon nos observations, ceux qui appartenaient à cette tendance du salafisme. Cette absence peut être interprétée comme une manifestation d'indifférence pour les questions citoyennes. Ces salafistes ne s'inscrivent pas dans un processus de négociation avec l'État : l'islam ne saurait être contenu par une telle négociation. Leur interprétation, fondée sur le primat de l'islam sur tout autre système – *a fortiori* laïc – leur interdit de se penser comme partie prenante d'un système politique non musulman. Y participer reviendrait à reconnaître implicitement un statut identique à l'islam et aux problématiques de société : le retrait est donc préférable à toute forme de participation. Cette attitude vis-à-vis des sociétés européennes est confirmée par les fatwas des théologiens saoudiens, qui érigent en obligation religieuse la *hijra* (« émigration ») vers un pays musulman pour tout pratiquant vivant en Occident.

---

14. Al-Albani, spécialiste de la science du hadith, a émigré d'Albanie dans les années 1940 avec son père, mufti hanafite, pour s'installer en Syrie. Il a été appelé pour enseigner les sciences du hadith à l'Université de Médine, lors de sa fondation en 1962. Cette université forme des étudiants étrangers, bénéficiant pour nombre d'entre eux d'une bourse du gouvernement saoudien. Deux ans près son entrée en fonction, son contrat n'a pas été renouvelé. Il a vécu un certain temps au Liban et aux Émirats arabes unis, avant de s'installer à Amman jusqu'à sa mort en 1999. Ses disciples, pour la plupart des Jordaniens d'origine palestinienne, créèrent alors un Centre Al-Albani dans la capitale jordanienne.

15. Ancien membre du Comité des grands savants saoudien, il est l'auteur d'une fatwa célèbre : l'auteur d'un attentat suicide sera en enfer pour toute l'éternité.

16. Salih Al-Fawzan est membre du Comité des grands savants saoudien.

17. Le Saoudien Rabi Ibn Hadi Al-Madkhali est sans doute le porte-parole officiel de cette tendance en Arabie Saoudite. Ancien chef du département des sciences de la sunna à l'Université de Médine, il a été l'élève d'Al-Albani à l'Université de Médine. Très véhément à l'égard des salafistes révolutionnaires et des Frères musulmans, il est la référence doctrinale de beaucoup de musulmans d'Europe qui se réclament du salafisme d'inspiration wahhabite. Il occupe actuellement une chaire à l'Université islamique de Médine.

18. Muqbil Ibn Hadi a été formé en Arabie Saoudite avant d'en être expulsé. Très critique envers le gouvernement saoudien, jusqu'à peu avant sa mort, il est revenu sur sa position lorsque des responsables saoudiens l'ont accueilli et transféré pour être soigné aux États-Unis puis en Arabie Saoudite. Voir F. Burgat, *L'Islamisme à l'heure d'Al-Qaida*, Paris, La Découverte, 2005, p. 32-39.

19. Loi du 15 mars 2004 encadrant, en application du principe de laïcité, le port de signes ou de tenues manifestant une appartenance religieuse dans les écoles, collèges et lycées publics (NDLR).

S'ils refusent toute forme d'intégration, ces salafistes développent cependant un rapport non contestataire au pouvoir, refusant tout passage à la violence. Alors que le salafisme prédicatif est présent aux Pays-Bas et en Belgique *via* l'immigration marocaine, il est en France en partie le résultat du prosélytisme d'individus d'origine algérienne, et le mouvement prend pied dans les années 1990 par l'intermédiaire d'Abdelkader Bouziane à Lyon ou avec Abdelhadi Doudi à Marseille.

Si le salafisme prédicatif donne la priorité à l'éducation et à la formation islamique, la troisième tendance met l'accent sur l'activisme politique comme moyen d'inculquer aux masses musulmanes l'impératif de l'État et de la société islamiques. Puisant dans le répertoire d'actions politiques des Frères musulmans (participation, création d'associations, manifestations, etc.), le salafisme dit politique leur adresse pourtant nombre de critiques. Il les accuse de moderniser excessivement l'islam. Cette tendance est en effet pour partie le fruit de la greffe de la lecture politique de l'islam des Frères musulmans sur le littéralisme religieux des salafistes prédicatifs, notamment saoudiens.

La troisième tendance met l'accent sur l'action politique pour inculquer aux masses l'impératif islamique

L'Arabie Saoudite a donné refuge aux Frères musulmans égyptiens et syriens en disgrâce auprès des pouvoirs nassérien et alaouite. Ces Frères ont alors constitué l'encadrement bureaucratique des grandes institutions islamiques siégeant en Arabie, comme la Ligue islamique mondiale (LIM) ou l'Assemblée mondiale de la jeunesse musulmane (World Assembly of Muslim Youth, WAMY)[20]. En Europe, cette tendance du salafisme s'est surtout implantée par le truchement de la Ligue islamique mondiale, présente dans de nombreux pays grâce à l'important tissu de mosquées qu'elle finance[21]. En Suisse, cette tendance est incarnée par Youssouf Ibram, imam de la Fondation culturelle islamique de Genève, liée à la Ligue islamique mondiale. D'origine marocaine, il a obtenu dans les années 1980 un magistère en charia à l'Université islamique de Riyad. La LIM le nomme au début des années 1990 imam de la mosquée de Zurich avant de l'affecter à Genève dans les années 2000. Membre du Conseil européen de la fatwa et de la recherche, organe lié aux Frères musulmans européens, il participe à la mise en place d'un islam à l'européenne. Youssouf Ibram défend l'idée d'une intégration des musulmans en Europe. Il se rapproche en cela de la vision des Frères musulmans mais s'y oppose pourtant par son littéralisme et son rigorisme religieux.

20. G. Kepel, *op. cit.*, note [10], p. 208-210.
21. Les mosquées de Bruxelles, de Genève ou encore celle de Mantes-la-Jolie ont été construites et sont financées par la Ligue islamique mondiale.

À côté de ce salafisme proche de l'idéologie des Frères, existe une autre forme par exemple incarnée par Farid Benyettou, qui se trouve à l'origine du passage de jeunes Français en Irak pour combattre l'armée américaine. Si les actions de ce dernier s'inscrivent dans une logique djihadiste, elles revêtent également une dimension politique, en termes de négociations avec les pouvoirs publics français. D'origine algérienne, Benyettou a un temps fréquenté, par l'intermédiaire de son beau-frère, des militants du Front islamique du salut (FIS), qui lui ont inculqué une vision politisée de l'islam et une lecture littéraliste et rigoriste de la religion. Se réclamant à la fois d'Ali Belhadj, de Saïd Qotb et de Safar Al-Hawali, il estime que le musulman d'Europe doit recourir aux instruments de la démocratie et de la liberté d'expression pour peser sur les politiques nationales. S'opposant à toute forme de violence au nom de l'islam sur le territoire français et en général en Occident, il a pris part à tous les manifestations et rassemblements contre le projet de loi sur la laïcité, qu'ils soient organisés par des associations musulmanes ou des structures laïques, voire des organisations d'extrême gauche.

Le patrimoine commun : imaginaire islamiste et mythes politiques

Bien que dépourvue de toute synergie organisationnelle et traversée d'excommunications mutuelles, la mouvance salafiste a en commun quelques constantes idéologiques et les mythes qui structurent son imaginaire politique – tous éléments qu'elle partage avec les islamistes. Le premier élément que l'on perçoit chez les salafistes, et qui se trouve être une thématique centrale des islamistes, est l'idée selon laquelle l'islam ne se réduit pas à sa dimension religieuse, ne se résume pas aux pratiques rituelles. Bien au contraire, l'islam est un système global régissant tous les domaines de la vie, activités profanes et sacrées. Comme les Frères musulmans, les salafistes, quelle que soit leur obédience, récusent la vision exclusivement cultuelle de l'appartenance confessionnelle[22].

Deuxième point commun avec l'islamisme : un effort systématique pour définir l'apport de la civilisation islamique aux sociétés occidentales. Comme les islamistes, les salafistes voient les sociétés européennes confrontées à une impasse politique et économique que seul l'islam peut surmonter – un islam qui, vu en tant que système global, détient les ressources nécessaires pour résorber les crises et difficultés des sociétés européennes et musulmanes.

De nombreux mythes contribuent également à fonder l'imaginaire politique de la mouvance salafiste, révolutionnaire, politique ou prédicative.

22. Les Frères musulmans désignent ce principe comme *chûmuliyya al islam*. Voir S. Amghar, « Les Frères musulmans francophones : vers un islamisme de la minorité », *in* S. Amghar (dir.), *op. cit.*, note [11].

L'un des premiers ressorts de la mythologie politique du salafisme est le mythe de la décadence. L'islam serait en décomposition et l'identité musulmane s'enfoncerait dans le flou face à l'hégémonie occidentale. Pour les salafistes comme pour les islamistes, le pourrissement de la jeunesse par l'irréligion accélère la fin des temps. La société musulmane et les minorités musulmanes d'Occident seraient entrées dans un état d'anomie généralisé[23], fruit, en particulier, des divisions entre musulmans, que seul l'islam pourrait combattre. La mythologie politique salafiste privilégie aussi une dimension millénariste et apocalyptique : la fin du monde est proche, de nombreux signes de la tradition prophétique annoncent son imminence, et elle sera précédée d'une guerre opposant musulmans et non-musulmans où l'islam triomphera du Mal incarné par l'Occident.

Pour les salafistes, le déclin des sociétés musulmanes résulte certes de la trahison du message coranique originel, mais aussi d'une conspiration. Avec l'idée de l'altération de la pratique islamique, la théorie du complot est un des éléments explicatifs de base de la faiblesse des musulmans dans le monde. À l'origine de ce complot se trouvent l'Occident et les juifs, qui ont fomenté un plan pour maintenir les musulmans en position dominée et empêcher l'islam de se développer[24]. Dans cette représentation idéologique, l'islam est la seule force pouvant renverser l'impérialisme et la domination occidentale manipulés par un pouvoir occulte dont les responsables sont juifs. « La théorie de la conspiration » écrit Karl Popper, est une vision aux termes de laquelle « tout ce qui se produit dans une société, y compris les choses qu'en règle générale les gens n'aiment pas, comme la guerre, le chômage, la misère, la pénurie, résultent directement des desseins de certains individus ou groupes puissants[25]. »

Le salafisme : une réponse à l'échec de l'islamisme ?

Le succès actuel de la mouvance salafiste auprès de certains segments de la population musulmane d'Europe s'explique en partie par la déception née de l'échec des mouvements de réislamisation d'inspiration islamiste, comme les Frères musulmans. Le développement du salafisme en Europe dans les années 1990 doit donc être analysé à l'aune des apories de l'islam politique[26]. Les salafistes reprochent aux mouvements islamistes issus des Frères musulmans de vouloir établir l'État islamique par le haut (pour

23. Ces commentaires s'inspirent des travaux de R. Girardet, *Mythes et mythologies politiques*, Paris, Le Seuil, 1990, et de l'ouvrage de M. Winock, *Nationalisme, antisémitisme et fascisme en France*, Paris, Le Seuil, 2004.
24. Cette expression est empruntée à L. Poliakov, *La Causalité diabolique, essai sur l'origine des persécutions*, Paris, Calmann-Lévy, 1980. Voir aussi P.-A. Taguieff, *La Foire aux illuminés : ésotérisme, théorie du complot et extrémisme*, Paris, Mille et une nuits, 2005.
25. K.R. Popper, *Conjectures et réfutations. La croissance du savoir scientifique*, Paris, Payot, 1985 (édition originale : Londres, 1963).
26. Voir O. Roy, *L'Échec de l'islam politique*, Paris, Le Seuil, 1992.

les prédicatifs), en usant des catégories politiques occidentales (pour les djihadistes) ou de vouloir rénover l'islam en fonction de la modernité occidentale (pour les politiques). Ainsi les salafistes, qu'ils soient djihadistes, politiques ou quiétistes, ont-ils en commun de considérer l'essentiel des concessions des Frères musulmans comme des altérations inacceptables de la référence coranique et de la tradition du Prophète[27]. En France, nombre de salafistes prédicatifs (d'inspiration wahhabite) reprochent aux représentants des Frères musulmans dans l'Hexagone – l'Union des organisations islamiques de France (UOIF) – d'avoir accepté un processus de négociation avec les pouvoirs publics, notamment lors du processus d'institutionnalisation de l'islam de France, qui aboutit *in fine* à la trahison du message coranique.

L'émergence de ces différentes formes de salafisme doit donc être analysée comme le refus d'une politisation excessive de l'islam par des modalités empruntées à la culture politique occidentale. Les salafistes reprochent ainsi aux Frères musulmans d'intégrer dans le patrimoine islamique des valeurs comme la démocratie, étrangères à la religion musulmane. Ce positionnement doit être compris moins comme la négation totale de la culture politique occidentale que comme un refus des méthodes d'appropriation de la modernité occidentale proposées par les Frères musulmans.

Les négociations avec les pouvoirs publics et la société en Occident auraient ainsi conduit à une certaine routinisation du discours des Frères musulmans, diluant sa portée contestataire et laissant le champ libre à une mouvance salafiste dont le potentiel protestataire n'a pas encore été mis à l'épreuve. Cette dernière apparaît dès lors comme une « variante islamiste » séduisante pour les groupes marginalisés et exclus de toute participation politique. La performance mobilisatrice du discours salafiste est donc la conséquence du rejet des stratégies de participation politique et sociale des Frères musulmans par certaines populations d'abord séduites par les rhétoriques radicales des Frères dans les années 1980-1990. En entrant dans un processus de négociation, les Frères musulmans ont cessé de représenter une utopie mobilisatrice. Le salafisme doit être dès lors conçu comme une manière de régénérer

Le salafisme apparaît comme une « variante islamiste » séduisante pour des groupes marginalisés et exclus de toute participation politique

27. F. Burgat, *L'Islamisme à l'heure d'Al-Qaida*, Paris, La Découverte, 2005, p. 117. L'actuel grand mufti d'Arabie Saoudite, Cheikh Al-Cheikh, déclarait à l'égard des Frères musulmans : « Parmi les principaux aspects de leur appel, on relève : le secret, la dissimulation, la versatilité, le rapprochement vis-à-vis de ceux qui présentent un intérêt pour eux [...]. D'autre part, le but ultime de l'appel des Frères musulmans est d'arriver au pouvoir [...]. Quant au fait que les gens soient sauvés du châtiment d'Allah [...] et entrent au paradis, ceci n'est pas important pour eux. » Propos enregistrés dans une cassette intitulée *Fatâwa Al 'Ulamâ'i fil-jamâ'ati wa atharuhâ 'alâ bilâd il-h'aramayn* (éditions Minhaj, 2002).

la mythologie de l'islamisme *et* comme un nouveau moyen d'investir le champ de la participation politique. Pour les djihadistes, cela passe par la violence politique et, pour les prédicatifs, par l'indifférence. Il s'agit donc de dépasser les limites de l'islamisme traditionnel et de surmonter les blocages sécuritaires des régimes arabes ou occidentaux. En Algérie, l'interdiction du Front islamique du salut en 1992 a conduit certains de ses militants à se lancer dans l'action armée avec l'Armée islamique du salut (AIS), les Groupes islamiques armés ou le Groupe salafiste pour la prédication et le combat (GSPC). Une part non négligeable des salafistes français ont d'abord fréquenté les Frères musulmans avant de rejoindre le salafisme et ont été séduits par les discours d'un Tariq Ramadan.

Enfin la mouvance salafiste reproche aux Frères musulmans moins leur ouverture politique que l'instrumentalisation de l'islam dans une logique partisane (*hazbiyya*). Cette dernière aboutit, pour les salafistes, à une fragmentation de l'oumma, inacceptable dans la mesure où elle génère une fragilisation de l'islam et une *fitna* (« division de l'oumma ») – cause de guerre chez les musulmans.

Les fonctions politiques du salafisme en Europe

Pour ceux qui s'y reconnaissent, le salafisme remplit trois fonctions : une fonction protestataire, une fonction tribunitienne, une fonction élective. La première constitue une manière d'exprimer une *opposition* au système politique et social, à l'offre politique et religieuse dominante, plus qu'une *proposition* : d'où l'absence de projet politique précis, celui-ci se résumant le plus souvent à la mise en place d'un État islamique, sans plus de précision. Pour les salafistes, l'islam est redouté d'abord par les classes moyennes et supérieures qui, selon eux, maintiennent les musulmans dans une position dominée. Rejeté par les nantis, l'islam fascine ceux qui ont un différend avec l'ordre majoritaire et la hiérarchie sociale.

C'est à partir de cette dimension protestataire que se développe sa fonction tribunitienne : le salafisme se fait le tribun d'une masse de mécontents que ni les partis politiques ni les autres courants religieux ne prennent en charge[28]. L'émergence du salafisme apparaît donc comme la conséquence de la crise de la représentation politique en Europe, manifestant une défiance vis-à-vis de structures incapables de prendre en charge les aspirations d'une partie des populations musulmanes qui y vivent. Le salafisme exprime une révolte où la religion symbolise une affirmation de soi en rupture avec les valeurs dominantes de la société.

28. G. Lavau, *À quoi sert le Parti communiste ?*, Paris, Fayard, 1981.

La troisième fonction est élective. Pour les salafis, appartenir au salafisme, c'est incarner une élite, une avant-garde chargée de mettre en œuvre le dessein de Dieu sur terre. Acteurs d'une histoire définie par Dieu, les salafistes prennent en charge les musulmans qui n'ont pas encore été touchés par la grâce divine.

***

Dérivés d'une même volonté de renouer avec l'âge d'or de l'islam, les trois pôles du salafisme européen s'opposent sur les méthodes devant aboutir à l'État islamique. Ces modes opératoires différentiels marquent trois rapports distincts à l'altérité occidentale. Pour le salafisme révolutionnaire, les relations à ces sociétés s'expriment principalement à travers la violence. Le salafisme prédicatif développe des rapports fondés sur un registre sectaire. Le salafisme politique s'accommode pragmatiquement avec la société occidentale.

Ces trois tendances ont toujours entretenu de multiples passerelles entre elles. Dans les années 1990, Ali l'Irakien fréquentait les milieux *kaplanci* (salafisme révolutionnaire), avant de devenir l'imam salafiste wahhabite de la mosquée As-Salam d'Argenteuil. Ce type d'itinéraire, fréquent hier, ne l'est plus aujourd'hui. Depuis la guerre civile algérienne, surtout depuis les attentats du 11 septembre, les démarcations se sont durcies. On assiste dès lors à une autonomisation croissante de ces mouvements les uns par rapport aux autres. Les salafistes prédicatifs se présentent comme les meilleurs remparts contre le salafisme révolutionnaire, qu'ils affublent du terme de *takfiri* (celui qui jette l'anathème) ; quant aux salafistes révolutionnaires, ils ne se lassent pas d'accuser les prédicatifs d'être à la solde des monarchies et des régimes arabes.

PE

MOTS-CLÉS :

Islam
Salafisme
Frères musulmans
Djihad

Contre-terrorisme et islamisation du Caucase du Nord

Par **Pavel K. Baev**

Pavel K. Baev est chargé de recherches à l'International Peace Research Institute d'Oslo (PRIO). Ses travaux sur la politique antiterroriste russe et les conflits au Caucase sont soutenus par le Conseil de la recherche et le ministère de la Défense norvégiens.

Texte traduit de l'anglais par Ashley Milkop

Les violences ont décru en Tchétchénie depuis 2004, en particulier du fait d'une évolution des tactiques russes, mais elles essaiment dans tout le Caucase du Nord. Si la crise de régimes népotiques et corrompus du Caucase du Nord constitue un facteur évident de la transformation des communautés musulmanes – les *Jamaat* – en vecteurs de la contestation sociale et politique, la réduction par Moscou du problème islamiste dans le Caucase à la lutte contre le terrorisme est grosse de dangers pouvant s'étendre bien au-delà de cette seule région.

politique étrangère

L'année 2005 a été marquée par un changement significatif du paradigme sécuritaire pour le Caucase du Nord russe. Ces dix dernières années, et surtout depuis le déclenchement de la deuxième guerre de Tchétchénie (1999), les affrontements affectant cette région multiethnique et traversée par nombre de frontières administratives ont résulté de débordements de la zone de guerre. La Tchétchénie est ainsi apparue comme une sorte de « trou noir » d'où surgissaient périodiquement des attaques-surprises, telles celles du 22 juin 2004 sur Nazran en Ingouchie, ou du 1er septembre 2004 sur Beslan en Ossétie-du-Nord. Depuis 2005, la Tchétchénie semble être l'œil du cyclone qui s'abat violemment sur toute la région, soufflant par rafales sur des zones inattendues et semant, par tornades, le désordre dans des cités pacifiques. Un mécontentement social sédimenté constitue la principale source d'énergie de cette tempête, récupéré par des réseaux islamiques clandestins. Moscou a été manifestement étonnée par l'escalade de l'instabilité ; et la fin brutale de l'insurrection armée à Naltchik dans la Kabardino-Balkarie, le 13 octobre 2005, ne signifie pas que la Russie soit prête pour ce défi. Lors d'une très courte visite à Grozny le 12 décembre

2005, Vladimir Poutine affirmait : « Nos adversaires ignorent que la Russie a toujours été le défenseur le plus ardent et le plus fiable des intérêts islamiques[1] ». Cette tentative de « convaincre ceux qui n'ont pas encore rendu leurs armes qu'ils poursuivent des idéaux trompeurs » témoigne d'une ignorance flagrante des motivations et de la détermination des rebelles.

Le combat contre l'insurrection après Beslan

Si le terrorisme fait désormais partie du quotidien russe, le contre-terrorisme a, quant à lui, été instrumentalisé pour divers objectifs politiques dès le début du mandat présidentiel de V. Poutine[2]. L'attaque terroriste qui a entraîné le massacre des écoliers de Beslan a représenté un tel choc pour tout le pays qu'elle a pu aisément justifier des mesures exceptionnelles. Dans un discours passionné rappelant l'appel de Staline à ses « frères et sœurs » (1941), V. Poutine a invité le pays à une mobilisation de « guerre » contre le terrorisme international[3]. La plupart des mesures d'urgence prises suite à cette tragédie – le remplacement de l'élection des gouverneurs par leur nomination directe, la fin des circonscriptions pour les élections à la Douma – n'avaient guère de rapport avec la lutte contre le terrorisme. Mais les opérations de contre-terrorisme en Tchétchénie et dans les républiques voisines du Caucase du Nord devaient néanmoins évoluer significativement bien que progressivement.

L'intensité des opérations armées en Tchétchénie a sensiblement diminué depuis l'été 2004 : les troupes russes se concentrent sur la protection des bases militaires et des convois, et sur le déminage dans Grozny. La plus grande partie du « sale boulot » – traque des groupes rebelles ou maintien de l'ordre par *zachistka* (un « nettoyage » à la russe qui est entré, comme *pogrom,* dans la langue internationale) –, relève désormais des forces locales. Leur très peu conforme commandant, Ramzan Kadyrov, constitue un casse-tête pour Moscou. La tentative russe de faire évoluer l'espace politique tchétchène par les législatives de novembre 2005 a ainsi été contrecarrée par une fraude manifeste et organisée[4]. À la différence de

1. Ce discours lors de la première session du parlement tchétchène donne l'impression d'une improvisation laborieuse. Il est disponible sur <president.kremlin.ru> et un commentaire plus poussé peut en être trouvé dans P.K. Baev, « Putin protects Islam and praises democracy in Grozny », *Eurasia Daily Monitor*, 14 décembre 2005, disponible sur <www.jamestown.org>.
2. Les théories du complot élaborées au sujet de deux explosions ayant eu lieu à Moscou en septembre 1999 et qui ont fait émerger Vladimir Poutine à la tête du Kremlin n'ont jamais été vraiment démenties ; voir I. Milshtein, « It all started with a big explosion », *Grani.ru*, 9 septembre 2003, disponible sur <www.grani.ru>. Voir aussi : P.K. Baev, « Instrumentalizing counter-terrorism for regime consolidation in Putin's Russia », *Studies in Conflict & Terrorism*, vol. 27, n° 4, juillet-août 2004, p. 337-352.
3. S. Medvedev, *"Juicy Morsels": Putin's Beslan Address and the Construction of a New Russian Identity*, Washington, DC, CSIS, « PONARS Policy Memo », n° 334, 2004.
4. Pour une évaluation des chances du processus de paix qu'auraient pu déclencher ces élections, voir F. Hill, A. Lieven et Th. de Waal, *A Spreading Danger: Time for a New Policy Toward Chechnya*, Washington, DC, Carnegie Endowment for International Peace, « Policy Brief », n° 35, 2005. Au sujet de la manipulation des élections par Kadyrov, voir A. Malashenko, « The main competition is between Kadyrov and Moscow », *Polit.ru*, 25 novembre 2005, disponible sur <www.kavkaz-forum.ru>.

son père, le mufti Akhmad Kadyrov installé par Moscou comme président et assassiné en mai 2004, Kadyrov fils n'a aucune autorité morale et est perçu comme un bandit brutal et stipendié. Chez les rebelles, la mort d'Aslan Maskhadov (mars 2005), président élu et chef de la résistance, a affaibli la direction des divers groupes, et les a poussés à recourir à l'islam de plus en plus souvent pour légitimer leur cause.

Dans le Caucase du Nord, Moscou a choisi de décentraliser sa campagne antiterroriste et mis en place de nouvelles unités opérationnelles (Gruppy operativnogo upravleniya [GrOU], Groupes de gestion opérationnelle), chargées de diriger et d'organiser les opérations dans chacune des républiques. Chaque groupe est dirigé par un colonel du ministère de l'Intérieur (dont le nom reste secret), et comprend des représentants d'autres institutions de maintien de l'ordre, ainsi que de l'armée. En cas d'incident majeur, le GrOU responsable prend le contrôle de toutes les forces et moyens militaires lourds de la région pour éliminer le plus vite possible les terroristes. La traduction concrète en a été un enchaînement d'opérations violentes et sans contrôle dans divers quartiers urbains durant le premier semestre 2005 : une force massive incluant des blindés étant employée contre de supposées cellules terroristes[5]. De toute évidence, les autorités ne se sont posé nulle question sur les « dégâts collatéraux ». Le résultat de cette brutalité délibérée et sans limite est une colère croissante – bien au-delà de l'effet dissuasif attendu[6].

Le manque de renseignements fiables – de la part de la police (sur les suspects locaux) ou des services spéciaux (sur les canaux extérieurs) –, constitue la faiblesse principale des forces fédérales. Le renforcement des organismes de maintien de l'ordre a pu paraître prometteur mais un facteur a été négligé : la corruption croissante.

Le manque de renseignements fiables constitue la faiblesse principale des forces fédérales

Toutes les républiques du Caucase du Nord connaissent une interpénétration de la police et du crime organisé, laquelle donne lieu à une véritable économie de l'ombre ; au lieu d'infiltrer les réseaux terroristes, les chefs locaux de la police se contentent de disqualifier leurs rivaux en les désignant comme « islamistes radicaux »[7]. Pour afficher leurs résultats dans la traque des réseaux terroristes, les départements régionaux du Service fédéral de sécurité (Federalnaja Sluschba Besopasnosti, FSB) ont souvent

5. A. Cherkasov, « Tanks know the truth », *Ezhednevny zhurnal*, 15 mars 2005, disponible sur <www.ej.ru/>.
6. Pour un exposé détaillé, voir A. Tsiganok, « The imitation of anti-terror », *Polit.ru*, 25 octobre 2005, disponible sur <polit.ru>.
7. Pour un exposé du délitement des organismes en charge du respect de la loi, illustré par l'emploi du terme méprisant *menty*, voir L. Nikitinsky, « The dictatorship of menty », *Novaya gazeta*, 17 octobre 2005, disponible sur <2005.novayagazeta.ru>.

identifié des musulmans à la piété « suspecte » comme des « extrémistes » méritant d'être traités en conséquence. Un grand nombre de communautés musulmanes hier regroupées autour d'une mosquée – les *Jamaat*[8]– sont désormais contraintes à la clandestinité.

La crise des régimes néopatrimoniaux

La recentralisation du pouvoir est un des principes centraux du système mis en place par V. Poutine – même si la mise en œuvre de ce principe dans un pays aussi complexe reste problématique. Par manque de ressources administratives, le président a dû déléguer d'importantes responsabilités aux gouverneurs régionaux et aux présidents de républiques. La sélection de ces derniers devient primordiale. Les élections laissant trop de place au hasard, le président s'est donc arrogé le droit de désigner les candidats et de renvoyer des élus – qui peuvent agir comme bon leur semble dans leur fief –, dont on cherche avant tout à s'assurer la loyauté. Ce dispositif présente d'évidents défauts, et dans le Caucase du Nord la crise des institutions politiques a atteint un niveau très préoccupant[9].

Les statistiques officielles (qui n'incluent pas l'économie parallèle), placent ces républiques parmi les plus défavorisées de Russie : des subventions massives doivent donc compenser leur déficit budgétaire. Les présidents des républiques contrôlent désormais une fonction cruciale : la distribution des ressources fournies par Moscou, les impôts locaux ne comptant que pour une part négligeable de leurs revenus. Le contrôle de ces transferts de fonds est, pour l'essentiel, inexistant. Les présidents, en affichant leur loyauté, ont pu constituer des réseaux de prébendes qui bénéficient pour l'essentiel aux membres de leurs familles et à leurs clans. Ces régimes personnels paradémocratiques sont souvent qualifiés de « néopatrimoniaux », et leurs caractéristiques assez bien étudiées[10]. Leur stabilité peut durer quelque temps, mais deux problèmes fondamentaux en minent les fondements sociaux : l'extension sans limite des clans privilégiés et une corruption endémique.

Chaque président du Caucase du Nord est ainsi devenu une sorte de *Cher Leader*, entouré d'une cour de proches et de valets espérant une part de la rente fédérale. La demande devance en général l'offre mais le

8. Au sujet de l'interprétation délibérément tronquée des traditions musulmanes dans les communautés du Caucase, voir I. Dobaev, « On sources and aims of the North Caucasian terrorism », *Polit.ru*, 21 décembre 2005, disponible sur <www.kavkaz-forum.ru>.

9. Nikolaï Petrov demeure un critique sans relâche des réformes fédérales de Poutine ; voir, par exemple, « The subjective federalism », *Grani.ru*, 22 décembre 2005, disponible sur <www.grani.ru>.

10. Un analyste très perspicace du néopatrimonialisme au Caucase est Georgi Derluguian (« The coming revolutions in the North Caucasus », Washington, DC, CSIS, « PONARS Memo », n° 378, décembre 2005 et, pour une analyse plus poussée, voir *Bourdieu's Secret Admirer in the Caucasus*, Chicago, University of Chicago Press, 2005).

gouvernement de Moscou, qui a perçu d'importants bénéfices pétroliers ces deux dernières années, peut se montrer généreux. Les clans dirigeants sont néanmoins devenus de plus en plus imprudents, et leur pratique s'illustre d'actes comme l'assassinat de sept concurrents, en septembre 2004, par le gendre du président de la République des Karatchaï-Tcherkesses, Moustafa Batdyev. Ce genre d'affaire aurait fait sans doute peu de vagues en Kalmoukie – où règne le despote Kirsan Ilioumjinov, désigné pour un nouveau mandat par Poutine – alors que dans l'instable Tcherkessie les clans opposés au pouvoir ont pu organiser quelques protestations publiques[11]. En alignant les actions antiterroristes, en se déclarant « ennemi juré » de l'intégrisme, M. Batdyev a pu se maintenir au pouvoir, sans doute avec une stabilité très relative[12].

Dimitri Kozak, envoyé spécial du Kremlin pour le sud de la Russie, dont le Caucase, a tenté de sonner l'alarme. D'une incorruptibilité reconnue, il n'est pourtant pas le chevalier blanc s'attaquant aux moulins de la corruption : simplement un fonctionnaire à la tâche impossible, impuissant à agir, même en cas d'urgence[13]. Ce n'est ni la gangrène avancée des administrations de ces républiques, ni la brutalité des polices criminalisées qui en ont fait un critique si alarmiste : il tente simplement de convaincre V. Poutine (qui jusque-là l'estimait et se fiait à ses conseils) que le système politique en vigueur génère des situations de type révolutionnaire au sens léniniste du terme, opposant dirigeants incompétents et masses en colère.

Voyant que ses avertissements ne parvenaient pas au président, ou que celui-ci ne les prenait pas en considération, D. Kozak a commis la faute suprême au regard de la cour du Kremlin, hantée par le désir de secret : une fuite vers la presse d'un mémorandum décrivant en détail la dégradation des régimes du Caucase du Nord[14]. Le Daghestan y est identifié comme la plus dangereuse concentration de troubles potentiels. La présidence de Magomedali Magomedov, fortement encouragée par Moscou, a rompu l'équilibre délicat entre les différents groupes ethniques. Attentats et assassinats sont aussi fréquents au Daghestan qu'en Tchétchénie, et ils traduisent les luttes violentes pour la richesse et le pouvoir entre branches concurrentes du clan dirigeant. Vladimir Poutine a fini par reconnaître la nécessité d'une intervention présidentielle, mais a réaffirmé lors d'une

11. À la suite de la « révolution orange » à Kiev, cette manifestation sans violence a créé la panique à Moscou ; voir M. Fatullaev, « The autumn of the president », *Nezavisimaya gazeta*, 1er novembre 2004.
12. Y. Latynina, « The terrorist non-attack uncovered four months after », *Ezhednevny zhurnal*, 25 août 2005, disponible sur <www.ej.ru>.
13. Les efforts de Kozak sont exemplaires au regard de l'incompétence arrogante qui persiste aux échelons élevés du pouvoir de la présidence ; en dépit de son « exil » au Caucase, on le considère comme l'un des successeurs possibles de Poutine en 2008 ; voir, par exemple, N. Paton Walsh, « Putin rejects third term and leaves legacy of uncertainty », *The Guardian*, 28 septembre 2005.
14. C'est dans le tabloïd *Moskovsky Komsomolets* qu'ont été publiés les éléments et les conclusions les plus sensationnels du mémorandum ; voir E. Deeva, « How Dagestan will be exploded », *Moskovsky Komsomolets*, 8 juillet 2005, disponible sur <www.mk.ru>.

brève visite à Makhatchkala, en juillet 2005, son soutien à Magomedov, promettant de déployer au Daghestan des unités de montagne supplémentaires pour lutter contre « les invasions extérieures »[15].

Les *Jamaat* comme relais de la protestation sociale

La crise permanente des régimes néopatrimoniaux du Caucase du Nord empêche les administrations traditionnelles, rongées par la corruption, de remplir leurs fonctions sociales de base. D'où, simplement, la croissance des réseaux informels d'aide sociale, parmi lesquels les *Jamaat* jouent un rôle particulier. Le rôle de l'islam dans ces sociétés (si l'on met de côté les communautés russes, minorité qui importe surtout dans les villes, et les Ossètes, en majorité chrétiens) était autrefois très limité. Comme l'assure Georgi Derluguian : « Traditionnellement, à cinquante ans, les hommes se muaient en anciens respectés et, munis de leurs cannes (même si elles étaient inutiles), commençaient à fréquenter les mosquées »[16]. Cette tradition patriarcale a commencé à changer à la fin des années 1990, quand de nombreux jeunes hommes, souvent d'une vingtaine d'années à peine, commencèrent à visiter les mosquées pour trouver des réponses au contexte de chômage et d'impasse sociale. Leurs familles, quelque peu surprises de ces inclinations religieuses, les soutenaient néanmoins, jugeant l'étude du Coran plus saine que les gangs de rue ou le trafic de drogue. Mais la jeune génération post-soviétique s'est vite avérée plus sérieuse vis-à-vis des normes et des règles islamiques que ses aînées, et a commencé à mettre en cause les interprétations libérales données par les autorités islamiques officielles.

Les administrations traditionnelles, rongées par la corruption, ne remplissent pas leurs fonctions sociales de base

Comme l'Église orthodoxe durant la période soviétique, bien que d'une manière moins centralisée, les mosquées étaient étroitement liées aux structures étatiques. La transition chaotique du début des années 1990 a brisé cette relation, par l'émergence de centaines de mosquées souvent financées par l'Arabie Saoudite ou des organisations caritatives islamiques (la Turquie a aussi fourni une aide importante). Le renforcement des régimes néopatrimoniaux du Caucase du Nord, à la fin des années 1990, a donc posé un dilemme aux autorités musulmanes, ou muftis, de ces républiques : alors que certaines mosquées préféraient le retour à la coexistence

15. Poutine a attaché une importance particulière à protéger les centres de tourisme dans la région de Krasnodar, ce qui était peu rassurant pour les Daghestanais pour qui la violence armée est devenue un élément quotidien ; voir Y. Latynina, « Boots in Dagestan », *Ezhednevny zhurnal*, 18 juillet 2005, disponible sur <www.ej.ru>.
16. G. Derluguian, « Nalchik as the Russian Andijan », *Izvestia*, 18 octobre 2005.

pacifique avec les autorités, à la soviétique, d'autres choisissaient de garder leur récente indépendance. En renforçant leur emprise sur le pouvoir, les présidents se faisaient par ailleurs de moins en moins tolérants aux oppositions, même à caractère spirituel. En Kabardino-Balkarie par exemple, plusieurs mosquées dites « alternatives » étaient fermées, des dizaines de communautés islamiques organisées autour d'imams indépendants étant contraintes à la clandestinité, à travers un réseau de *Jamaat*[17].

Pour élargir le soutien à leur fragile position, les *Jamaat* ont alors souvent prôné un retour aux anciennes traditions islamiques. Mais ces traditions présoviétiques devenues légendaires se caractérisaient par un lien fort entre un islam « pur » et une lutte héroïque contre la colonisation russe du XIXe siècle. L'imam Chamil fut, à cette période, à la fois un grand chef de guerre et le dirigeant d'un proto-État musulman organisé, qui a survécu pendant un quart de siècle dans les régions montagneuses de Tchétchénie et du Daghestan[18]. La victoire des rebelles dans la première guerre tchétchène des années 1990 a amplifié cette interprétation militante et politisée de l'islam. Mais le développement de ce mouvement fut enrayé par l'incursion d'un « corps expéditionnaire » de Chamil Bassaïev au Daghestan en août 1999. Au lieu de rafler le soutien des communautés islamiques montagnardes, Ch. Bassaïev se heurta à une ferme résistance : ses guerriers tchétchènes étaient vus non comme des soldats du djihad mais comme des pillards étrangers. L'attitude de la population locale permit à des forces russes hâtivement rassemblées de repousser les troupes de Bassaïev à l'issue d'une série de combats indécis. Plus important, l'aventure eut pour effet de compromettre le message de l'intégrisme islamique, désormais identifié, peu précisément, comme wahhabisme.

L'effet de *containment* a joué quelques années mais en s'affaiblissant peu à peu et, début 2005, la machine de propagande de Moscou qui persistait à présenter le wahhabisme comme la bannière idéologique du terrorisme islamique international, avait quelque peu perdu de son pouvoir de conviction[19]. L'expansion du réseau de *Jamaat* au-delà de la région de l'ancien État de Chamil a aussi été facilitée par le délitement des élites népotiques au pouvoir en Kabardino-Balkarie et dans la République des

17. Il y a peu d'informations sur les réseaux islamiques clandestins ; voir G. Shvedov, « The North Caucasian palette », *Gazeta.ru*, 13 octobre 2005, disponible sur <www.gazeta.ru> ; M.I Roshchin, « The history of Islam in Kabardino-Balkaria », *Chechnya weekly*, 8 décembre 2005, disponible sur <www.jamestown.org>.

18. Suite à la capitulation de Chamil en 1864, l'Empire russe prit contrôle de ces structures quasi étatiques. Elles ont réussi à maintenir un message pur et militant de l'islam jusqu'à ce que les Soviétiques renforcent leur emprise dans les années 1920 ; voir Y. Soshin, « The Caucasian blindness », *GlobalRus*, 21 octobre 2005, disponible sur <globalrus.ru>.

19. Le procès de Muhtar Ataev, un imam islamiste accusé d'être responsable d'une émeute armée dans le village montagnard de Karamahi en été 1999, a provoqué d'assez larges manifestations de sympathie au Daghestan en automne 2005. Voir Y. Rybina, « I have not touched arms from the childhood », *Kommersant*, 30 novembre 2005.

Karatchaï-Tcherkesses, assurant aux imams une posture morale bien supérieure à celle de politiques corrompus. Dans le même temps, les responsables des républiques réalisaient que la chasse aux radicaux islamistes était la meilleure démonstration de leur loyauté envers Moscou, et un excellent argument dans la course aux fonds fédéraux. La persécution brutale eut pour effet de pousser les *Jamaat* – et même celles qui valorisaient initialement des stratégies non violentes de solidarité sociale – à choisir la résistance armée, et parfois même le terrorisme.

Le moment de vérité vint au matin du 13 octobre 2005, quand plusieurs groupes militants (leur nombre n'a pas été déterminé avec précision mais on pense qu'ils comptaient environ 150 rebelles) attaquèrent simultanément une douzaine de postes de police et d'administrations à Naltchik, en Kabardino-Balkarie. L'attaque était bien organisée mais vouée à l'échec : au moins 1 500 hommes lourdement armés, militaires ou des forces spéciales, étaient déployés dans la ville, auxquels vinrent se joindre plusieurs centaines d'autres au cours d'une journée d'intenses et chaotiques combats de rue[20]. Le plus surprenant, pour les habitants traumatisés de Naltchik, fut que la plupart des rebelles tués se révélèrent n'être ni des Tchétchènes, ni des mercenaires étrangers mais les fils de familles respectées de la ville[21]. Pour les autorités, cette victoire facile validait leurs choix politiques : elles ne tirèrent donc aucune leçon de la crise. On entendit çà et là les habituelles dénonciations du chômage élevé, ou de « missionnaires » étrangers utilisant la couverture des organisations non gouvernementales (ONG) pour convertir les jeunes gens en terroristes à coups de dollars. Le Kremlin se contenta de la perpétuation des mêmes politiques – hausse des budgets des républiques, renforcement des forces spéciales et de police dans les capitales – ; mais les experts russes dénoncent désormais un désastre annoncé, certains réclamant même – en écho aux émeutes françaises de novembre 2005 – un nouveau prosélytisme chrétien pour repousser la menace islamique[22].

La Russie : quel défi islamique ?

La surprise de l'attaque survenue à Naltchik venait en partie du fait que les évaluations de la menace avaient identifié Makhatchkala – capitale du Daghestan – comme cible privilégiée d'une attaque de grande échelle, où les « wahhabites » du pays auraient pu joindre leurs forces à celles des

20. A. Nikolsky, « Victorious terrorist attack », *Vedomosti*, 14 octobre.
21. Le chagrin des familles était aggravé par une loi antiterroriste qui stipulait que les corps ne devaient pas leur être restitués mais enterrés dans des tombes anonymes ; voir F. Maksimov, « The right to claim the corpse », *Kommersant-Vlast*, n° 42, 24 octobre 2005.
22. De telles opinions s'expriment même chez les conservateurs « éclairés » ; voir A. Privalov, « The Notre Dame de Paris Mosque », *Expert*, 7 novembre 2005.

rebelles tchétchènes[23]. À l'été 2005, il y avait en effet plus de combats au Daghestan qu'en Tchétchénie, et les victimes des forces fédérales s'y comptaient par centaines (bien qu'au fil de statistiques officielles peu fiables). Chamil Bassaïev n'a sans doute pas voulu répéter l'erreur d'août 1999, et a cherché à éviter de brider la diffusion de la crise en provoquant une nouvelle réaction anti-tchétchène. Analysant l'attaque de Naltchik comme une diversion, la direction antiterroriste du Daghestan a intensifié, fin 2005, les « frappes préventives », indiquant par exemple qu'Abou Omar as-Seif, le plus haut représentant d'Al-Qaida au Caucase du Nord, avait été éliminé[24]. Début 2006, ce GROU mobilisait quelque 700 militaires avec artillerie et appui aérien contre une bande de 10 à 12 rebelles en fuite[25]. La sécurité au Daghestan ne s'est guère améliorée depuis, le clan du président Magomedov persistant à s'aliéner les élites des autres groupes ethniques par de continus abus de pouvoir.

Sa tentative pour changer de leadership au Daghestan ayant échoué, Dimitri Kozak tenta de pousser les responsables des républiques à plus de transparence, en dotant Moscou d'un contrôle réel sur l'usage des transferts fédéraux, là où ils constituent plus des deux tiers du budget régional. On aurait pu ainsi sans doute diminuer la quantité de crédits allant aux réseaux clientélistes ; mais les présidents concernés ont immédiatement fait front commun contre cette menace mortelle – cette disposition ne sera donc pas acceptée de sitôt[26]. La corruption mine à tel point ces régimes néopatrimoniaux que ni carotte, ni bâton ne semblent pouvoir les faire évoluer raisonnablement. Le remplacement du « président à vie » de Kabardino-Balkarie, Valery Kokov, en septembre 2005, s'est ainsi traduit par une simple reconfiguration du pouvoir autour d'un nouvel homme fort.

Début 2006, les autorités russes considèrent comme moins urgents les enjeux sécuritaires du Caucase du Nord

Au début 2006, les autorités russes considèrent comme moins urgents les enjeux sécuritaires du Caucase du Nord ; mais nombre d'évaluations alarmistes, publiées dans le second semestre 2005, semblent fournir une analyse plus exacte d'une instabilité en réalité croissante. Dans un discours confidentiel, Vladislav Surkov, chef adjoint de l'administration présiden-

23. T. Samedov et M. Muradov, « The rebels launched the autumn offensive », *Kommersant*, 14 octobre 2005 ; A. Smirnov, « Nalchik: Chechen rebels built on ancestor's tactics », *Chechnya weekly*, 27 octobre 2005, disponible sur <www.jamestown.org>.
24. « FSB confirmed the extermination of Bin Laden's emissary in the Caucasus », *Lenta.ru*, 16 décembre 2005, disponible sur <www.lenta.ru>.
25. Y. Latynina, « On the incursion of terrorists from Georgia and Azerbaijan »,, *Ezhednevny zhurnal*, 11 janvier 2006, disponible sur <ej.ru>.
26. I. Suhov, « External financial policy », *Vremya novostei*, 5 décembre 2005 ; M. Fatullaev, « Prince turns into a phony general », *Nezavisimaya gazeta*, 9 décembre 2005.

tielle russe, identifiait alors le Caucase du Nord en feu comme le problème numéro un[27]. Filant la métaphore, on peut identifier deux types de feux dans la région : le feu de forêt – les violences criminelles ; et le feu souterrain – le radicalisme islamique. À ce titre, on renverrait la plupart des assassinats de personnalités au Daghestan, ou les meurtres à Tcherkessk des concurrents du clan dirigeant aux feux de forêt, l'attaque sur Naltchik relevant de l'éruption subite d'un feu souterrain. La combinaison de ces logiques distinctes de violence armée génère une crise qui s'auto-entretient, un vrai brasier dont l'intensité varie en fonction du combustible disponible, mais qui est en tout état de cause fort difficile à éteindre.

***

Le fait que Moscou n'accorde qu'une attention déclinante à cette situation peut s'expliquer si l'on remet la crise en perspective : la Tchétchénie, aussi majeur qu'ait été l'impact de cette guerre, ne représente que moins d'un pour cent du territoire et de la population russes ; la Kalbardino-Balkarie et la République des Karatchaï-Tcherkesses sont dans le même cas ; le Daghestan est deux fois plus grand mais l'Ingouchie et la République des Adyguéens sont encore plus petites. Ensemble, ces républiques « à problème » constituent moins de 5 % de la Fédération russe[28]. Plus inquiétante du point de vue de Moscou est l'hypothèse d'une expansion du « wahhabisme » chez les peuples musulmans de la Volga, dont les Tatars. À l'occasion de sa participation, en août 2005, aux pompeuses fêtes du millénaire de Kazan, la capitale du Tatarstan, le président Poutine s'est félicité de la prise en charge de cette menace par les autorités locales. L'efficacité de ces autorités a tant impressionné Poutine qu'il a fait du maire de Kazan, Kamil Iskhakov, son envoyé spécial pour l'Extrême-Orient russe. C'est fort de cette responsabilité qu'Iskhakov a participé, comme observateur (fait inédit pour un Russe), à la réunion de l'Organisation de la conférence islamique (OCI) à La Mecque. Poutine a beaucoup exploité ce petit succès, décrivant la Russie comme étant « l'un des principaux piliers du monde islamique » dans un discours à Grozny[29].

D'autres extraits de ce discours témoignent néanmoins – sans doute contrairement aux souhaits de Poutine – d'une appréhension qui perdure et s'aggrave, face à l'expansion incontrôlée de cette « interprétation fausse du

27. Ce discours adressé à un groupe d'entrepreneurs, et qui était d'une franchise inhabituelle, a fait l'objet d'une fuite dans la presse ; pour une traduction – en anglais – voir « Vladislav Surkov's secret speech: How Russia should fight international conspiracies », *Moscow times*, 12 juillet 2005, disponible sur <www.mosnews.com>.

28. Un problème particulièrement explosif pour la République des Adyguéens est la demande de sa population russe de « réunification avec la région du Krasnador, qui entoure complètement la petite république ; voir « The Slavs of Adygeya ask for reunification with Krasnodar kray », *Lenta.ru*, 21 décembre 2005, disponible sur <www.lenta.ru>.

29. M. Gladkii, « Hajj for the investments Hajj », *Vremya novostei*, 13 décembre 2005 ; M. Muradov, « Putin has found a foundation », *Kommersant*, 13 décembre 2005.

Coran qui est sans aucun précédent pour les peuples du Caucase du Nord ». Au printemps 2005, Vladimir Poutine a réprimandé son ministre de l'Intérieur, Rachid Nourgaliev, pour avoir employé le mot controversé de *Jamaat* dans ses comptes rendus, affirmant que les terroristes doivent être décrits comme tels[30]. À Grozny, il était plus circonspect sur ceux « de l'autre bord », quand il soulignait qu'il fallait remporter d'abord la bataille des idées. C'est l'ironie de cette guerre qu'avec toutes les ressources dont il dispose, il se retrouve en position de faiblesse face au président tchétchène Abdoul Khalim Sadoulaev, qui déclare avoir l'autorité sur les *Jamaat* islamiques du Caucase du Nord[31]. Une déclaration certes démentie par les mosquées officielles, et rejetée par la majorité des musulmans de la région, mais l'assertion est efficace, et s'appuie sur une autorité morale incontestable. Le système de pouvoir de Vladimir Poutine se fonde, pour sa part, sur une popularité personnelle soigneusement cultivée, et sur l'aubaine d'un pétrole au prix sans cesse croissant. L'abondance de « pétro-roubles » a permis de travestir une corruption envahissante en « normalité » et « stabilité ». En dépit de l'enrôlement de dizaines d'experts en « technologie politique », le Kremlin a échoué à produire quoi que ce soit qui ressemble à une « idée nationale ». Chaque crise produit un choc disproportionné et paralyse un système surcentralisé. La prochaine attaque terroriste – à Makhatchkala, au terminal pétrolier de Novorossisk ou à Saint-Pétersbourg lors du G8 de juillet 2006 –, aura sans doute un effet dévastateur. La question n'est pas de savoir si la Russie peut protéger le Caucase du Nord d'un soulèvement islamique, mais si elle garde suffisamment d'instinct de survie politique.

MOTS-CLÉS :

Caucase du Nord
Islamisme
Terrorisme
Russie

30. Cette instruction est devenue par la suite une directive aux antennes de télévision ; voir I. Torbakov, « War on terrorism in the Caucasus: Russia breeds jihadists », *Chechnya weekly*, 10 novembre 2005, disponible sur <www.jamestown.org>.
31. A. Smirnov, « Abdul-Khalim Sadulaev: leader of Chechnya or entire North Caucasus? », *Chechnya weekly*, 17 novembre 2005, disponible sur <www.jamestown.org>.

page 91 repères

Prévenir les conflits : un guide pratique

Par **Gareth Evans**

Gareth Evans a été, de 1988 à 1996, ministre des Affaires étrangères d'Australie. Il est, depuis 2000, président de l'International Crisis Group (ICG).

Texte traduit de l'anglais par Adrian Dellecker

La communauté internationale a beaucoup appris depuis la fin de la guerre froide, en matière de prévention, de gestion des conflits et de relèvement des sociétés – d'où une profonde évolution du nombre global, et de la nature même, des conflits actuels. Il faut désormais confirmer les moyens ébauchés depuis dix ans pour prévenir et résoudre ces conflits, consolider la paix et surtout combattre le terrorisme à la fois dans ses manifestations et dans ses racines.

politique étrangère

Le monde d'aujourd'hui ne suggère pas, à première vue, que nous avons appris grand-chose sur la prévention des conflits. En Irak ou en Israël, au Sri Lanka ou au Népal, au Darfour ou à l'est du Congo, en Colombie ou au Caucase, à Londres ou à Bali, n'importe où dans le monde où coule le sang du jour, nous sommes assaillis jusqu'à la nausée d'un flot continu, apparemment sans fin, d'informations sur les guerres réelles, les guerres possibles ou l'extrémisme violent.

Or, malgré tout ce qui pousse à la guerre, aux guerres civiles, à la violence de masse ou au terrorisme, le conflit n'est pas inévitable. Nous avons beaucoup appris sur la prévention et la résolution des conflits, particulièrement durant la dernière décennie ; le bilan est meilleur qu'il n'y paraît (au moins pour la guerre classique ou les guerres civiles, à défaut du terrorisme) ; nous pourrions faire mieux encore, si les gouvernements et les organisations internationales appliquaient les bonnes méthodes dans la bonne direction.

Ce texte s'inspire d'interventions prononcées au Forum 2000 (Prague) le 10 octobre 2005, et à l'Ifri (Paris) le 17 octobre 2005, dans le cadre de la conférence, co-organisée avec l'ambassade de Suède, pour le centenaire de Dag Hammarksjöld, ancien secrétaire général de l'Organisation des Nations unies, et le 60e anniversaire de l'ONU.

Le point de départ de toute approche sur le conflit et la violence extrême est de reconnaître qu'ils sont toujours spécifiques à un contexte particulier. Les théories générales – qu'elles renvoient au choc des civilisations, à d'anciennes rancunes tribales, à l'avidité ou aux revendications économiques –, peuvent fournir de bons discours programme, et font vendre des livres. Elles peuvent aussi être utiles pour identifier certains facteurs qui doivent certes être pris en compte pour comprendre les dynamiques de certaines situations, mais elles ne permettent jamais de distinguer les circonstances explosives de celles qui ne le sont pas.

Pour un conflit religieux, ethnique ou linguistique qui dégénère en violence communautaire, d'innombrables personnes ou groupes de cultures et milieux différents vivent harmonieusement, côte à côte, dans le monde ; pour chaque groupe dont les doléances économiques dégénèrent en violence catastrophique, nombre d'autres n'atteignent pas cette extrémité ; pour chaque prédation économique qui cherche à contrôler des ressources ou des leviers du pouvoir, et provoque ou attise ainsi les conflits, d'autres n'ont pas ce résultat ; pour chaque système de pouvoir ou d'hégémonie – interne, régionale ou globale – se traduisant en agression militaire, de nombreux autres n'en arrivent pas là ; pour chaque musulman du monde arabo-islamique dont les sentiments d'injustice et d'humiliation vis-à-vis des États-Unis ou de l'Occident empruntent des formes violentes, des millions d'autres ignorent cette dérive ; et pour chaque immigré de deuxième génération échouant dans son nouveau monde après avoir perdu les amarres culturelles de l'ancien, et qui traduit sa rage et son désespoir dans des violences terroristes aveugles, innombrables sont ceux pour qui ce chemin reste inconcevable.

Il n'existe donc ni cause unique, ni solution unique, pour l'ensemble des problèmes de conflits et de violences auxquels nous sommes continuellement confrontés.

Mais certaines solutions marchent, et nous réussissons de mieux en mieux à les identifier et à les appliquer. La meilleure preuve que ceux qui, comme nous, tentent de prévenir les conflits ne perdent pas leur temps, est établie dans le *Rapport sur la sécurité humaine*, attendu de longue date et déposé en octobre 2005 auprès de l'Organisation des Nations unies (ONU). Ce projet, soutenu par le Canada, la Norvège, la Suède, la Suisse et le Royaume-Uni, dirigé par Andrew Mack (de l'Université de Colombie britannique, ancien directeur du Groupe de planification stratégique de Kofi Annan), a tenté de réunir des données simples et inédites sur les guerres nationales et internationales, les actes terroristes et autres atrocités. Parmi ses conclusions, les plus importantes sont les suivantes :

– le nombre de conflits armés a brutalement diminué depuis le début des années 1990 – de 80 % dans le cas des conflits occasionnant au moins 1 000 morts par an. Alors que près de 60 conflits d'intensités différentes (plutôt faible pour la plupart) se déroulent en ce moment dans le monde, la guerre entre États a presque entièrement disparu – elle représente aujourd'hui moins de 5 % de tous les conflits – et la tendance demeure fortement à la baisse ;

Le nombre des conflits armés a diminué brutalement depuis le début des années 1990

– parallèlement au nombre de conflits, le nombre de morts par affrontement direct sur un champ de bataille est aussi en chute libre, non seulement en termes absolus mais aussi pour chaque conflit. Alors que, dans les années 1950 et dans les décennies suivantes, le nombre de morts par conflit et par an allait de 30 000 à 40 000, depuis le début des années 2000 ce chiffre est tombé à environ 600 – un chiffre qui reflète le glissement des conflits de la haute vers la basse intensité, et géographiquement le passage de l'Asie à l'Afrique. Certes, les morts par affrontement direct sur un champ de bataille ne représentent qu'une partie des malheurs de la guerre – 90 % des morts liées à la guerre sont dues à la maladie ou à la malnutrition plutôt qu'à la violence elle-même –, mais il est encourageant de voir que leur nombre a tendance à diminuer ;

– on peut relever une augmentation tout aussi nette du nombre de conflits résolus par des processus de paix, mêlant négociations diplomatiques, médiation internationale ou d'autres mécanismes similaires : le *Rapport sur la sécurité humaine* affirme qu'environ la moitié des accords de paix entre 1946 et 2003 ont été signés depuis la fin de la guerre froide. Le *Rapport du Groupe de personnalités de haut niveau sur les menaces, les défis et le changement*[1], auquel j'ai participé, présenté au secrétaire général dans l'optique du Sommet mondial de l'ONU de 2005, est arrivé à une conclusion encore plus surprenante mais bien fondée : les guerres civiles résolues par la négociation ont été plus nombreuses dans les quinze dernières années que durant les deux siècles passés ;

– la seule nouvelle franchement mauvaise est la hausse brutale, depuis le 11 septembre 2001, des attaques terroristes causant des pertes élevées – mais le taux de mortalité annuel du fait des actions terroristes ne repré-

1. *Un monde plus sûr : notre affaire à tous*, Rapport du Groupe de personnalités de haut niveau sur les menaces, les défis et le changement, document A/59/565 du 2 décembre 2004, disponible sur <www.un.org/>.

sente qu'une petite fraction du taux de mortalité annuel du fait de guerre (jusqu'ici en tout cas : les choses pourraient changer si des terroristes réussissaient une attaque nucléaire).

Plusieurs raisons contribuent à ces retournements de tendances, qui ont à voir avec la prévention et la résolution des conflits. Parmi elles, la fin du colonialisme, qui a généré au moins les deux tiers des guerres entre les années 1950 et les années 1980, et bien sûr celle de la guerre froide, qui a mis fin aux guerres par procuration alimentées par Washington et Moscou, et aussi à de nombreux États autoritaires soutenus par les deux blocs, et qui entretenaient le ressentiment et la résistance.

Mais, et les auteurs du *Rapport sur la sécurité humaine* s'efforcent de le démontrer, la meilleure explication crève les yeux, bien que beaucoup ne souhaitent pas la reconnaître. Il s'agit du net renforcement, depuis la fin de la guerre froide, de la diplomatie préventive internationale, des opérations de maintien et de rétablissement de la paix, pour la plupart autorisées et mises en place par l'ONU. Dans cette dernière période, on a pu relever :

– six fois plus de missions de diplomatie préventive de l'ONU (pour empêcher les guerres d'éclater) ;

– quatre fois plus d'opérations de paix de l'ONU (dans des conflits en cours mais aussi pour réduire le risque de rechute) ;

– onze fois plus d'États soumis à des sanctions de l'ONU (lesquelles peuvent inciter les parties en conflit à négocier).

L'ONU n'est bien sûr pas le seul acteur en cause : les organisations régionales ont joué un rôle de plus en plus important, comme les institutions financières internationales, ou même les États. Quant aux organisations non gouvernementales (ONG) et aux autres acteurs de la société civile – le phénomène mérite une plus grande attention –, ils ont pris une place plus centrale ces dernières années, de concert avec le système de l'ONU et les États, poussant ces derniers à agir, les accompagnant comme partenaires, ou seconds, pour la reconstruction institutionnelle, l'aide au dialogue entre communautés, les mesures de confiance, la construction de la paix par la médiation et la conciliation.

L'International Crisis Group n'existait pas voici dix ans. Voué à la prévention et à la résolution des conflits sanglants, il est doté d'un budget annuel d'environ 12 millions de dollars, d'une équipe à plein-temps de 110 personnes de 40 nationalités – dont la majorité se trouvent en permanence sur le terrain –, qui analysent et formulent des propositions pour quelque 50 zones de conflit dans le monde, avec des bureaux de liaison à New York, Washington, Bruxelles et Londres. Nous nous adressons aux gouvernements, aux organisations internationales, avec un taux de succès raisonnable dans l'ensemble, pour leur dire ce qu'ils n'ont pas envie d'entendre et les persuader de faire ce qu'ils n'ont pas envie de faire.

Mais c'est la revitalisation de l'ONU qui est au cœur de presque tous ces processus, l'ONU seule organisation internationale dotée d'un mandat pour la sécurité mondiale. On peut s'en féliciter, surtout après une année où les partisans d'une nécessaire réforme ont trouvé maintes raisons de découragement dans le Sommet mondial de septembre 2005 – son seul résultat notable ayant été la création d'une Commission de consolidation de la paix pour gérer les reconstructions post-conflits, et l'acceptation du *devoir de protection*. Ce dernier est crucial pour que la communauté internationale s'oppose aux génocides et à d'autres crimes atroces dont les années 1990 ont manifesté un triste record.

Qu'avons-nous donc appris de ces quinze dernières années, pour le meilleur ou pour le pire ? Considérant la prévention au sens large – prévention de l'éclatement du conflit (prévention au sens propre), mais aussi prévention de la poursuite du conflit, voire de la rechute –, je proposerai ici un point sommaire des leçons acquises, ou que nous aurions dû apprendre, pour chacune des étapes du cycle des conflits. Je conclurai par certaines observations sur le terrorisme international – la forme de violence qui inquiète le plus aujourd'hui les responsables politiques et les opinions.

Empêcher les conflits d'éclater : la prévention

La première règle, pour empêcher les conflits meurtriers, est de ne pas les commencer, un message auquel les États-Unis sont sûrement sensibles après leur course à la guerre en Irak. Dans certaines circonstances, il n'y a pas d'alternative à l'action militaire, pour répondre aux menaces immédiates d'autres États ou – dans le cas de crises intérieures, dans les Balkans, au Rwanda ou ailleurs – pour assurer le devoir de protection. Mais l'action militaire ne doit être entreprise que dans les cas les plus sérieux, en dernier recours, et lorsqu'elle pourra produire plus de bien que de mal : un des manques majeurs du Sommet de l'ONU est, hélas, de ne pas avoir suivi les recommandations pour l'action du Conseil de sécurité dans ce domaine, telles qu'elles ont été formulées par le Groupe de haut niveau et reprises par le secrétaire général dans son propre rapport *Dans une liberté plus grande*[2].

2. *Dans une liberté plus grande: développement, sécurité et droits de l'homme pour tous*, document A/59/2005, 21 mars 2005, disponible sur <www.un.org/>.

Deuxième règle de prévention des conflits : comprendre les causes – politiques, économiques, culturelles, personnelles – de chaque situation à risque. Ce qui s'impose toujours est une analyse détaillée, au cas par cas du contexte. Il s'agit bien de ne pas conclure à partir d'autres expériences, mais d'étudier les faits *hic et nunc*.

Troisième règle : connaître, et être prêt à appliquer de manière souple, dans des circonstances évolutives, les outils disponibles – l'ensemble des mesures, de court ou de long termes, susceptibles d'être mises en œuvre. Il s'agit d'*outils politiques et diplomatiques* (la négociation pour un nouveau pouvoir, ou les accords de partage des ressources), d'*outils légaux et constitutionnels* (la protection des droits de l'homme pour des individus ou des groupes, voir l'action du Haut Commissariat pour les minorités nationales de l'Organisation pour la sécurité et la coopération en Europe [OSCE]), d'*outils économiques* (mesures en faveur du développement et pour corriger les inégalités, application de sanctions ciblées) et d'*outils d'ordre militaire* (réforme du secteur de sécurité, déploiements préventifs et, dans les cas extrêmes, menace d'user de la force). Nous en savons beaucoup plus aujourd'hui sur la manière d'utiliser toutes ces mesures que voici dix ans.

Quatrième règle : être prêt à user des moyens nationaux et internationaux, là et quand c'est nécessaire, mais surtout dans les premières étapes de la crise, lorsque la prévention est encore possible, quand le coût peut encore être contenu à un niveau bien inférieur à celui de l'action militaire, de l'assistance humanitaire ou des programmes de reconstruction post-conflit – mais la communauté internationale a ici plus de talent pour parler que pour agir. La capacité d'alerte précoce et de réponse rapide est essentielle pour la prévention. Une très longue bataille dans le cadre de l'ONU a fini par déboucher en 2000 sur les recommandations du rapport Brahimi[3], pour doter le secrétariat général de pouvoirs plus importants, contre l'avis de ceux qui pouvaient penser un jour se trouver dans la position d'avoir à subir ces pouvoirs… Cette bataille est peut-être sur le point d'être gagnée. On n'a pas assez souligné l'insertion, dans les documents du Sommet mondial de septembre 2005 sur le *devoir de protection*, de la demande suivante : « La communauté internationale doit […] aider les Nations unies à disposer d'un dispositif d'alerte avancée. »

Cinquième règle : les États doivent s'efforcer d'utiliser comme levier toutes les ressources qu'offrent les organisations non gouvernementales et de la société civile en général.

3. *Rapport du Groupe d'étude sur les opérations de paix de l'Organisation des Nations unies*, dirigé par Lakhdar Brahimi, ancien ministre des Affaires étrangères d'Algérie et présenté en août 2000, document S/2000/809 – A/55/305, disponible sur <www.un.org/>.

Prévenir la dégénérescence : la résolution des conflits

Si la prévention échoue, la tâche devient de résoudre le conflit – par des négociations plutôt qu'avec la force militaire. Ici encore, les leçons sur ce qui constitue un accord de paix durable ont été multiples, et parfois durement acquises, ces dernières années.

Premièrement, la signature de l'accord est un fait, mais ne résume pas la totalité d'un processus, et elle ne constitue nullement sa fin. L'essentiel est de convaincre les belligérants qu'ils ont intérêt à se consacrer à la paix négociée, et qu'ils en sont responsables : ils ne doivent pas voir leur engagement comme une simple formalité, ils doivent l'assimiler et l'assumer. Cela demande un vrai talent de la part des médiateurs et des personnes qui aident à la négociation, un talent inégalement réparti parmi les représentants ou les envoyés spéciaux des Nations unies. Le sommet de l'ONU a certes prescrit que les États membres « apportent leur soutien aux efforts » du secrétaire général en ce domaine, « afin qu'il soit mieux à même de s'acquitter de ses missions de bons offices et de médiation » ; reste à voir ce que cela veut dire en termes de ressources nouvelles, de sélection et de formation des représentants de l'ONU (un sujet sur lequel le Groupe de personnalités de haut niveau a été légèrement plus explicite dans son rapport que le secrétaire général dans le sien).

Deuxièmement, tout accord de paix doit s'attaquer aux bases du conflit, aux problèmes qui doivent absolument être résolus avant que la situation ne puisse se normaliser. Ceci peut parfois être fait étape après étape, de manière séquentielle, à partir de mesures de confiance renvoyant à plus tard les vrais contentieux : le conflit du Nagorno-Karabakh dans le Caucase en est un bon exemple. Mais l'échec du processus d'Oslo pour le problème israélo-palestinien montre à quel point cette approche peut être dangereuse.

Troisièmement, tout accord de paix réussi doit trouver un bon équilibre entre paix et justice. L'exemple de la Commission sud-africaine pour la vérité et la réconciliation est très largement admiré pour avoir accordé l'amnistie à des coupables de crimes graves. Mais, dans d'autres cas, une paix durable n'est pas possible sans une justice qui condamne au vu et au su de tous. Chaque peuple, au Cambodge, au Rwanda, au Timor oriental ou au Liberia, doit choisir la méthode qui lui convient.

Quatrièmement, les termes mêmes des accords, et la façon dont ils sont mis en œuvre, doivent être suffisamment souples pour résister à ceux qui chercheront à les ébranler ou à s'en débarrasser.

Tout accord de paix doit, pour réussir, bénéficier du soutien de la communauté internationale, avec les garanties d'engagement nécessaires

Cinquièmement – ceci est étroitement lié au point précédent –, tout accord de paix doit, pour réussir, bénéficier d'un ferme soutien de la communauté internationale, avec toutes les garanties d'engagement nécessaires à sa consolidation.

Prévenir la rechute : la consolidation de la paix

Du Rwanda (où un génocide faisant 800 000 morts a suivi, d'un an, les accords de paix d'Arusha), de l'Angola (où les accords de Bicesse en 1991 ont été suivis d'une rechute d'une décennie, avec 1 million de morts), d'Haïti, de l'Afghanistan, de l'Irak d'aujourd'hui, découle une des leçons les plus importantes sur la gestion des conflits : il faut consolider la paix pour empêcher le cercle vicieux de la méfiance et du conflit de reprendre son cours. Nous savons pertinemment que le plus clair signe avant-coureur d'un conflit futur est un conflit passé – très souvent parce que ses causes fondamentales n'ont jamais été vraiment résolues. Nous avons, une fois encore, appris quelques conditions nécessaires à la réussite des missions internationales de consolidation de la paix.

Il faut tout d'abord clairement décider qui fait quoi et quand – immédiatement, à moyen terme, dans la période de transition, et sur le long terme. Les rôles doivent être répartis et coordonnés tant au niveau du commandement que sur le terrain. La coordination au plus haut niveau sera une tâche essentielle de la nouvelle Commission de consolidation de la paix proposée par le sommet de l'ONU et désormais créée par une résolution de l'Assemblée générale[4].

Deuxièmement, les ressources nécessaires doivent pouvoir être engagées et maintenues aussi longtemps que nécessaire. Ce sera aussi une tâche essentielle de la nouvelle commission, une tâche difficile si l'on considère la pitoyable litanie des conférences des donateurs à l'attention et à la générosité vite décroissantes, la crise visible terminée.

Troisièmement, il faut comprendre les dynamiques des politiques locales – et les limites à l'action des intervenants extérieurs. L'Irak est l'exemple malheureux de ce qu'entraîne la non-application de cette règle.

4. Résolution 1 645 adoptée le 20 décembre 2005.

Quatrièmement, il faut savoir que plusieurs objectifs doivent être poursuivis simultanément : la sécurité physique des personnes peut être la première priorité, mais elle ne peut pas être la seule ; l'état de droit, les questions de justice, de gouvernance économique, les mesures contre la corruption méritent tous une plus grande attention que celle qui leur est d'ordinaire accordée.

Cinquièmement, toutes les opérations de paix doivent prévoir une stratégie de sortie, sinon un échéancier précis, et il ne s'agit pas seulement de faire en sorte que des élections se tiennent le plus vite possible, aussi importantes soient-elles pour légitimer une véritable autorité pour la reconstruction du pays. Chaque situation a certes sa propre dynamique, mais le tort des missions de paix de cette dernière décennie a souvent été de partir trop tôt, plutôt que trop tard, et d'en avoir fait trop peu, plutôt que trop.

Affronter le terrorisme

Le problème contemporain du terrorisme est, à de multiples égards, plus inquiétant et plus difficile à résoudre que celui que posent les guerres civiles et internationales. Une nouvelle relativement encourageante, que confirme le *Rapport sur la sécurité humaine*, est que, même depuis le 11 septembre et avec toutes les agressions dont nous prenons régulièrement connaissance, le nombre des morts produits par les actions terroristes reste très bas par rapport au nombre des morts directement ou indirectement causés par les guerres. Mais ceci ne restera vrai qu'aussi longtemps que les attentats terroristes seront perpétrés avec des armes conventionnelles. Le nombre des morts pourrait monter tragiquement avec la première attaque employant des moyens chimiques, biologiques ou surtout nucléaires. Le risque est bien réel, compte tenu de la quantité de matière fissile en circulation, et des compétences techniques nécessaires pour construire et déployer un tel engin.

Si la « guerre contre la Terreur » telle qu'elle est conduite jusqu'à présent a été un succès, le secret est bien gardé. Les attaques terroristes qualifiées d'« importantes » par l'Administration américaine ont plus que triplé dans le monde de 2003 (175) à 2004 (650) : ce dernier chiffre est le plus élevé enregistré depuis que Washington a commencé à les dénombrer voici vingt ans ; et nous n'avons aucune raison de croire que la tendance va s'inverser. Près d'un tiers de ces attaques – 198, soit neuf fois plus que l'année précédente – se sont produites en Irak, pays censé être le front principal de la guerre contre la terreur.

La lutte contre la violence extrémiste – un terme bien plus exact que celui de guerre contre la terreur – peut être gagnée, mais ce ne sera ni rapide, ni simple. Cela exigera beaucoup plus de réflexion, d'application, de persévérance, une approche plus équilibrée, une plus grande attention aux causes et tendances de fond, par opposition aux apparences dont se préoccupent si souvent les hommes politiques et leurs conseillers.

En 2005, le secrétaire général de l'ONU a dessiné les grandes lignes d'une stratégie, autour de « cinq D » : « *dissuader* les groupes disponibles de choisir le terrorisme comme tactique pour atteindre leurs objectifs ; *dénier* aux terroristes les moyens de réussir leurs attaques ; *détourner* les États de leur prêter soutien ; *développer* la capacité des États à prévenir le terrorisme ; et *défendre* les droits de l'homme dans le cadre de la lutte contre le terrorisme ». Cette liste d'objectifs est très utile quant à la stratégie générale, mais en termes plus strictement opérationnels, il est sans doute plus utile de penser « cinq P » :

– une stratégie de *protection* : la sécurisation des lignes aériennes, la protection des frontières, le renforcement des mesures d'urgence en matière de santé publique sont évidemment nécessaires ;

– une stratégie de *police* : une police efficace, soutenue par des services de renseignements, et si nécessaire, et en dernier recours, par des opérations militaires, est tout aussi indispensable. Le plus difficile est ici de trouver le bon équilibre entre les mesures antiterroristes et les atteintes inacceptables, et parfois contre-productives, aux libertés civiles. Seuls des risques essentiels et immédiats peuvent justifier une atteinte aux valeurs de liberté et de dignité humaine qui sont au cœur de nos sociétés, et font d'elles ce qu'elles sont et non ce que les terroristes souhaitent qu'elles soient ;

– une stratégie *politique* : un certain nombre de griefs politiques fort connus – l'occupation de la Palestine, de l'Irak, ou le soutien à des gouvernements « impies » – fournissent la plupart des motivations de base d'une partie au moins des terroristes. S'occuper de ces griefs, tenter d'y répondre n'est pas chercher à plaire aux extrémistes eux-mêmes : nous savons pertinemment que beaucoup d'entre eux n'y seront pas sensibles. Mais une telle stratégie vise à modifier le milieu dans lequel circulent les terroristes, à les priver de l'oxygène nécessaire, du soutien à leurs objectifs – qu'il faut distinguer du soutien à la violence proprement dite. Là où le soutien est fort en faveur des objectifs politiques des terroristes, il s'agit d'améliorer la *volonté* et la *capacité* des États à coopérer efficacement avec la communauté internationale, et à sévir plus efficacement chez eux. Les problèmes politiques du monde arabo-islamique, non résolus, non traités ou de manière incompétente ou contre-productive, délaissés jusqu'à ce qu'ils explosent, ne préparent certes pas les États locaux à agir efficacement ;

– une stratégie pour consolider la *paix* : nous parlons d'ordinaire de consolidation de la paix non dans le contexte du terrorisme mais dans celui des guerres classiques ou civiles. Cette notion est pourtant pertinente contre le terrorisme puisqu'une de ses préoccupations centrales est d'empêcher l'émergence d'États déliquescents – en Afghanistan, en Somalie, en Sierra Leone ou ailleurs. Nous sommes tous très conscients, après l'expérience des Talibans en Afghanistan, du rôle que de tels États déliquescents peuvent jouer, comme refuge et comme soutien de groupes terroristes qui iront, ailleurs, causer de lourds dommages ;

– une stratégie *psychologique* : il est essentiel d'arriver à modifier les perceptions sur le terrorisme, pour faire disparaître toute trace d'indulgence vis-à-vis des terroristes et des groupes ou des pays qui, d'une manière ou d'une autre, les soutiennent. Pour ce faire, des efforts doivent être réalisés tant au niveau « micro » qu'au niveau « macro ».

Il est essentiel d'arriver à modifier les perceptions sur le terrorisme, pour faire disparaître toute trace d'indulgence

Au niveau « micro », celui des individus ou des groupes, ceux qui sont ou pourraient être des terroristes, la tâche psychologique est très particulière – il s'agit de leur faire comprendre le caractère indéfendable de ces actes et, dans le cas des musulmans, de leur faire comprendre que ces derniers, et le suicide qui les accompagne si souvent, ne sont nulle part approuvés dans le Coran. L'absence de toute hiérarchie institutionnelle dans l'islam, contrairement à la plupart des autres religions, rend difficile l'émergence de normes contraignantes à cet égard. Mais les efforts sont de plus en plus nombreux, en Europe, en Amérique du Nord et ailleurs, pour réunir les autorités religieuses et les experts, les inciter à émettre les *fatwas* nécessaires – et ces efforts doivent se poursuivre. Tout ce qui peut démontrer que rien ne justifie le terrorisme, que rien ne justifie l'assassinat, est d'une utilité essentielle. On ne peut certes se faire trop d'illusions sur l'effet de telles exhortations venant de dirigeants musulmans modérés – ou même du dialogue interreligieux. Dans nombre de cas, y compris pour des groupes que l'International Crisis Group a suivis de près en Indonésie, seuls des responsables perçus comme légitimes au sein du mouvement djihadiste pourraient potentiellement détourner ses membres actuels ou ses recrues éventuelles de la violence.

Au niveau « macro », ou global, il est d'abord nécessaire de s'accorder, une bonne fois, sur ce qu'est le terrorisme : sur une définition qui fasse de toute attaque sur des civils, quel que soit le contexte – la résistance à une occupation étrangère ou toute autre circonstance – un acte totalement prohibé, qui devienne aussi inexcusable pour le XXIe siècle que l'esclavage ou la piraterie pour le XIXe. L'ONU, qui demeure essentielle comme producteur de normes, a passé sa chance au Sommet mondial de septembre 2005, lorsqu'une poignée d'États a une fois encore bloqué tout accord sur le sujet. Tant que certains considéreront qu'il n'est pas toujours répréhensible de tuer des civils – que cela peut être un acte de libération plutôt qu'un acte de terrorisme par exemple –, une condition fondamentale pour se débarrasser du terrorisme fera défaut. La lutte contre le terrorisme commence avec la bataille des idées.

***

Nous avons en définitive beaucoup avancé, pour reprendre les nobles expressions de la Charte, pour « préserver les générations futures du fléau de la guerre ». Mais la tâche est loin d'être terminée, particulièrement concernant la protection des citoyens de la violence extrémiste, et des risques associés à la détention et à la prolifération des armes de destruction massive, dont nous n'avons que brièvement parlé ici. Les idées sont là, ainsi qu'une vaste expérience, acquise récemment. Comme communauté mondiale, nous savons désormais ce que nous devons faire ; il reste à trouver un leadership politique ferme, engagé et efficace.

PE

MOTS-CLÉS :

Prévention des conflits
Gestion des crises
Consolidation de la paix
ONU
Terrorisme

Afghanistan : réduire l'insurrection
Le cas du Sud-Est

Par **Sébastien Trives**

Sébastien Trives, titulaire d'un master en relations internationales (Université de Boston) et d'un diplôme en Affaires européennes (Université catholique de Louvain), a été coordinateur Afghanistan pour l'association humanitaire ACTED, et responsable du bureau régional de la Mission d'assistance des Nations unies (MANUA) pour le sud-est de l'Afghanistan.

Texte traduit de l'anglais par Dominique David

L'insécurité s'accroît dangereusement dans nombre de régions d'Afghanistan. Dans le sud-est du pays, le développement de l'insurrection est aidé de l'extérieur, mais il dépend aussi de facteurs internes : la force des structures tribales, des réseaux religieux traditionnels, la faible présence du gouvernement central, etc. Une stratégie globale de contre-insurrection est nécessaire, qui prenne en compte l'ensemble de ces facteurs, avec un engagement renouvelé de la communauté internationale.

politique étrangère

L'heureuse conclusion du processus de Bonn[1] n'a, paradoxalement, pas signifié la fin de l'instabilité en Afghanistan : l'insurrection et la violence liée à la drogue progressent encore dans de larges espaces du pays. Au seuil de l'après-Bonn, le pays fait face au défi redoutable de la consolidation de l'État et de la reconstruction dans un contexte où la paix n'est qu'apparente dans nombre de régions.

L'expérience de ce processus montre, sans doute possible, qu'un environnement de sécurité minimum est une condition essentielle pour l'efficacité sur place des acteurs internationaux publics et privés. Reste à savoir comment progresser dans des régions encore sérieusement touchées par l'insurrection.

On dira ici qu'une première réponse consiste sans doute à mener une politique de contre-insurrection plus déterminée, en examinant ce que

1. Processus de transition politique défini par l'accord de Bonn (5 décembre 2001) qui s'est achevé avec l'élection d'un parlement et de conseils de province le 18 septembre 2005 (NDLR).

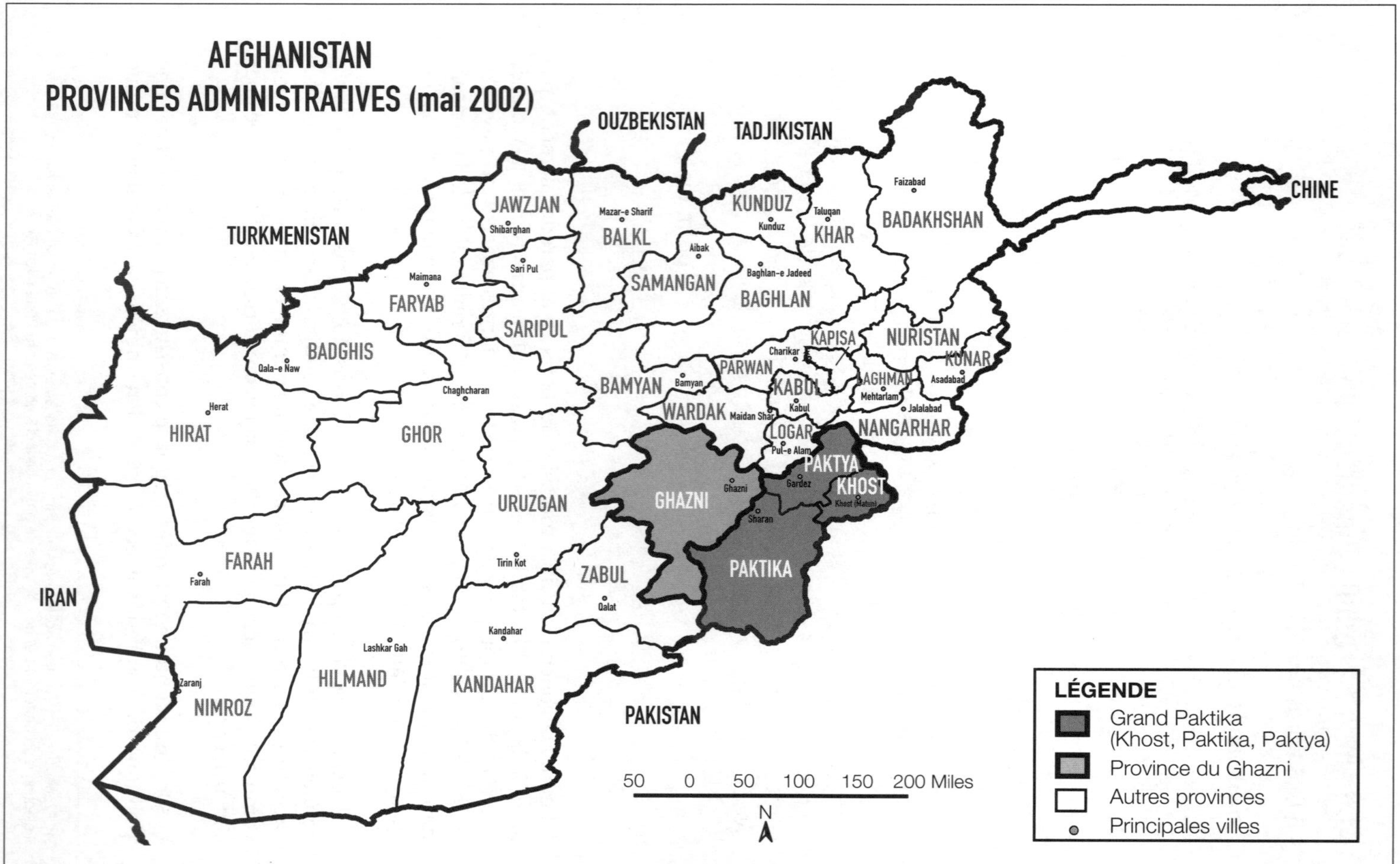
AFGHANISTAN
PROVINCES ADMINISTRATIVES (mai 2002)
OUZBEKISTAN
TADJIKISTAN
TURKMENISTAN
CHINE
IRAN
PAKISTAN
JAWZJAN
Shibarghan
Mazar-e Sharif
BALKL
KUNDUZ
Kunduz
Talugan
KHAR
Faizabad
BADAKHSHAN
Maimana
FARYAB
Sari Pul
SARIPUL
Aibak
SAMANGAN
Baghlan-e Jadeed
BAGHLAN
BADGHIS
Qala-e Naw
KAPISA
NURISTAN
KUNAR
Asadabad
Charikar
PARWAN
BAMYAN
Bamyan
KABUL
Kabul
LAGHMAN
Mehtarlam
Jalalabad
NANGARHAR
Chaghcharan
Herat
HIRAT
GHOR
WARDAK
Maidan Shar
LOGAR
Pul-e Alam
PAKTYA
Gardez
KHOST
Khost (Matun)
GHAZNI
Ghazni
Sharan
URUZGAN
Tirin Kot
PAKTIKA
FARAH
Farah
ZABUL
Qalat
Kandahar
Lashkar Gah
Zaranj
NIMROZ
HILMAND
KANDAHAR
50 0 50 100 150 200 Miles
N
LÉGENDE
Grand Paktika (Khost, Paktika, Paktya)
Province du Ghazni
Autres provinces
Principales villes

D. R.

pourrait être une telle politique à partir de l'exemple de la région sud-est de l'Afghanistan, l'une des trois régions pachtounes du pays et l'une des plus affectées par l'insurrection.

Les facteurs internes de l'insurrection

La région sud-est se compose de quatre provinces : Paktya, Paktika, Khost et Ghazni, où l'insurrection s'enracine dans l'action de réseaux locaux des Talibans et du Hizb-i-Islami, qui bénéficient de soutiens transfrontaliers et s'articulent eux-mêmes à d'autres réseaux dans la région, tribaux, religieux, ou politiques. Ces réseaux ne sont pas organisés autour de logiques revendicatives classiques, mais sont pour la plupart purement idéologiques et se structurent autour de groupes religieux traditionalistes ou islamistes plus modernes.

Parmi les facteurs locaux déterminant la géographie de l'insurrection dans la région, cinq sont particulièrement importants.

Le rôle des structures tribales

À une exception notable près, la force de la structure tribale peut expliquer si l'insurrection est plutôt Hizb-i-Islami Hekmatyar, ou Taliban, le Hizb étant dominant dans les zones fortement tribales, à l'inverse des Talibans plus présents dans les zones moins tribalisées.

Deux facteurs expliquent le degré de résistance de la structure tribale pachtoune dans la région : le statut administratif de la province sous l'ancien régime et la nature même du terrain.

Du fait de la puissance de ses tribus, le Grand Paktya[2], au contraire du Ghazni, a bénéficié jusqu'à la révolution d'un statut administratif spécial. Dans ces zones à statut spécial, l'emprise de l'État s'est manifestée plus tardivement, et les tribus gardent donc un pouvoir plus grand, les réseaux politiques et religieux étant plus faibles.

Là où il existait, ce statut spécial a préservé l'intégrité des structures tribales pachtounes plus que partout ailleurs en Afghanistan – d'où le maintien d'un certain État de droit, autour d'un système de justice informel basé sur le pachtounwali, la survivance d'un mode de police tribale organisé (le système arbakai) et des signes de l'identité tribale (les drapeaux). Le Grand Paktya est donc la seule zone d'Afghanistan où les tribus, bien qu'affaiblies par des décennies de pression gouvernementale et de la part

2. Le Grand Paktya n'a aujourd'hui plus de réalité administrative mais recouvrait, avant la révolution, les trois provinces du Kost, du Paktya et du Paktika.

du monde extérieur, gardent à des degrés divers la maîtrise du pouvoir, parallèlement à l'État.

La seconde variable significative est géographique. Les structures tribales sont plus fortes dans les zones montagneuses et retirées, plus faibles dans les plaines.

L'est du Grand Paktya est une zone de montagne isolée, occupée par de petits propriétaires indépendants – une donnée qui a évité la concentration du pouvoir économique, tout en isolant la région pendant des siècles de l'influence extérieure, et a également préservé l'esprit d'indépendance des tribus ainsi que l'intégrité de la structure tribale et du code pachtoune qui la sous-tend.

Dans les zones pachtounes du Ghazni et de l'ouest du Paktya, le terrain est la plupart du temps plat, l'agriculture dépend de vastes systèmes souterrains d'irrigation et, bien que la propriété dispersée reste la règle, elle y coexiste avec quelques grands propriétaires terriens. Ces données, associées à la plus grande perméabilité aux influences extérieures que garantit la plaine, expliquent le poids plus faible de la structure tribale.

Le degré d'unité tribale

Certaines tribus peuvent en arriver à une unité qui leur permet d'agir en tant qu'entités politiques, et donc de prévenir ou de réduire l'activité des insurgés sur leur territoire. Le meilleur exemple est celui de la tribu Mangal, au Paktya et au Khost, de 2002 à 2004. Les décisions de la tribu sont d'ordinaire sanctionnées par un système d'amendes ou de condamnations (bannissement du contrevenant et de sa famille, destruction de sa maison, etc.)

La force des réseaux religieux traditionnels

Dans la région du Sud-Est existent trois types de réseaux religieux : soufi, tablighi ou deobandi traditionnels.

Les réseaux talibans se constituent généralement à partir de réseaux deobandi, anciens ou nouveaux. La force de la structure tribale étant inversement proportionnelle à la puissance de ces réseaux et à l'importance du statut des mollahs, pendant l'ancien régime cette puissance et ces réseaux étaient plus faibles dans les zones montagneuses du Grand Paktya, moyens dans les plaines de cette région (près du Ghazni) – zones sous administration tribale – et plus forts dans les districts du Ghazni placés sous le contrôle direct de l'État.

Avec une exception, la présence de forts réseaux religieux traditionnels dans certaines régions montagneuses et tribales du Grand Paktya, telles l'arc de Zadran et certains districts du Khost : dans le dernier quart de siècle, Jalaluddin Haqqani, initialement Hizb-i-Islami Khales, est devenu le commandant taliban depuis et a, avec un fort soutien financier arabe, patiemment tissé un réseau de madrasas traditionalistes dans les régions qu'il contrôlait, créant les conditions d'un enracinement taliban durable.

Les élites éduquées par l'ancien régime

La région n'était guère représentée parmi les élites gouvernementales de l'ancien régime et nombre des membres éduqués de la nouvelle classe modernisatrice formée par le système éducatif depuis les années 1950 se retrouvèrent donc rejetés vers l'opposition politique, voire le radicalisme : beaucoup se tournèrent vers l'islamisme radical, à travers le Hizb-i-Islami Gulbuddin (HIG) ou le Parti démocratique du peuple d'Afghanistan (PDPA).

Ces élites étaient particulièrement fortes dans le Grand Paktya, le gouvernement ayant fait des efforts notables pour s'assurer l'appui des tribus en cooptant les fils des chefs de tribus dans l'élite occidentalisée. La présence de ces élites, qui explique aussi le développement de groupes actifs du HIG, était très forte au Khost et au Paktya, forte au Paktika et moyenne au Ghazni.

La force et l'action du gouvernement

Le processus de transition politique ne s'est pas traduit par une présence plus efficace du gouvernement dans la région du Sud-Est. Dans les faits, à l'exception de l'Armée nationale afghane (ANA), l'influence gouvernementale a stagné en 2005 ou a même diminué dans les zones où les insurgés ont été particulièrement actifs.

La transition politique ne s'est pas traduite par une présence plus efficace du gouvernement dans la région du Sud-Est

Le pouvoir central combine deux faiblesses. Dans nombre de districts de la région, le gouvernement n'est présent que formellement et les insurgés disposent donc d'un vaste espace de manœuvre. La situation est aggravée par l'absence ou la faiblesse du système éducatif, ainsi que celle d'un système d'éducation religieuse contrôlé par l'État, ce qui a pour effet de rendre très attractives les madrasas pakistanaises bien financées, surtout quand l'enrôlement y est soutenu par l'uléma local. La faiblesse de la présence du gouvernement central se traduit donc par un glissement progressif de l'équilibre des forces au sein des populations locales en faveur des insurgés.

L'organisation de l'insurrection

De la brève analyse qui précède, on peut tirer quelques conclusions sur la répartition dans cette région des foyers insurgés.

Dans les aires montagneuses du Grand Paktya qui ne sont pas sous l'influence de Jalaluddin Haqqani, et où la structure tribale est forte, les réseaux religieux étant plutôt faibles, les réseaux talibans sont eux aussi faibles ou inexistants et les réseaux HIG forment l'ossature de l'insurrection. Celle-ci est donc peu enracinée dans la population, et la plupart du temps peu virulente.

Dans les régions montagneuses où la structure tribale est robuste mais où de forts réseaux religieux traditionalistes ont été récemment formés par Haqqani, l'insurrection s'organise autour de réseaux talibans. Elle y a donc plus de racines dans la population et est plus virulente que dans les autres zones tribales.

Dans les zones pachtounes du Ghazni et dans les plaines du Paktya et du Paktika où se ressent l'influence du Ghazni, où la structure tribale est plus faible et les réseaux religieux plus puissants, en dépit de la présence de quelques éléments HIG, l'insurrection s'organise autour de groupes talibans nés de forts réseaux religieux traditionnels deobandi, dont l'existence remonte bien avant la révolution Saur[3]. Dans ces plaines, l'insurrection dispose d'une base sociale et géographique plus importante.

À titre général, quand les conditions existent pour le développement de l'insurrection, celle-ci diffuse particulièrement dans les zones où le pouvoir central est le plus faible : au sud et à l'est du Paktika, au sud du Ghazni.

Facteurs externes et dynamique de l'insurrection

On insistera ici sur les dynamiques internes de l'insurrection, mais il est nécessaire de souligner que, de l'avis général, les insurgés sont largement aidés de l'extérieur. Un des moyens les plus efficaces de combattre l'insurrection serait donc d'assécher ces soutiens, ce qui supposerait, par exemple, une normalisation des rapports afghano-pakistanais.

Une telle politique paraît difficile dans le contexte actuel, et les chances que s'impose à terme raisonnable un consensus interne et international sur cette normalisation semblent minces. S'il demeure souhaitable que les efforts s'intensifient dans cette direction, une politique destinée à s'atta-

3. Révolution d'avril (*Saur* en afghan) 1978. Le Premier ministre Mohammed Daoud est assassiné, et la République démocratique d'Afghanistan proclamée (NDLR).

quer aux causes internes de la guérilla paraît être la seule solution envisageable à court et moyen terme.

L'insurrection a démarré dans la région du sud-est au printemps 2003, gagnant depuis constamment en virulence. On notera cependant qu'elle est jusqu'ici demeurée assez marginale, de basse intensité, et relativement impopulaire, comme en témoigne la large participation de la population au processus de transition politique. Depuis l'effondrement du régime des Talibans, les insurgés du sud-est ont échoué à s'assurer du soutien de la population au-delà de leurs bases politiques, religieuses ou tribales.

Plus négativement, on notera que leurs opérations de 2005 suggèrent non seulement que les insurgés sont mieux organisés et plus efficaces, mais aussi qu'ils semblent avoir adopté une stratégie de long terme, fondée sur la conviction que la communauté internationale est sur le point de se désengager et que le gouvernement afghan sera incapable de survivre sans soutien extérieur important. Cette nouvelle stratégie semble avoir deux objectifs majeurs :

– empêcher le gouvernement d'atteindre ses propres objectifs en éloignant de lui les populations, et ce, à travers des opérations de propagande, en attaquant les personnels et les infrastructures gouvernementaux, et en diffusant un climat de peur, par intimidation, menace, agression contre les individus soupçonnés de positions pro-gouvernementales ;

– viser la présence internationale civile et militaire, pour réduire son espace de manœuvre sur le court terme, en augmentant le coût politique de l'engagement pour les gouvernements des principaux pays intervenants.

Dans les faits, l'insurrection a réussi à réduire l'espace opérationnel des acteurs de la reconstruction, tout en compliquant l'action gouvernementale dans de larges parts des provinces du Sud-Est. Ce jugement pessimiste est confirmé par le fait qu'au-delà d'une pression militaire limitée, et de quelques efforts pour renforcer l'action du pouvoir central et rallier quelques communautés locales, il n'existe guère de stratégie contre-insurrectionnelle claire de la part du gouvernement et de ses soutiens[4].

Les forces de la Coalition ont réussi dans plusieurs zones de l'insurrection à ne pas trop s'aliéner les populations, mais on peut légitimement se demander combien de temps la population pachtoune, prise entre le marteau et l'enclume, et ne constatant nul progrès décisif en matière de reconstruction, de sécurité ou de bonne gouvernance, restera fidèle au pouvoir central.

4. Une exception est celle de l'Initiative de stabilisation de l'arc de Zadran (ZASI), programme inspiré par l'United Nations Assistance Mission in Afghanistan (UNAMA), et endossé par les trois gouverneurs du Grand Paktya à la mi-2005, et dont l'application a commencé dans les trois districts.

Quel avenir ?

À la lumière des constats précédents, on peut hasarder quelques prévisions.

Basée certes sur des facteurs internes, l'insurrection est largement aidée de l'extérieur, et elle ne pourra donc pas être éliminée à terme imaginable sans que soit résolue cette question externe.

Si l'insurrection en venait à ne plus pouvoir utiliser le Pakistan comme base arrière, sanctuaire, centre de recrutement et d'entraînement, elle disparaîtrait rapidement de la région comme facteur central de violence, même si les causes internes demeuraient. Si l'environnement extérieur reste inchangé, alors le mieux que puisse espérer le gouvernement central est de limiter, puis réduire, la rébellion en intervenant sur les causes internes.

Dans un environnement inchangé, les raisons internes de la rébellion ne peuvent être traitées par des moyens seulement militaires ; une stratégie de contre-insurrection globale, avec les moyens correspondants, devra être mise en œuvre dans plusieurs provinces.

Le processus du Compact de Londres demande au moins un délai de cinq années pour soutenir cette stratégie de contre-guérilla ; il est donc nécessaire que la communauté internationale accroisse – au lieu de réduire – sa présence civile et militaire, comme son soutien financier, tout au long de cette période.

Les réseaux de la rébellion bénéficient du soutien de groupes djihadistes internationaux et puisent dans un vaste réservoir de jeunes fanatiques formés dans les madrasas fondamentalistes – avec parmi eux nombre de jeunes Afghans réfugiés, qui n'ont jamais vécu en Afghanistan et sont coupés de ses réalités sociales et politiques. Ces jeunes n'étant nullement tenus par les références sociales et normatives habituelles des tribus, ils constituent un instrument très efficace de radicalisation de la rébellion et sont utilisés pour des opérations non conventionnelles de plus en plus nombreuses dans le pays (opérations suicide, attaques de communautés refusant leur coopération, sans souci des conséquences concrètes, etc.). Une nouvelle radicalisation et un élargissement des objectifs et des opérations des insurgés sont sans doute devant nous.

Les réseaux de la rébellion puisent dans un vaste réservoir de jeunes fanatiques formés dans les madrasas fondamentalistes

Bien que la violence liée à la drogue ne soit pas encore un facteur notable d'instabilité dans le sud-est, le cas est déjà différent dans d'autres provinces (Helmand par exemple). À cet égard, l'extension de la narco-économie et la pénétration du gouvernement par les réseaux trafiquants pourraient aller dans le sens d'un renforcement de la rébellion, les insurgés mariant les réseaux criminels pour bénéficier financièrement et opérationnellement des trafics dans certaines régions.

L'idée, vraie ou fausse, selon laquelle les forces internationales, et spécialement les forces américaines, pourraient être en Afghanistan non tant pour aider à stabiliser le pays et à combattre le terrorisme, que pour remplir des objectifs politiques et militaires plus larges en Asie centrale, ou vis-à-vis de l'Iran, nourrit un malaise de plus en plus répandu dans diverses capitales. Si cette peur n'est pas éteinte, et si le consensus sur l'Afghanistan se lézarde, des puissances régionales ou autres pourraient s'investir à nouveau dans les affaires intérieures du pays, avec de sérieux risques de déstabilisation.

Quelques orientations

Une stratégie de contre-insurrection cohérente pourrait, en conséquence, s'organiser autour des lignes suivantes.

Maintenir des forces internationales à un niveau suffisant dans les zones touchées par la rébellion

Au vu de l'expérience depuis 2002, les forces stationnées dans les régions en rébellion devraient remplir trois conditions :

– être assez robustes militairement pour combattre les insurgés en continuant à intervenir dans les autres domaines de la stratégie contre-insurrectionelle : soutien par exemple à la présence du pouvoir central dans les espaces à haute insécurité. Les conséquences de cette condition sont concrètes. Dans les plus difficiles provinces du sud-est par exemple (Ghazni et Paktika), un tel choix exigerait la présence de deux bataillons d'infanterie par province, soit un doublement de la présence internationale de 2005 ;

– faire montre d'une volonté politique suffisante pour accepter un niveau de pertes qui ne peut que progresser ;

– adapter la doctrine et les structures des « équipes de reconstruction provinciales » (Provincial Reconstruction Teams, PRT) pour qu'elles soient plus à même d'agir comme vecteurs majeurs de la stabilisation au niveau des provinces, et comme acteurs crédibles de la reconstruction là où les acteurs civils de cette reconstruction ne peuvent agir.

C'est dans le cadre de cette conception générale que doit être traitée l'hypothèse de l'élargissement du déploiement de l'Organisation du traité de l'Atlantique Nord (OTAN) aux régions concernées par la rébellion.

Renforcer l'action gouvernementale dans les zones frontalières et dans les districts contrôlés par la rébellion

Les populations de ces régions seront abandonnées aux insurgés si rien n'est fait pour y renforcer la capacité du gouvernement à assurer la sécurité et les services publics élémentaires. Garantir une présence conséquente du pouvoir central est donc une condition *sine qua non* pour développer les autres dimensions de la stratégie de contre-insurrection. Ainsi, il faut, dans chaque district touché par l'insurrection, des troupes afghanes venues d'autres régions, des gouverneurs de districts et des chefs de la police eux aussi venus d'autres régions, qui agiront avec le soutien d'une administration de base établie dans le district (le « hardware » sera composé de l'infrastructure et des moyens nécessaires pour que fonctionnent l'administration de base et la police ; le « software », de quelques administrateurs placés aux endroits stratégiques, d'un contingent d'officiers de police et d'un soutien financier supplémentaire), et dans le cadre de projets de reconstruction focalisés sur les services gouvernementaux élémentaires.

Dans les espaces les plus instables, ce processus ne pourra se dérouler que sous une protection militaire permanente de la Coalition, jusqu'à ce que le gouvernement ait acquis lui-même une capacité de contrôle suffisante.

Mettre en œuvre une nouvelle politique tribale dans le Grand Paktya

Dans le Grand Paktya, le gouvernement central a toujours cherché à apaiser et à rallier les tribus par des politiques spécifiques. L'intégrité de la structure tribale influence grandement la nature de l'insurrection ; il est donc nécessaire de renouveler la politique menée vis-à-vis des tribus, pour retrouver la vertu stabilisatrice du système tribal.

Les éléments d'une telle politique pourront varier selon le contexte, mais la clé demeure la mise en place d'une combinaison d'incitations, de récompenses, de pénalités, qui dégage un consensus entre tribus, allant dans le sens de la stabilité, de la sécurité et du contrôle gouvernemental. On peut par exemple imaginer d'associer les tribus à des arrangements de sécurité locaux ; d'enrôler certains de leurs membres dans les organes de sécurité gouvernementaux ; d'aider à la formation de forces arbakai[5] dans tous les districts ; d'aider à la reconstruction pour chaque tribu, mais d'une manière conditionnée par le progrès vers plus de sécurité et de coopéra-

5. Le soutien aux arbakai ne doit pas être confondu avec la recréation de milices tribales soutenues par le gouvernement, supprimées par l'administration Karzaï en 2002. On ne peut conseiller la création de milices tribales parce que la plus grande part des financements sont détournés, et ne touchent jamais leurs bénéficiaires supposés. Ces milices peuvent de plus être détournées par les chefs de factions locales, et donc s'opposer au processus de dé-factionnalisation dans certaines zones. Enfin, la création de telles milices pourrait être perçue par le Pakistan comme un geste d'hostilité.

tion ; de fournir une aide financière aux anciens et shuras[6] tribaux, qui deviendraient responsables de la sécurité dans leurs propres zones.

Dans toute cette problématique tribale, le succès ne peut être que relatif. Créer et cimenter un consensus dans une tribu donnée suppose un constant accouchement de ce consensus, à travers des engagements et des négociations articulés au renforcement de la présence gouvernementale dans le district, à une politique religieuse plus cohérente, à tous les autres aspects de la stratégie de contre-insurrection touchant à la reconstruction et à la sécurité.

Une politique religieuse renforcée

Une clé de la guerre engagée sera la capacité du gouvernement à contrôler ou à se rallier des réseaux religieux neutres ou positivement disposés à son égard, tout en isolant ceux qui prennent part à l'insurrection. À cette fin, tout en combattant les réseaux extrémistes, le pouvoir central doit chercher à se rallier la majorité des ulémas en approfondissant le dialogue avec l'establishment religieux, en développant les incitations, financières ou autres, à la coopération et en soutenant l'éducation religieuse pour pouvoir mieux la contrôler.

Tout en combattant les extrémistes, le gouvernement doit se rallier la majorité des ulémas

La création dans chaque province d'une madrasa centrale au financement suivi aiderait le pouvoir central à mieux contrôler l'éducation religieuse (ses structures et ses cursus) et à maintenir les étudiants loin des madrasas extrémistes d'Afghanistan et du Pakistan. De même, la construction d'une grande mosquée pour la prière du vendredi dans chaque capitale de district combattrait l'image, répandue par les rebelles, d'un régime non islamique. Mais une telle politique doit être suivie avec beaucoup de prudence ; mal mise en œuvre, elle pourrait conduire à l'inverse du but recherché.

Ainsi que le démontre abondamment l'histoire du pays au dernier siècle, une réforme trop rapide et radicale génère un violent effet en retour, qui constitue la meilleure base de développement de l'action de la rébellion. Comme l'indiquent la plupart des efforts de construction de l'État avant la révolution, à défaut d'une puissante force de contrainte politique et militaire imposant le changement à la société traditionnelle, les efforts

6. Systèmes de justice et de gouvernement non institutionnels (NDLR).

de réforme ne peuvent passer qu'à travers l'engagement des structures traditionnelles, au rythme que peuvent supporter ces mêmes structures.

Sur nombre de problèmes sensibles (la réforme judiciaire, le droit des femmes et tous les autres thèmes étroitement liés à la conception traditionnelle du rôle de l'islam), le gouvernement afghan et ses soutiens extérieurs doivent développer des approches pragmatiques et répudier des solutions dogmatiques qui, par désir de se rapprocher trop rapidement des standards internationaux, négligent de prendre en compte les réalités locales.

Renforcer le programme de réconciliation nationale

Bien que ce programme ne puisse encore exciper de résultats probants dans la région (il n'a vraiment commencé au Ghazni qu'à la fin de 2005), il constitue sans doute une base intéressante pour mettre fin à l'activité de nombre de réseaux HIG, et donc stabiliser d'importantes parties de cette région, tout en jouant également un rôle pour diminuer ailleurs le pouvoir des réseaux talibans.

Quelques points doivent néanmoins être soulignés. Tout d'abord, ce programme souffre d'un manque de coordination et de gestion, avec pour résultat qu'au mieux, il s'avère incapable de cibler les bénéficiaires intéressants et qu'au pire, lesdits bénéficiaires peuvent user de leur nouvelle position pour jouer des deux côtés de la barrière.

Une des leçons du programme dans la région du Sud-Est est que, si les décisions politiquement importantes doivent effectivement être prises à Kaboul, le programme doit être géré au niveau provincial et bénéficier de plus de moyens. Un cadre de coordination provincial doit être mis sur pied, pour identifier les cibles et négocier avec elles, et suivre leur réinsertion dans les communautés locales.

Une campagne d'information

Dans une société hautement religieuse et conservatrice de tradition orale, le pouvoir de la parole est déterminant et la propagande religieuse des insurgés a un réel effet sur les esprits et dans les cœurs. Jusqu'ici, le gouvernement a échoué à répondre au même niveau en utilisant les moyens à sa disposition, ou des moyens inédits, pour contrebalancer la propagande des rebelles. Beaucoup dépendra de la capacité du pouvoir à renverser cette tendance et à installer une campagne de contre-propagande efficace au centre de sa stratégie de contre-insurrection.

Un dispositif de contre-insurrection au niveau des provinces

La mise en œuvre d'une stratégie cohérente de contre-insurrection au sud-est du pays demande une présence suffisante de forces de sécurité nationales et internationales, le renforcement de l'administration civile, des moyens affectés à la reconstruction, ainsi qu'un renforcement considérable de l'expertise locale. De plus, elle exige que ces moyens militaires, politiques, et de reconstruction soient coordonnés stratégiquement et efficacement.

L'échelon optimum de mise en œuvre d'un tel programme est la province, mais ni le niveau provincial afghan ni les intervenants internationaux ne sont pour l'instant préparés pour cette tâche. Il faudra donc fondamentalement restructurer les outils et les institutions disponibles.

Parce que les gouverneurs de provinces sont des acteurs centraux, il faut leur donner la capacité de diriger la manœuvre de contre-insurrection, notamment en leur attribuant les moyens suffisants de commandement et de contrôle sur les administrations de leurs provinces.

Une stratégie de contre-insurrection incluant diverses composantes (moyens de gouvernement, outil de reconstruction, politique tribale et religieuse, moyens de sécurité) doit être approuvée par le centre, mais conceptualisée et mise en œuvre au niveau provincial. Compte tenu de la capacité limitée d'absorption des crédits de nombre de provinces, il semble qu'une somme d'environ 10 millions de dollars par province (incluant un fonds pour la reconstruction) pourrait suffire à soutenir cette politique dans une première année.

Dix millions de dollars par province pourraient suffire à soutenir cette politique dans une première année

Pour être efficace, cette politique doit être décentralisée, ce qui soulève un problème de coordination, mais aussi de transparence et de vérification – si l'on s'en tient aux « performances » des gouverneurs dans la gestion des fonds discrétionnaires qu'ils ont déjà à disposition...

Une solution pourrait être de créer un « groupe de coordination de la contre-insurrection » ou de s'appuyer sur toute autre structure déjà existante, où figureraient les représentants du gouvernement et des acteurs internationaux à l'échelon provincial, sous la direction du gouverneur. Un tel groupe pourrait agir comme coordinateur de l'ensemble des ressources allouées à la contre-insurrection, superviserait la mise en œuvre des politiques, y compris l'allocation et l'utilisation des fonds. Il pourrait bénéficier d'un secrétariat composé de spécialistes nationaux et internationaux des problèmes politiques et de reconstruction ayant une connaissance suffisante de la province pour le conseiller efficacement dans sa prise de décision.

***

L'absence de résultats concrets de l'action gouvernementale, la montée de la corruption, le soutien extérieur continu aux insurgés, le tout combiné à un possible déclin du soutien financier et militaire international, pourraient donner aux insurgés une chance unique de perturber ou d'interdire la mise en œuvre des dispositions post-Bonn dans nombre de provinces, avec d'importantes conséquences pour le pays entier.

Bien que les méthodes nécessaires pour une région particulière dépendent de ses conditions spécifiques, la création d'un cadre à la fois global et provincial de lutte contre l'insurrection, nécessaire pour résoudre les problèmes du sud-est, pourrait aisément être adaptée aux difficultés d'autres régions.

Certaines des options présentées ici – comme la politique vis-à-vis des tribus ou la politique religieuse – devraient être des composantes permanentes de la politique menée par le gouvernement afghan, et donc bénéficier d'un financement national permanent ; ce n'est pas le cas des autres options, qui sont par nature temporaires et dont le choix ne doit pas être obéré par des considérations financières de long terme. Sur les dix provinces qui justifient un programme cohérent de contre-insurrection, la dépense globale ne devrait pas dépasser (hors coûts militaires) 100 à 150 millions de dollars par an.

Le comportement des insurgés en 2005 semble indiquer qu'ils ont adopté une stratégie de long terme, qu'ils ont compris que le temps jouait pour eux. Faute de pouvoir régler les problèmes ouverts entre l'Afghanistan et le Pakistan, il est essentiel de faire de la lutte contre la guérilla dans les provinces du sud, du sud-est et de l'est du pays, une priorité du gouvernement afghan et de ses soutiens extérieurs.

Les choix proposés ici impliquent une présence internationale, civile et militaire, accrue dans le pays pour les prochaines années. Mais les coûts du non-engagement dépassent de beaucoup, sur le long terme, les bénéfices attendus d'une réduction rapide de la présence internationale en Afghanistan.

PE

MOTS-CLÉS :

Afghanistan, rébellion, fondamentalisme islamique, Pakistan

Les Affaires et la sécurité : quel rôle pour le secteur privé ?

Par **Alyson J.K. Bailes** et **Caroline Holmqvist**

Alyson J.K. Bailes a poursuivi une carrière diplomatique au service de la Grande-Bretagne pendant plus de trente ans. Devenue directeur du Stockholm International Peace Research Institute (SIPRI) en 2002, elle s'intéresse surtout aux questions de construction européenne.

Caroline Holmqvist est chercheur associée au Stockholm International Peace Research Institute (SIPRI), dans le cadre du programme Armed Conflict and Conflict Management. Diplomée en Relations internationales (London School of Economics and Political Science) elle a publié de nombreux travaux sur les conflits armés et le rôle des acteurs non-étatiques.

Texte traduit de l'anglais (Grande-Bretagne) par Anne-Sophie Novel

La fin de la guerre froide gomme une distinction faussement évidente entre monde des affaires et questions de sécurité. Les entreprises sont plus largement confrontées aux conflits locaux, et davantage concernées par les problématiques du terrorisme et de la prolifération des armes de destruction massive. Le recours aux services privés de sécurité s'étend. Ces évolutions exigent l'élaboration de normes nouvelles, nationales et internationales, qui ne peuvent être définies qu'avec le secteur privé.

politique étrangère

La spécialisation est un élément fondamental de l'évolution des sociétés humaines. Aux origines, tout homme était son propre défenseur : mais dès avant l'ère chrétienne certains se sont mis à produire quand d'autres se sont destinés à la défense de la communauté. Si ce modèle est le plus répandu, il est loin de constituer un équilibre stable ou permanent. L'État a parfois beaucoup empiété sur l'économie, au nom de l'idéologie et/ou d'impératifs de sécurité. À d'autres époques, y compris à la fin de l'ère médiévale en Occident, la capacité des États à faire la guerre a tenu à l'existence sur le marché de mercenaires ou à la possibilité de capter les surplus économiques nécessaires. N'oublions pas que le modèle des armées permanentes assurées par les budgets nationaux ne remonte pas au-delà du XVIIIe siècle.

Rétrospectivement, la séparation entre défense et économie, en Occident, pourrait avoir atteint son apogée pendant la guerre froide : en atteste la démarcation fonctionnelle extrême entre l'Organisation du traité de l'Atlantique nord (OTAN) et l'Union européenne (UE) dans les quatre premières décennies de leur existence. Même à cette période cependant, on refusait ailleurs de suivre un modèle aussi simple. Dans les régions les plus pauvres, l'échec économique, dont la famine traduisait la réalité dramatique, était une question de vie ou de mort. Et comme l'ont montré les militants anti-globalisation, ce qui dans le système économique mondial semble irréprochable aux yeux des plus riches et des plus forts peut apparaître aux plus pauvres comme une atteinte à leur identité, à leurs valeurs, à leur bien-être, voire même à leur existence.

Depuis la fin de la guerre froide, théoriciens et hommes politiques occidentaux ont pris conscience de la proximité, de l'interconnexion, entre secteurs public et privé, entre processus économiques et sécurité. Les attaques terroristes du 11 septembre 2001 ont attiré l'attention des États Unis et du monde sur les dommages catastrophiques qui peuvent être infligés par des individus ou des groupes non étatiques usant pour l'essentiel d'objets et de techniques civils. Les recherches sur le fonctionnement d'Al-Qaida et sur la menace d'États perturbateurs (*rogue states*), ont souligné la capacité de tels acteurs à se financer et à acquérir des armes et techniques dangereuses (y compris de destruction massive) par le biais – légal ou illégal – du marché privé. L'expérience des crises en Europe ou hors Europe, et des tentatives internationales pour les gérer a éclairé l'importance des sources non militaires de la violence, la nécessité de combiner des instruments militaires et non militaires pour la gestion des crises, et le rôle essentiel des acteurs économiques et sociaux dans les processus de reconstruction. La même interdépendance public-privé s'affirme dans les sociétés développées quand elles sont confrontées à des catastrophes naturelles comme l'ouragan Katrina (2005) ou l'épidémie du syndrome respiratoire aigu sévère (SRAS, 2003), ou à des ruptures majeures dans leurs systèmes d'approvisionnements ou infrastructures. Deux autres évolutions éclairent l'interpénétration des sphères économique et de sécurité : l'offre controversée des compagnies privées de services de sécurité, et la difficulté croissante à distinguer le « secteur de la défense » des autres secteurs de production de hautes technologies, surtout face aux découvertes scientifiques à usage dual, ou multiple.

Le monde des affaires et les guerres civiles

Les conflits véhiculent les images les plus contrastées du monde des affaires. À une extrémité, certaines entreprises peuvent être accusées de manipuler les conflits en vue de bénéfices à court et à long terme, manipulations qui aggravent ou prolongent la violence. Les compagnies pétrolières ou minières – traditionnellement implantées dans des espaces reculés et sous-développés – ont souvent été accusées de collusion avec les groupes rebelles ou les dictatures du lieu dans le but de sécuriser des concessions rémunératrices. Le rôle de Shell, Elf et Chevron dans le delta du Niger au début des années 1990 a ainsi été vivement débattu[1]. En d'autres contextes chaotiques, ces compagnies peuvent s'entourer de gardes pratiquement comparables à des armées privées, elles-mêmes créatrices de violence. D'autres enfin, alimentent les conflits par l'offre d'armes légères ou de munitions, ou par le commerce illicite de diamants et autres « produits dérivés » de ces mêmes conflits[2].

De très vastes espoirs reposent cependant sur le secteur privé, sorte de *deus ex machina* supposé venir au secours des régions en conflits en fournissant les ressources nécessaires à leur reconstruction et un emploi aux combattants démobilisés. Les *milieux d'affaires* permettraient même d'éviter les conflits en orientant les échanges et investissements de manière à ce que les locaux recueillent une part équitable des bénéfices et que ces gains soient utilisés pour la promotion des droits politiques, sociaux ou éducatifs. Un nouveau débat surgit avec les délocalisations de certains secteurs (les centres d'appels téléphoniques) vers des régions où le coût du travail est faible : phénomène contesté, mais qui offre certainement plus d'avantages au pays d'accueil que la traditionnelle fuite des cerveaux.

De vastes espoirs reposent sur le secteur privé, *deus ex machina* supposé venir au secours des régions en conflits

Ces questions sont sérieuses, mais appellent des réponses nuancées. Les entreprises implantées à l'étranger sont contraintes, en cas de conflit, de choisir l'autorité qu'elles soutiennent ou reconnaissent. Leur intérêt est en général l'arrêt des violences et le renforcement de l'autorité centrale, afin de garantir la sécurité des déplacements et du travail sur tout le territoire considéré. Une compagnie étrangère peut posséder assez d'influence pour aider à prévenir ou à résoudre un conflit. Plus souvent, les entreprises se trouvent confrontées à une alternative pratique et morale : travailler dans des conditions non sécurisées, ou se retirer totalement. Les avocats des droits de l'homme poussent fréquemment dans cette dernière

1. Voir le chapitre de S. Adejumobi dans A.J.K. Bailes et I. Frommelt (dir.), *Business and Security: Public-Private Sector Relationships in a New Security Environment*, Oxford, OUP, 2004 ; et sur l'extraction d'or, Human Rights Watch, *The Curse of Gold: The Democratic Republic of Congo*, New-York, HRW, juin 2005, disponible sur <www.hrw.org>.
2. Les résolutions 1 173 et 1 176 du 12 juin et 24 juin 1998 du Conseil de sécurité de l'ONU interdisent l'achat de tels diamants à l'Union nationale pour l'indépendance totale de l'Angola (UNITA). À propos des « biens de guerre » en général, voir l'article de N. Pauwels, « Les produits conflictuels : s'attaquer au rôle des ressources naturelles dans les conflits », *Isis-Europe Brief*, n° 27, disponible sur <www.isis-europe.org>.

direction ; mais lorsqu'une entreprise a quitté un territoire, il lui est très difficile et onéreux de s'y réinvestir. En outre, si les grandes entreprises devaient systématiquement éviter les pays connaissant des problèmes de sécurité, le commerce Nord-Sud, tout comme le commerce Est-Ouest, s'en trouveraient fortement perturbés... Le croisement des conflits, des activités criminelles, du terrorisme ou simplement des hostilités culturelles, a amené le groupe Control Risks à identifier, dans un récent rapport, un total de 87 pays présentant, pour le monde des affaires, des risques qualifiés de « moyens » à « extrêmes » – ils étaient 73 un an plus tôt[3].

Pour les analyses les plus récentes, la croissance et l'engagement économique international mettent plus souvent fin aux conflits qu'ils ne les produisent. L'Irak a, comme souvent, donné l'exemple inverse, qui confirme la règle : la stabilisation et le redressement y ont été entravés par l'échec à créer un environnement sécurisé pour les affaires, et par une politique américaine qui réservait presque exclusivement les profits à ses propres entreprises. Les autorités nationales et internationales qui tentent de prévenir ou de dénouer les conflits doivent donc être sensibles aux besoins de sécurité propres au monde des affaires : si elles n'y répondent pas, les entreprises ne s'implantent pas, ou improvisent leurs propres solutions – peu orthodoxes, voire indésirables. Réciproquement, les entreprises doivent être conscientes de l'impact de leurs activités avant, pendant, et après les conflits. Leurs produits viendraient-ils à être abusivement utilisés à des fins violentes, elles pourraient adopter la solution d'une grande compagnie diamantaire comme De Beers qui a lancé son propre *processus de Kimberley* afin d'éradiquer le trafic des diamants de guerre[4]. Pour les entreprises vendant des équipements de défense, leurs gouvernements et les organisations internationales compétentes proposent d'ordinaire des codes de conduite en matière d'exportations, qui visent à empêcher la pénétration de matériels dangereux dans les zones de conflits, et qui devraient être scrupuleusement suivis. Quant aux attitudes à adopter par les représentants des entreprises dans une zone de conflits, des codes de bonne conduite sont disponibles dans le secteur privé lui-même, et nombre d'organisations non gouvernementales (ONG) et d'organisations humanitaires sont prêtes à donner conseil[5]. À l'appel urgent de Kofi Annan, le Global Compact – forum des Nations unies pour la promo-

3. Control Risks, *Risk Map Report 2004*, Londres, Control Risks, 2003, disponible sur <www.crg.com> ; et R. Briggs, *Doing Business in a Dangerous World: Corporate Personal Security in Emerging Markets*, Londres, Foreign Policy Centre, 2003.

4. Depuis mai 2000, le « Processus de Kimberley » encouragé par Global Witness, entend empêcher les diamants de guerre de pénétrer sur les marchés légitimes. Il réunit les gouvernements de 44 pays producteurs, transformateurs, importateurs ou exportateurs de diamants bruts, la société civile, l'industrie du diamant et des organisations non gouvernementales. 98 % du commerce des diamants bruts y seraient représentés. Voir le site <www.kimberleyprocess.com> (NDLR).

5. Voir, par exemple, le guide offert par le Comité international de la Croix-Rouge sur <www.icrc.org>. À Genève, l'ONG Business-Humanitarian Forum se consacre entièrement à ce sujet, voir <www.bhforum.ch>.

tion de bonnes pratiques commerciales – a publié en 2005 un document sur les principes de conduite dans un environnement conflictuel[6]. Enfin, si les entreprises, leurs représentants ou leurs systèmes de sécurité privés enfreignent le droit international, les principes humanitaires ou le droit de la guerre (y compris les restrictions concernant les armements), ils relèvent simplement du droit commun et doivent être incriminés et jugés.

Le monde des affaires et les menaces transnationales

La place du monde des affaires dans l'environnement conflictuel est ambiguë. Vis-à-vis des « nouvelles menaces » non étatiques – terrorisme, prolifération, etc. –, il peut également être victime, complice, ou partenaire de défense. Le commerce privé peut comme tout un chacun être touché par une attaque terroriste, individuellement ou à une plus large échelle, et ses représentants sont en effet les cibles préférentielles des kidnappeurs pour des extorsions de fonds, des éco-terroristes et autres extrémistes des droits de l'animal, des groupes critiques du capitalisme ou des politiques occidentaux. La majorité des victimes du 11 septembre étaient des employés du secteur privé commercial... Mais l'événement a aussi souligné comment un tel choc peut affecter l'environnement des affaires jusqu'en des espaces très éloignés des attaques d'origine. Certaines entreprises ont pu profiter des achats de panique de masques à gaz et de l'explosion du budget américain de sécurité intérieure[7]. Mais beaucoup plus nombreuses sont celles qui ont été touchées par l'événement : le fragile secteur de l'assurance, celui du tourisme et du divertissement, celui de l'aviation – par les coûts du renforcement des mesures de sécurité, la hausse des primes d'assurance, celle des coûts du transport de marchandises, notamment en raison des exigences américaines en matière de sécurité des containers et des ports[8]. Quant aux voyages d'affaires, ils ont été compliqués par le durcissement des règles d'obtention du visa américain, le changement des normes des documents d'identité, et les retards induits par les mesures de sécurité. Nombre d'entreprises ont enfin souffert des quasi-boycotts apparus des deux côtés de l'Atlantique à la suite des désaccords euroaméricains sur la question irakienne.

Le statut de victime ne garantit pas toujours l'innocence. Le secteur des affaires est partie intégrante de l'environnement sur lequel éclosent le terrorisme, la prolifération, le crime international, la corruption... Le « monde plat » de l'économie du XIXe siècle que décrit Thomas L. Friedman[9]

6. Voir <www.unglobalcompact.org>.
7. Le budget courant du département du Homeland Security américain atteint 30,8 milliards de dollars pour 2006.
8. Voir le chapitre de P. Lenain dans A.J.K. Bailes et I. Frommelt (dir.), *op. cit.*, note [1]. De nouveaux standards de sécurité en mer sont maintenant poursuivis par l'International Maritime Organization (IMO).
9. T.L. Friedman, *The World Is Flat: A Brief History of the 21st Century*, Farrar, Straus & Giroux, 2005.

favorise aussi bien les transactions perverses et hostiles que les transactions honnêtes, productives – par le processus de multinationalisation, la communication à longue distance en temps réel, l'accès gratuit à l'information par Internet et par le manque de transparence : à quel moment et par qui les affaires sont-elles négociées[10] ? Les États-Unis, comme d'autres gouvernements, ont donc eu raison d'insister depuis le 11 septembre sur des aspects négatifs, comme la complicité de banques privées ou d'autres institutions financières dans le financement d'organisations terroristes et la circulation de fonds entre des groupes terroristes et d'autres organisations criminelles[11]. L'implication du monde des affaires est tout aussi réelle dans ce que le directeur général de l'Agence internationale de l'énergie atomique (AIEA), Mohamed El-Baradeï, nomme le *Wal-Mart* (trafic de matériels et technologies liés aux armes de destruction massive [ADM]), qu'illustre le réseau du Pakistanais Abdul Qadeer Khan. Plus généralement, le secteur commercial possède et diffuse la plupart des technologies réputées dangereuses, et constitue donc une source potentielle de fuite à la fois vers des acteurs non étatiques et des États perturbateurs. Ceci est un problème sensible pour l'industrie chimique et les biosciences, où la plupart des produits peuvent être utilisés de manière hostile ; mais il touche bien d'autres technologies de pointe, comme la manipulation génétique ou les nanotechnologies.

L'implication du monde des affaires est réelle dans le trafic de matériels et de technologies liés aux armes de destruction massive

Depuis le 11 septembre, les gouvernements occidentaux ont travaillé, avec d'autres partenaires, à améliorer voire créer des normes pour régler les aspects sensibles du secteur privé. On a cherché à bloquer les fuites à la source, en renforçant les contrôles à l'exportation sur les matériaux à usage dual ou relatifs aux ADM, ou en imposant des interdictions gouvernementales sur certains types de transferts. Le Sommet du G8 de 2004 a ainsi adopté un moratoire d'un an sur le transfert de technologies d'enrichissement et de retraitement de l'uranium en direction de tout État ne les possédant pas encore[12]. Le besoin de pare-feu plus solides entre les usages pacifique et militaire des technologies nucléaires a suggéré d'autres propositions, telles celles de la création de banques gérant internationalement les matières fissiles, ou de l'introduction de cycles du carburant non suscepti-

---

10. Sur la question particulière des transferts de défense, voir E. Surry, *Transparency in the Arms Industry*, Stockholm, SIPRI, « Policy Paper », n° 12, janvier 2006.
11. Pour une introduction au problème du financement du terrorisme, voir G. Haslerud et B.S. Tranøy, *Fighting Terrorist Finance*, Kjeller (Norvège), Forsvarets forskningsinstitutt (FFI), « Report », n° 2005/01200 disponible sur <rapporter.ffi.no/>.
12. Sur ce point et d'autres décisions liées aux ADM prises au Sommet de Sea Island en 2004, voir <www.g8seaisland.com/>.

bles d'être détournés à des fins de prolifération[13]. Les « codes de conduite » à l'intention des scientifiques paraissent de plus en plus nécessaires, afin de développer leur responsabilité personnelle dans le contrôle des technologies dangereuses. Ce besoin de contrôler les transactions commerciales, privées ou gouvernementales, a débouché sur deux innovations à l'initiative du Conseil de sécurité de l'Organisation des Nations unies (ONU) : les résolutions 1 373 (28 septembre 2001) et 1 540 (29 avril 2004) exigent que les gouvernements criminalisent dans leur propre droit le financement du terrorisme, la possession et le trafic d'ADM. Si une transaction échappait au contrôle, la Proliferation Security Initiative (PSI) des États-Unis est supposée permettre l'interception et la confiscation de cargos privés en mer[14].

Il est intéressant de noter qu'un large consensus pour une coopération internationale dans ces domaines s'est établi entre les pays de l'Organisation de coopération et de développement économique (OCDE), même lors des phases les plus tendues de la controverse irakienne. La France fut, par exemple, un des premiers et plus fermes soutiens de la PSI. Ce qui a d'ailleurs consterné certains observateurs, pour qui le renforcement des contrôles des transferts de technologies sert d'abord les intérêts commerciaux de l'Occident à l'encontre du monde en développement[15], ou qui estiment que ces mesures risquent de détruire la liberté de la recherche scientifique[16]. Le monde des affaires occidental ne s'est pas trop plaint. Sans doute par crainte (particulièrement aux États-Unis) de paraître peu patriote, mais aussi parce que ses responsables jugent ces mesures de sécurité nécessaires, et même tardives. Les contrôles renforcés dans les transports aident à arrêter les fraudeurs, les trafiquants, les criminels aussi bien que les terroristes, et réduisent les risques d'accidents ou d'attaques.

Le secteur privé pourrait pourtant se plaindre de ne pas avoir été suffisamment consulté pour la mise en place de ces politiques, et de ne pas avoir été traité comme un véritable *partenaire*. La plupart de ces mesures ont été prises à la hâte, avec au mieux une consultation minime du public, et un manque d'études préalables qui a par la suite nécessité nombre de rectifications de tir[17]. Les entreprises auraient pu, et peuvent toujours, améliorer la décision politique dans ce domaine. Les milieux d'affaires ont une expérience pratique de la vie et du travail dans les pays étrangers qui génèrent terrorisme et trafics. Leurs propres conceptions et leurs pratiques peuvent

13. V. Fedchenko, « Multilateral control in the nuclear fuel cycle », *in SIPRI Yearbook 2006: Armaments, Disarmament and International Security*, Stockholm, SIPRI, à paraître.
14. Voir le site du Département d'État du gouvernement américain, <www.state.gov/>.
15. A. Mallik, *Technology and Security in the 21st Century: A Demand-Side Perspective*, Oxford, OUP, 2004.
16. Ce débat s'est particulièrement développé dans le secteur des bio-technologies, à la suite des poursuites engagées par le gouvernement américain contre un chercheur trouvé en possession de certaines cultures bactériologiques.
17. L'abandon du projet américain de vaccination en masse contre la variole en est un exemple.

parfois se rapprocher des méthodes de recrutement ou de fonctionnement en réseau du terrorisme, à l'exemple de la description faite du fonctionnement d'Al-Qaida en système de « franchise ». Une très large part des matériaux et techniques dangereux provenant du privé, le personnel de ce secteur constitue la première ligne de défense contre les fuites ou les détournements d'usage. Sans information de la part des innovateurs du secteur privé, les gouvernements sont impuissants à tenir à jour la liste des éléments dont l'exportation et le transit (par exemple dans le cadre de la PSI) doivent être contrôlés.

La privatisation des fonctions de défense et de sécurité

Le malaise ressenti dans nombre de pays occidentaux devant le transfert de certaines fonctions militaires vers des acteurs privés renvoie à l'épuisement historique des normes de management de la défense héritées de la fin du XVIIIe siècle. Mais ce malaise est aussi affecté par une histoire plus récente, notamment celle de la décolonisation et de l'histoire post-coloniale du XXe siècle en Afrique, en Asie du Sud-Est ou en Amérique latine. Dans toutes ces circonstances, le recours aux mercenaires a toujours symbolisé la faiblesse étatique : l'érosion du monopole de l'État sur le contrôle et l'usage de la force[18] se traduit aussi bien par le conflit interne que par la dépendance vis-à-vis de défenseurs privés. L'aliénation des pouvoirs de l'État s'affirme souvent sur les fronts parallèles de la sécurité et de l'économie : nombre d'acteurs non-étatiques s'assurent alors du contrôle de territoires profitables ou de sources de revenus nouvelles[19]. Dans un tel contexte, les consommateurs publics des services privés deviennent des *demandeurs*, mais en un sens qui renvoie à des questions de vie ou de mort, un sens qui a peu d'équivalent dans les processus classiques de privatisation commerciale ou industrielle. Le champ est alors ouvert aux comportements abusifs et illégaux, qui débouchent sur une faillite encore plus radicale de l'autorité de l'État.

La théorie moderne du *Peace building* assure que la seule manière de sortir d'une telle dérive est de recréer une autorité centrale susceptible d'assumer à nouveau les fonctions de maintien de l'ordre intérieur et de garantie de l'intégrité territoriale – une autorité susceptible elle-même de contribuer à d'autres missions de paix internationales[20]. Cette vision des choses identifie la privatisation des fonctions de défense comme une

18. Notion formulée à l'origine par M. Weber (M. Weber, *The Theory of Social and Economic Organization*, New-York, Free Press, 1947, p. 154 [édition T. Parsons]).
19. C. Holmqvist, *Private Security Companies: the Case for Regulation*, Stockholm, SIPRI, « Policy Paper », n° 9, janvier 2005, voir chapitre 2, disponible sur <www.sipri.org>.
20. Voir l'offre de services de la Serbie-Monténégro à l'OTAN par le biais du Partenariat pour la paix, ainsi que l'idée-moteur des programmes occidentaux de soutien aux capacités multinationales africaines de maintien de la paix.

aberration essentielle, comme le symptôme de désordres plus profonds : éliminer les opérateurs privés sur le territoire en question serait donc un préalable pratique et normatif au redressement.

Cette vue des choses ne restitue pas toute la vérité sur les schémas d'externalisation actuels de la défense. Un nombre croissant d'États *forts* aussi bien que d'États faibles emploient désormais des compagnies de sécurité privées (CSP)[21], pour une variété de tâches toujours croissante. Et ce, en particulier quand l'État cible progressivement ses capacités militaires sur des interventions rapides à l'extérieur et – vu que le coût par tête de telles missions est plus élevé – cherche à désinvestir sa machine militaire de fonctions qui n'ont pas nécessairement besoin d'être remplies par un corps de professionnels contrôlés par l'État. Les exemples pionniers dans le monde occidental ont été les États-Unis et la Grande-Bretagne ; mais des États plus petits, sous stricte contrainte financière, comme le Danemark ou la Finlande, ont emprunté la même direction.

Un nombre croissant d'États forts aussi bien que d'États faibles emploient désormais des compagnies de sécurité privées

L'éventail des services qu'un gouvernement peut privatiser est défini par les principes qui lui sont propres, et par des calculs de coût/bénéfice. Il peut inclure : des services ordinaires de soutien de nature essentiellement civile comme la restauration, la blanchisserie, la couverture médicale, les travaux de construction ou de maintenance, l'entraînement général ; des services de soutien opérationnel derrière la ligne de front, comme l'entraînement sur certains équipements (aériens), le gardiennage des bases et autres structures sur le territoire national, le transport par air ou mer et la mise à disposition des approvisionnements sur le champ d'opérations ; des services non liés au combat sur la ligne de front, comme la maintenance des véhicules, le soutien technique ; des services de type plus militaire allégeant la charge des personnels réguliers, comme la sécurisation de personnes ou de matériels, le recueil de renseignement ; et des services post-combat de gardiennage, de police, d'entraînement, voire de conseil aux autorités locales. Le principe de base, dans chaque cas, est de réserver les personnels publics pour un ensemble de tâches qui ont majoritairement à voir avec le combat, et de permettre leur insertion et leur retrait très rapides d'une situation conflictuelle. Mais la privatisation des fonctions post-combat s'élargit aussi rapidement : les périodes de reconstruction s'allongent, et certains pays préfèrent n'y dédier que le minimum de

21. Pour une approche globale de cette question, voir P.W. Singer, *Corporate Warriors: The Rise of the Privatized Military Industry*, Ithaca, Cornell University Press, 2004.

leurs effectifs propres (comme dans le cas de la décision américaine d'employer l'entreprise DynCorp pour le ré-entraînement des militaires au Liberia). Des services de gardes privés ont été utilisés par des institutions supposées aussi fermes sur les principes que les Nations unies ou l'Union européenne… La tendance a peu de chances de s'inverser dans un futur proche : elle va plutôt s'accélérer, les demandes réitérées d'interventions extérieures coïncidant avec la spécialisation et la réduction des effectifs qui caractérisent l'évolution des appareils militaires, à la fois dans les pays développés et dans les pays en développement. Les problèmes posés par cette évolution doivent donc être très sérieusement considérés.

Les questions se répartissent ici en deux groupes principaux. D'abord les risques liés à d'éventuelles mauvaises pratiques des fournisseurs de sécurité, aggravés par le niveau généralement bas de transparence dans le domaine. Les origines et les statuts des sociétés de sécurité privées (surtout les petites) sont souvent difficiles à clarifier, en raison des effets de réseau et de la multiplicité des sous-contractants, même si les plus connues d'entre elles sont d'abord situées aux États-Unis, en Grande-Bretagne ou en Afrique du Sud (ainsi que dans l'ex-Union soviétique). Le personnel peut être recruté n'importe où et les normes de contrôle sont inadéquates. Les gouvernements qui ont un besoin urgent de services privés ont rarement le choix du fournisseur ou d'établir une liste noire des candidats douteux. Ils aggravent souvent les choses en fixant des cahiers des charges vagues, très généraux, permettant toutes sortes de dérapages en cours de mission. Dans un tel environnement, les agents privés peuvent – et ils le font, comme en Irak – à la fois imposer une violence excessive et divers abus aux populations locales, et violer tous les standards de la probité commerciale.

Un second ensemble de problèmes peut apparaître même avec des fournisseurs privés agissant de bonne foi. Ces derniers sont disponibles en fonction du marché, pas nécessairement quand les gouvernements ont besoin d'eux, et ne peuvent être contraints de rester sur une mission s'ils considèrent que le risque dépasse leur profit. Ils ne transmettent pas l'expérience et les normes des pays ou institutions qui les emploient : ils peuvent donc interrompre, plutôt que soutenir, la dynamique de coopération entre ces pays, ces institutions, et les communautés qu'ils tentent d'assister. D'autre part, la séduction des salaires élevés des sociétés privées de sécurité risque de soustraire au service public son personnel qualifié. Les sociétés de sécurité privées ne répondent pas de leurs actes devant les processus démocratiques et de droit commun des populations qui les emploient, ou sur le territoire desquelles elles travaillent. Il est notoirement difficile de tenir leur personnel pour responsable, sous quelque forme de légalité que ce soit – les instruments internationaux existants sur les « mercenaires » sont fondés sur la notion d'individus recrutés pour le « profit privé », qui ne correspond pas aux formes actuelles d'intervention de ces entreprises.

Si le phénomène de privatisation de la défense doit se développer, les politiques des États ou des institutions internationales vont devoir s'attacher, à confiner, à contrôler et à minimiser ces effets pernicieux. Les mesures à prendre doivent concerner à la fois l'offre et la demande, et insister sur le renforcement de normes globales. Les pays où ces entreprises sont installées peuvent travailler sur des formes diverses d'enregistrement, de licences, définir des réglementations, et imposer la pénalisation des délits et crimes commis à l'étranger. Ceux qui font appel aux services de ces entreprises peuvent appliquer des règles plus strictes de concurrence (notamment l'usage de listes noires), de rédaction des contrats, d'encadrement, et décider du recours éventuel à des juridictions appropriées. Plus généralement, il faut sans doute réserver certaines actions particulièrement sensibles de sécurité et de défense aux personnels agissant directement sous le contrôle d'une autorité gouvernementale ou institutionnelle. Et travailler à forger les instruments de droit international (incluant la convention de Genève, le statut de la Cour pénale internationale, les normes humanitaires sur la possession et l'usage des armes) susceptibles d'être appliqués à ces entreprises et à leurs employés. Le Comité international de la Croix-Rouge (CICR) s'est désormais activement engagé dans cette direction[22].

Il faut forger les instruments de droit international susceptibles d'être appliqués à ces entreprises et à leurs employés

***

L'éventail des rôles du secteur privé, et de leurs impacts sur la sécurité entendue dans sa définition moderne, c'est-à-dire la plus large, va bien au-delà des trois domaines ici discutés. Les dernières fonctions citées concernent des tâches normalement dévolues à l'État moderne, et que les gouvernements doivent naturellement réguler d'une manière ou d'une autre, quitte à les déléguer. Mais que dire du pouvoir du monde des affaires dans des domaines tels que l'approvisionnement en énergie, la maintenance des infrastructures, ou l'alimentation, essentiels pour la vie et le bien-être des populations, mais qui ont échappé au contrôle des gouvernements depuis des siècles ? Aucun programme de « re-nationalisation » ne peut être là imaginé, même si d'aventure on pouvait faire confiance aux solutions étatiques. Les solutions devront être développées sous forme de patchwork et de manière globale, en utilisant dans certains cas les régulations nationales et internationales (comme les résolutions des Nations unies déjà mentionnées), des formes « allégées » de direction *via*

22. « Le CICR intensifie ses relations avec les entreprises militaires et de sécurité privées », Genève, CICR, « Press release », n° 4, août 2004, disponible sur <www.icrc.org/>.

des codes développés dans le secteur privé dans d'autres cas, et une coordination opérationnelle *ad hoc* (avec planification des urgences) pour le reste. Aucune de ces méthodes ne peut être mise au point, ou en place, sans discussion avec le monde des affaires, qui devrait être considéré comme un partenaire sérieux et actif. Les gouvernements et les institutions internationales commencent à réfléchir à cette configuration. Il y a hélas quelque risque qu'un désastre ou un autre ne contraigne à accélérer la cadence.

MOTS-CLÉS :

Entreprises et guerres civiles
Processus de reconstruction
Prolifération des ADM
Entreprises de sécurité privées

D'un G8 à l'autre : sécurité énergétique et changement climatique

Par **Jean Lamy**

Jean Lamy, chef du bureau de la stratégie internationale à la direction générale de l'Énergie et des Matières premières (DGEMP) du ministère de l'Économie, des Finances et de l'Industrie, a participé aux négociations pour l'adoption du Plan d'action sur le changement climatique, l'énergie propre et le développement durable à Gleneagles (2005). Il a également contribué à l'élaboration du *Mémorandum sur la relance de la politique énergétique européenne dans une perspective de développement durable*.

Les évolutions récentes ont conduit le G8 à se saisir, en 2005, de deux nouveaux sujets : l'énergie et la lutte contre le changement climatique. Ceci semble témoigner de l'émergence d'un nouveau concept de sécurité collective : la sécurité énergétique mondiale, dans une perspective de développement durable, devient un enjeu stratégique qui nécessite la mise en place de nouveaux instruments, et de nouveaux lieux de dialogue entre les nations, et qui fait apparaître d'autres acteurs sur la scène internationale.

politique étrangère

L'année 2005 apparaît comme une année clé pour une nouvelle prise en compte par la communauté des nations de deux défis majeurs : la sécurité énergétique mondiale et le changement climatique. Ces deux questions ont certes déjà fait l'objet d'une mobilisation de la communauté internationale mais de façon partielle et unilatérale : pour l'énergie lors des crises pétrolières (1973 et 1979), où l'action s'est concentrée sur l'évolution des prix, sans considération environnementale ; pour l'environnement à l'occasion des Sommets de la Terre (Rio de Janeiro, 1992 et Johannesburg, 2002[1]) et du protocole de Kyoto sur les changements climatiques signé en 1997, la problématique de l'énergie s'y faisant alors peu présente.

1. Le premier Sommet de la Terre s'est tenu à Stockholm en 1972 et a élevé les questions écologiques au rang de préoccupations internationales, suscitant la création du Programme des Nations unies pour l'environnement (PNUE). Le deuxième Sommet s'est tenu en 1992, sous l'égide des Nations unies, et a donné le coup d'envoi à un programme de lutte mondiale contre les changements climatiques, pour la protection de la biodiversité et l'élimination des produits toxiques. Enfin, le troisième Sommet de la Terre s'est tenu du 26 août au 4 septembre 2002, toujours sous l'égide des Nations unies. Il est aussi officiellement appelé « Sommet mondial sur le développement durable (SMDD) » (NDLR).

Plusieurs facteurs expliquent que la communauté internationale ait davantage pris conscience en 2005 des liens entre énergie, environnement et développement, et de la nécessité de traiter de ces trois questions de concert : la hausse continue du prix du pétrole, du gaz naturel et du charbon depuis 2004, et les débats qui en résultent sur la date du *peak oil*, (chute de la production pour cause d'épuisement des réserves, raréfaction et renchérissement des énergies fossiles) ; l'interdépendance énergétique croissante entre pays ; enfin, sans que le lien de cause à effet soit scientifiquement prouvé, la multiplication d'événements climatiques extrêmes ou inhabituels, en Europe, en Asie, en Amérique et aux pôles...

Les données du problème

Le paysage énergétique mondial est en train de changer. Le monde d'aujourd'hui consomme 70 % d'énergie de plus que celui d'il y a 30 ans, et si le rythme de progression de la consommation se ralentit quelque peu, il est prévu que celle-ci continue néanmoins de croître de 1,6 % par an en moyenne. L'Agence internationale de l'énergie (AIE)[2] prévoit que la consommation mondiale d'énergie aura, en 2030, augmenté de plus de 50 % par rapport à aujourd'hui[3].

Les experts annoncent que le surcroît de consommation énergétique proviendra, pour plus des deux tiers, des pays émergents et que, dans 25 ans, les trois énergies fossiles – le pétrole, le gaz naturel et le charbon – satisferont encore 81 % de la demande énergétique mondiale. Les émissions de gaz à effet de serre (GES) devraient donc augmenter dans le même ordre de grandeur.

Les courbes de consommation d'énergie et d'émission de dioxyde de carbone (CO_2) sont étroitement corrélées[4], de même que celles reflétant la concentration de GES dans l'atmosphère et l'élévation moyenne de la température : en juin 2005, 11 académies des sciences affirmaient dans une déclaration commune la réalité du changement climatique dû à l'effet de serre[5]. Le taux de CO_2 dans l'air est aujourd'hui de 27 % supérieur à ce qu'il

2. On rappellera que l'AIE, créée au lendemain du premier choc pétrolier (1974) dans un contexte de tension avec les pays producteurs, est un organe autonome rattaché à l'OCDE. Elle est passée de 16 membres lors de sa fondation à 26 aujourd'hui. Ses missions ont évolué au cours des années : elle a étendu le concept de sécurité à d'autres sources d'énergies, notamment au gaz, et s'est intéressée aux problèmes de rupture d'approvisionnement en électricité. Elle prend en compte les questions environnementales et climatiques et leurs implications pour le secteur énergétique. Le concept d'« efficacité énergétique » fait désormais partie intégrante de sa réflexion.

3. Pour ces chiffres et les suivants, voir : AIE, *World Energy Outlook 2005*, Paris, OCDE/AIE, 2005.

4. L'historien J.R. McNeill a calculé qu'au cours du XXe siècle, la consommation d'énergie au niveau mondial avait été multipliée par 16 et les émissions de CO_2 par 17. Voir aussi les rapports du Groupe intergouvernemental d'experts pour l'étude du changement climatique (Intergovernmental Panel on Climate Change, IPPC, <www.ipcc.ch/>).

5. Déclaration commune des Académies des sciences sur la réponse globale au changement climatique signée le 7 juin 2005 par l'Allemagne, le Brésil, le Canada, la Chine, les États-Unis d'Amérique, la France, l'Inde, l'Italie, le Japon, le Royaume-Uni et la Russie.

était avant l'ère industrielle. Les experts estiment nécessaire de plafonner, puis de réduire cette concentration, à des niveaux permettant de ne pas dépasser, d'ici 2050, une hausse moyenne de la température de 2 °C par rapport à l'ère préindustrielle, ce qui suppose une réduction de moitié des émissions d'ici à cette date et une division par quatre pour les pays développés. C'est notamment sur ces objectifs que l'Union européenne fonde sa stratégie de lutte contre le changement climatique.

La consommation d'énergie est très inégalement répartie au niveau mondial. À l'heure actuelle, 50 % de cette énergie est absorbée par 15 % de la population mondiale (essentiellement dans les pays de l'Organisation de coopération et de développement économiques, OCDE) et plus de deux milliards de personnes n'ont pas accès aux services énergétiques modernes. Un Américain consomme environ deux fois plus d'énergie qu'un Français, et trois fois plus de pétrole pour les transports. Le niveau d'émission de GES par habitant est aux États-Unis huit fois plus élevé que la moyenne mondiale. Les comparaisons avec un grand pays émergent comme la Chine ne sont pas moins parlantes : un Chinois consomme en moyenne cinq fois moins d'électricité qu'un Européen. Pour le pétrole, la consommation moyenne par habitant y est 12 fois moins élevée qu'en Europe. Si l'on considère qu'un Chinois sur 100 dispose actuellement d'une voiture (ce taux étant de plus de 80 % aux États-Unis), on mesure l'ampleur des enjeux.

Un Chinois consomme en moyenne cinq fois moins d'électricité qu'un Européen, et douze fois moins de pétrole

Du côté de l'offre d'énergie, les ressources, qui ne sont pas infinies, sont aussi inégalement réparties, et les flux évoluent. Même si cela fait l'objet d'âpres discussions d'experts, on estime qu'au rythme de consommation actuel, les réserves exploitables ne correspondraient plus qu'à une quarantaine d'années de consommation pour le pétrole, à une soixantaine d'années pour le gaz naturel et à environ 230 ans pour le charbon. Dans le cas du pétrole, la moyenne de la production mondiale est aujourd'hui de 84 millions de barils par jour (Mb/j), et la totalité de ce qui est produit est consommée. En 2003, cette production ne s'élevait qu'à 79 Mb/j et les experts de l'AIE prévoient qu'elle atteindra 92 Mb/j en 2010 et 115 Mb/j en 2030. À titre de comparaison, on mentionnera qu'à l'automne 2005 la production de l'Arabie Saoudite s'élevait à 9,5 Mb/j, celle de l'Iran à environ 4 Mb/j, du Nigeria ou du Venezuela à 2,5 Mb/j, et de l'Irak à 1,9 Mb/j. C'est donc, peu ou prou, la production d'un Irak supplémentaire que le monde doit pouvoir mettre sur le marché tous les deux ans… En outre, sur le plan géographique, de nouveaux flux apparaissent, entre de nouvelles zones de consommation, comme l'Asie, et de nouvelles zones de production, comme la Russie ou l'Afrique centrale.

Enfin, sur le plan financier, l'AIE estimait, en 2003[6], à 16 000 milliards de dollars le montant des investissements nécessaires dans le domaine de l'énergie d'ici 2030 pour satisfaire la demande énergétique mondiale, avec des précisions impressionnantes : 10 000 milliards pour l'électricité, 3 100 milliards pour le pétrole, autant pour le gaz naturel... (prévisions plutôt revues à la hausse depuis).

Ces chiffres montrent assez l'accélération de l'interdépendance des pays dans le domaine de l'énergie, ainsi que l'ampleur des enjeux, tant du point de vue de la sécurité énergétique mondiale que de la lutte contre le changement climatique. Plusieurs « crises des ciseaux » sont devant nous, entre l'offre et la demande mondiales d'énergie, entre les intérêts énergétiques des pays riches et ceux des pays émergents, entre notre sécurité énergétique et la pérennité de notre environnement global. En résultent dans un premier temps des tensions accrues sur les marchés de l'énergie, qui se répercutent sur les prix, avec au total un impact sur la croissance économique et sociale et sur la répartition des richesses au niveau mondial.

2005 : une nouvelle prise de conscience

Trois rencontres marquent particulièrement l'émergence de ces nouveaux enjeux et font apparaître des évolutions notables.

Les 2 et 3 mai 2005, la réunion ministérielle de l'AIE adopte une déclaration qui rappelle les termes du problème et mentionne les projections évoquées plus haut qui font ressortir le risque d'insoutenabilité des tendances actuelles, quant à l'augmentation de la consommation d'énergie et à celle des émissions de GES. La réponse des ministres des États-membres de l'AIE s'organise autour d'un triple engagement : « Nous pouvons atteindre, et atteindrons, un avenir énergétique sûr et durable, par des actions plus fortes visant à :

– limiter notre dépendance énergétique extérieure qui augmente alors que les réserves mondiales se réduisent ;

– diminuer la vulnérabilité de nos économies à des prix de l'énergie élevés et volatils, notamment par des efforts dans le domaine de l'efficacité énergétique ;

– réduire l'impact environnemental d'une dépendance croissante du monde aux énergies fossiles ».

6. AIE, *World Energy Investment Outlook 2003*, Paris, OCDE/AIE, 2003.

Lors du Sommet du G8 de Gleneagles (Écosse, 6-8 juillet 2005), les chefs d'État et de gouvernement ont adopté une déclaration et un plan d'action « sur le changement climatique, l'énergie propre et le développement durable ». Cinq pays émergents – l'Afrique du Sud, le Brésil, la Chine, l'Inde et le Mexique – participaient à ce Sommet.

En décembre de la même année, à Montréal, la XIe Conférence des Parties à la convention-cadre des Nations unies sur les changements climatiques (United Nations Framework Convention on Climate Change, UNFCCC) et la Première réunion des Parties au protocole de Kyoto ont confirmé la poursuite, après 2012, du même protocole. La conférence a examiné, avec les pays industrialisés, les engagements post-2012, et a lancé, avec les autres pays, un dialogue plus large afin d'aboutir à un renforcement de la Convention et de son protocole d'application. Les États-Unis ont accepté d'engager, dans le cadre de l'UNFCCC, un « dialogue sur l'action à long terme », minimal mais large. Le changement climatique y a bien été perçu comme constituant une menace qui appelle des réponses de la communauté internationale, et un objectif central y a été réaffirmé : parvenir à un dispositif qui continue à donner, après 2012, une valeur économique à la tonne de carbone non émise, faute de quoi le cadre juridique et économique international risquerait d'échouer à inciter aux investissements dans les technologies faiblement émettrices.

Ces réunions ont donc examiné, sous des angles divers, les trois principales questions auxquelles la communauté internationale est confrontée :

– l'accès à l'énergie pour permettre le développement économique et social, et les conditions de l'équilibre au niveau mondial entre offre et demande d'énergie (sécurité énergétique) ;

– la pérennité économique des différents systèmes énergétiques (marchés de l'énergie et compétitivité relative des différentes énergies), et en particulier les conditions économiques favorisant les investissements dans des systèmes énergétiques durables ;

– l'impact sur l'environnement global des profils de développement et des modes de consommation de l'énergie (lutte contre le changement climatique).

C'est sans doute lors du Sommet de Gleneagles que sont apparues le plus clairement les interactions entre ces différentes problématiques.

La Déclaration de Gleneagles et le plan d'action du G8[7]

Les dirigeants réunis à Gleneagles, y compris les présidents George W. Bush et Vladimir Poutine, ont reconnu, pour la première fois à ce niveau, la réalité du changement climatique et la menace qu'il représente, son origine anthropique liée principalement à l'utilisation des énergies fossiles, ainsi que la nécessité d'agir maintenant, essentiellement dans le domaine de l'énergie.

Les cinq pays émergents invités (Afrique du Sud, Brésil, Chine, Inde, Mexique), tout en saluant l'initiative du G8, ont appelé à « un nouveau paradigme de développement » et souligné leurs propres responsabilités, qui diffèrent de celles des pays développés, les marges de rattrapage importantes qui sont les leurs en termes d'émissions par habitant, ainsi que la nécessité d'un effort financier accru des pays industrialisés pour promouvoir les transferts de technologie.

En évitant de renvoyer dos-à-dos partisans et adversaires du protocole de Kyoto et en situant la problématique du changement climatique dans la perspective plus large du rapport entre production et consommation de l'énergie au vu du développement économique et social mondial, la présidence britannique du G8 a réuni un consensus substantiel sur les réponses technologiques et de politique publique susceptibles d'être apportées au problème. Les principaux messages du Sommet de Gleneagles peuvent être résumés comme suit :

– le climat et l'équilibre énergétique mondial sont deux « biens communs » qu'il convient de préserver. La non-action risque d'être plus coûteuse que l'action et c'est l'ensemble de la croissance et du développement économique et social au niveau mondial qui pourraient être menacés. Sans énergie, il n'y a pas de développement possible ; tout dépend donc de la façon dont cette énergie est produite et consommée ;

– de même qu'il n'y a pas de solution technologique unique, il n'y a pas de solution de politique publique idéale, au niveau national comme au niveau international : tous les moyens disponibles, à court terme et à plus longue échéance, doivent être mobilisés ;

– les changements nécessaires impliqueront de très importants investissements, en particulier dans le domaine de l'énergie, ce qui suppose la mise en place de dispositifs permettant de mobiliser davantage le secteur privé. Un consensus est apparu sur le fait que les investissements doivent

7. Les textes de la déclaration et du plan d'action sont disponibles sur le site de la présidence britannique du G8 : <www.g8.gov.uk>.

se faire selon les règles de l'économie de marché et conformément aux règles de bonne gouvernance ;

– aussi puissants ou volontaristes soient-ils, les pays industrialisés ne sont pas en mesure de relever seuls ces défis, puisque, dans les années qui viennent, ce sont d'abord les pays émergents et en développement qui feront le plus augmenter la consommation énergétique mondiale et les émissions de GES. La situation exige donc un cadre mieux régulé au niveau mondial et un renouveau des dispositifs d'accompagnement du développement – et ce, également dans l'intérêt des pays « du Nord » – afin de permettre la consolidation et le développement d'une coalition internationale qu'il faut souhaiter la plus large possible.

La problématique « énergie-climat » à l'ordre du jour de 2006

La présidence russe du G8 a annoncé qu'elle se placerait dans la « continuité de Gleneagles » et a décidé de donner une priorité à la « sécurité énergétique mondiale ». Selon les documents préparatoires, la Russie conçoit la sécurité énergétique comme l'addition de la « sécurité de l'offre » (qui intéresse d'abord les pays consommateurs) et de la « sécurité de la demande » (qui intéresse plus spécialement les pays producteurs). Il s'agit d'améliorer la première en garantissant mieux la seconde, notamment par de plus grandes stabilité et visibilité du marché des hydrocarbures. Sans que les deux visions soient antinomiques, les partenaires de la Russie estiment, au-delà des déséquilibres locaux qui peuvent résulter d'événements climatiques extrêmes ou de situations géopolitiques particulières, qu'une plus grande sécurité énergétique résulte d'abord d'un meilleur équilibre entre l'offre et la demande. Ils estiment à cet égard qu'il pourrait être utile d'identifier, dans chaque filière énergétique, les moyens d'y arriver. Le décalage est cependant patent entre ces orientations générales, encore discutées, et la réalité des choses telle qu'elle est apparue en janvier 2006 lors de la crise entre la Russie et l'Ukraine.

La présidence russe du G8 a décidé de donner une priorité à la « sécurité énergétique mondiale »

La problématique environnementale est encore assez peu présente à ce stade, même si la Russie a prévu que le G8 consacre une partie de ses travaux à la question de l'efficacité énergétique, éminemment liée à la lutte contre le changement climatique et au développement durable. La ratification russe du protocole de Kyoto (2004) – qui a permis son entrée en vigueur –, devrait cependant offrir à la nouvelle présidence la possibilité d'une meilleure intégration de la problématique « climat » dans le thème de la sécurité énergétique. C'est l'intérêt de la Russie, qui a identifié « l'efficacité énergétique » comme une priorité de sa stratégie nationale de l'énergie à l'horizon 2020, et qui devrait tirer avantage de la vente des crédits carbone dont elle dispose, et de ceux qui résulteront, sur son territoire, de projets de modernisation au titre du mécanisme dit « de mise en œuvre conjointe » du protocole de Kyoto.

Les résultats de la présidence russe du G8 seront évalués notamment lors de deux rencontres de haut niveau : la réunion des ministres de l'énergie des pays du G8 tenue à Moscou en mars 2006, et le Sommet du G8, prévu à Saint-Pétersbourg à la mi-juillet de la même année.

Le G8 devra également tenir compte d'autres événements internationaux dans le domaine de l'énergie et de la lutte contre le changement climatique, inscrits à l'agenda du premier semestre 2006 :

– la session spéciale du conseil de gouvernance du Programme des Nations unies pour l'environnement (PNUE), en février à Dubaï, qui a notamment traité du thème « énergie et environnement pour le développement » ;

– en avril, à Doha (Qatar), dans le cadre du Xe Forum international de l'énergie (FIE)[8], se réuniront quelque 70 ministres de l'Énergie des pays producteurs et consommateurs ;

– la prochaine session de la Commission du développement durable des Nations unies, dont la réunion ministérielle se tiendra à New York début mai, examinera plus particulièrement la problématique de l'énergie et de l'industrie dans une perspective de développement durable ;

– la Commission européenne a annoncé la publication prochaine d'un nouveau Livre vert : *Pour une politique énergétique européenne sûre, durable et compétitive* ;

– enfin, c'est au premier semestre 2006 que doivent commencer à se réunir les groupes prévus lors de la Conférence de Montréal, entre pays industrialisés et pays en développement, afin d'examiner les différentes solutions concernant les émissions de GES pour la période post-2012[9].

La problématique « énergie-climat » est donc clairement devenue un sujet multilatéral, examiné dans une perspective mondiale, indépendamment des événements conjoncturels pouvant affecter telle ou telle énergie, ou l'environnement, dans une région donnée. L'approche à froid, privilé-

8. Produit de l'initiative, à la fin des années 1980, de la France, de la Norvège et du Venezuela qui visaient à lancer un dialogue entre producteurs et consommateurs de pétrole, la première édition du Forum international de l'énergie s'est tenue à Paris en 1991. Le FIE, qui s'est doté en 2005 d'un secrétariat permanent basé à Riyad, se réunit une fois tous les deux ans. Le dernier Forum a eu lieu à Amsterdam en mai 2004.

9. Un premier type de réunion rassemblera les experts des organes subsidiaires de la Convention climat, et un second réunira ceux des Parties au protocole de Kyoto, sans remettre en cause le groupe de dialogue constitué *ad hoc* par les Américains et créé à Montréal.

giant une vision globale, paraît ainsi plus prospective et moins cloisonnée que les démarches qui l'ont précédée.

Un nouveau paradigme pour la coopération internationale ?

La succession de réunions internationales évoquées ci-dessus dessine, trait après trait, de nouveaux contours pour la coopération internationale, avec de nouveaux concepts, de nouveaux acteurs et de nouveaux instruments.

Les notions ou concepts inédits, ou qui ont acquis une actualité inhabituelle, sont précisément ceux de « sécurité énergétique mondiale », d'« efficacité énergétique », d'« énergie durable », d'« équilibres physiques et naturels à respecter », de « rôle de l'énergie pour le développement économique, la croissance et la compétitivité » ; on y ajoutera l'impact sur l'environnement global de la consommation d'énergie, la question de l'intégration dans la vie économique des « coûts environnementaux », ou de « l'économie carbone »... En bref, le concept de « développement durable », recadré de façon réaliste dans la problématique de l'énergie et de l'économie, est en passe de sortir du seul champ environnemental.

> **Le concept de « développement durable » est en passe de sortir du seul champ environnemental**

La manière dont est perçue, en 2006, la problématique pétrolière est significative de cette évolution. Voici deux ans encore, la question des prix du pétrole était d'abord analysée en termes d'offre, de flux d'exportations et de « signaux prix » sur un marché où le rôle et les annonces de l'Organisation des pays exportateurs de pétrole (OPEP) étaient vus comme déterminants. Si cette approche subsiste, on parle davantage aujourd'hui des fondamentaux physiques de ce marché. S'agissant d'une matière première qui n'est ni infinie ni toujours disponible immédiatement, l'équilibre entre l'offre et la demande ne peut être acquis pour l'éternité, et est soumis à de nombreuses conditionnalités : rigidités, capacités, réserves, délais de mise en œuvre, transformation (raffinage), transport, stockage, faible flexibilité de la demande, etc.

De même, au-delà des flux provenant des principaux pays exportateurs, l'attention se porte davantage sur ce que chaque pays produit et consomme. On sait mieux aujourd'hui que l'OPEP produit 40 % du volume mondial – ni plus, ni moins –, que la Russie est pratiquement à égalité avec l'Arabie Saoudite pour la production nationale, que les champs anciens s'épuisent et que pour satisfaire une demande qui continue à croître, il faudra en trouver de nouveaux – souvent plus chers à exploiter –, que le délai entre la découverte d'un gisement et la première goutte produite est en moyenne de sept ans, etc.

Côté demande, on sait mieux également que les États-Unis consomment un quart des quelque 84 millions de barils de pétrole produits chaque jour, que le dynamisme économique de pays comme la Chine et l'Inde, autrefois assez neutres sur les marchés de l'énergie, a désormais un impact sur la demande mondiale et sur les prix, que le niveau et le type de consommation énergétique des pays en développement est aussi de nature à peser significativement sur la croissance et le développement du reste du monde, ainsi que sur le niveau des émissions de GES.

La problématique des marchés de l'énergie est ainsi davantage perçue en termes de masses que de flux, dans un monde fini et plus interdépendant. L'attention nouvelle accordée aux taux d'indépendance énergétique (TIE) des États[10] est significative d'une perception plus globale des enjeux. La politique d'un État et son positionnement quant aux questions énergétiques internationales ne sont pas les mêmes s'il est exportateur net d'énergie, comme la Russie (TIE : 168 %), ou importateur net, comme les États-Unis (TIE : 73 %), la France (TIE : 51 %), l'Allemagne (TIE : 39 %) ou l'Italie (TIE : 16 %).

Le rôle croissant du pétrole comme produit de référence et de placement sur les marchés financiers constitue un autre élément à prendre en compte pour l'équilibre des marchés énergétiques. Le pétrole est en effet devenu le support d'actifs financiers circulant au gré de critères qui ne sont pas directement liés avec les contraintes physiques évoquées ci-dessus.

Parmi les éléments originaux du débat, on doit aussi citer les nouveaux critères et indicateurs dont la communauté internationale va, de plus en plus, être amenée à tenir compte, tels que « l'intensité énergétique » et « l'intensité carbone » de l'économie de chaque pays[11]. Sait-on par exemple que, par unité marginale de produit intérieur brut (PIB), c'est-à-dire pour la même quantité de richesse produite, les États-Unis consomment 1,5 fois plus d'énergie, et la Russie 3,3 fois plus, que l'Europe des Vingt-cinq ? Par unité marginale de PIB, la Russie, dont 91 % de la consommation énergétique finale proviennent des trois énergies fossiles, émet donc en moyenne

10. Le TIE se définit comme le rapport entre la production et la consommation finale d'énergie pour un pays donné.
11. L'« intensité énergétique » indique la quantité d'énergie nécessaire pour produire une certaine quantité de richesse. L'« efficacité énergétique » se mesure donc par le rapport entre la consommation d'énergie primaire (en général en millions de tonnes équivalent-pétrole) et le PIB (en dollars constants). Une économie est d'autant plus efficace sur le plan énergétique que son taux d'intensité énergétique est faible, et réciproquement. L'« intensité carbone » indique la quantité de CO_2 produite par la consommation d'énergie nécessaire à une unité marginale de PIB. Plus ce taux est faible, moins l'économie considérée émet de GES pour une même quantité de richesse produite.

près de quatre fois plus de CO_2 que l'Union européenne, et les États-Unis 1,7 fois plus. Ces critères mettent en relation, mieux que les chiffres bruts, la consommation d'énergie et les émissions de GES avec le niveau de développement économique.

Tableau 1. Comparaison des niveaux d'intensité énergétique primaire et d'intensité carbone des 13 pays représentés au Sommet de Gleneagles

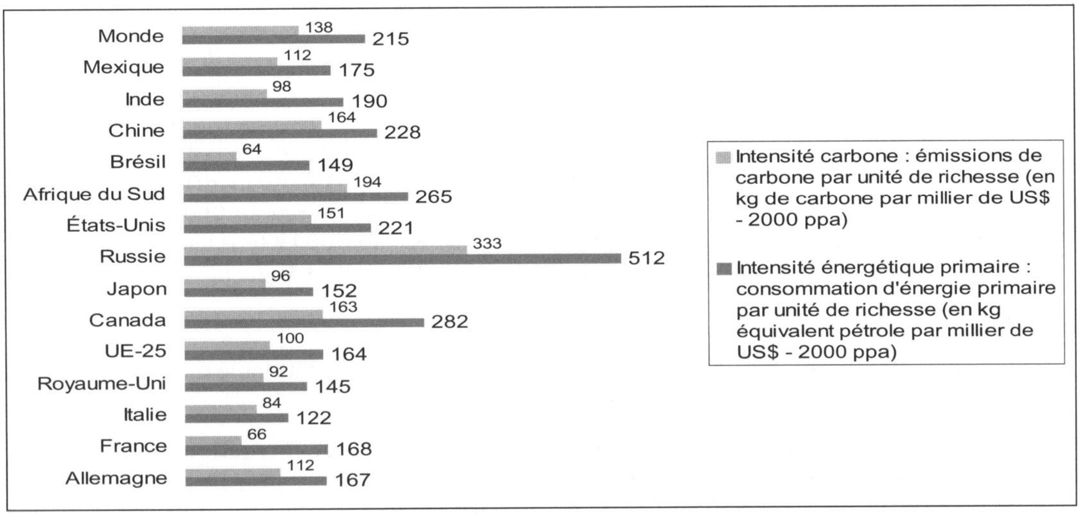

Note : La parité de pouvoir d'achat (ppa) est un taux de conversion monétaire qui permet d'exprimer dans une unité commune les pouvoirs d'achat des différentes monnaies. Le calcul du PIB selon la PPA permet d'éliminer les différences de niveaux de prix existant entre les pays.

Sources : Observatoire français de l'énergie/DGEMP-MINEFI, d'après AIE/OCDE, (11/2005)

C'est ainsi par rapport à un indicateur d'intensité énergétique que la France a décidé d'établir des objectifs à moyen et à long terme (par la loi de programme fixant les orientations de la politique énergétique du 13 juillet 2005), visant à diviser par quatre ses émissions de GES d'ici à 2050. L'objectif est ainsi d'améliorer l'intensité énergétique globale annuelle de la France de 2 % jusqu'en 2015, et de 2,5 % entre 2015 et 2030. Au niveau international, l'objectif pourrait être qu'à terme les indicateurs d'intensité énergétique et d'intensité carbone finissent par converger, ce qui serait plus équitable et plus réaliste que des objectifs en termes absolus, ou par habitant, qui ont peu de chances de recueillir un consensus, et ne tiennent pas compte des différents niveaux de développement.

S'agissant des nouveaux acteurs que la problématique « énergie-climat » fait apparaître au devant de la scène et avec qui il faudra davantage compter à l'avenir, on peut d'abord mentionner, à côté des principaux exportateurs traditionnels, les grands producteurs et, surtout, les grands consommateurs d'énergie, comme les pays émergents. Mais l'irruption de la problématique de la sécurité énergétique et la libéralisation, dans un nombre croissant de pays, des marchés de l'énergie ont également fait surgir d'autres acteurs, tels les sociétés de transport d'énergie (en particulier pour le transport du gaz et de l'électricité) ou les industriels producteurs ou grands consommateurs, notamment lorsqu'ils se regroupent... Ces acteurs non étatiques façonnent, au moins autant que les États, non seulement les politiques énergétiques, mais encore les modes de vie et de développement, et donc de consommation d'énergie. Ils sont donc appelés à jouer un rôle croissant dans le futur paradigme de coopération internationale.

Dans le volet « environnement international », les nouveaux acteurs sont notamment tous ceux qui travaillent autour de « l'économie carbone » : organes créés, au niveau international et dans chaque pays, pour permettre aux mécanismes de flexibilité du protocole de Kyoto de fonctionner, organismes administratifs et financiers travaillant sur l'échange de crédits carbone, etc.

Enfin, parmi les nouveaux instruments d'action internationale dans ces domaines, on peut citer des outils de nature différente :

– les bourses de l'énergie et les régulateurs du secteur énergétique sont appelés à prendre un rôle plus important, dans la mesure où ils favorisent une structuration des marchés énergétiques conforme aux règles de l'économie de marché, avec un rôle clé pour une fixation des prix reflétant mieux les différents coûts, ainsi que pour la définition du cadre des investissements dans le secteur de l'énergie ;

– les partenariats internationaux de recherche et d'échange de bonnes pratiques dans le domaine des technologies de l'énergie, qui se sont multipliés au cours des dernières années, doivent être également mentionnés parmi les outils susceptibles d'accélérer la recherche et l'innovation, permettant une meilleure diffusion de technologies plus efficaces ou plus écologiques, par exemple en favorisant les transferts de technologie vers les pays en développement ;

– la fixation d'objectifs spécifiques, en termes d'échange de bonne pratiques et de réduction de l'intensité carbone, pour certains grands secteurs industriels mondialisés où les logiques sont comparables (sidérurgie, construction automobile...), constitue également un des nouveaux outils envisagés pour parvenir à une utilisation de l'énergie plus rationnelle et plus écologique dans certains secteurs, par la réduction des risques de distorsion de compétitivité. Une telle approche devrait conduire à dépasser la logique interétatique pour certains grands secteurs économiques, en tenant compte des modes de fonctionnement des entreprises mondialisées ;

– les mécanismes de flexibilité du protocole de Kyoto[12] et les dispositifs mis en place pour les faire fonctionner ou les promouvoir (comme les fonds d'achat de crédits carbone) sont également des instruments importants favorisant les investissements dans les technologies plus efficaces ou plus faiblement émettrices de GES. Le caractère novateur de ces instruments, dits « de marché », par rapport aux anciens outils de politique publique – ils subsistent – que sont les obligations et les aides financières directes, tient à leur caractère mixte (une liberté de marché à l'intérieur d'un cadre régulé). Ces mécanismes incitent en effet les opérateurs privés, qui ont l'essentiel des disponibilités financières, à réaliser les investissements adéquats là où ils sont les moins chers, c'est-à-dire dans les processus les plus polluants, partout dans le monde. En se fondant sur les déterminants de l'investissement au niveau des entreprises, les mécanismes-projets du protocole de Kyoto permettent ainsi de concilier les nouvelles exigences environnementales, d'intérêt global, avec les règles de l'économie de marché.

***

On peut tirer de ce qui précède plusieurs conclusions sur les changements qui résultent, dans les relations internationales, de l'émergence de cette nouvelle problématique « énergie-climat », ainsi que sur les perspectives de réaction de la communauté internationale :

– la sécurité énergétique mondiale, dans une perspective de croissance économique et sociale durable, est devenue un enjeu global, mais aussi un nouvel enjeu de sécurité au sens classique du terme : dans un monde qui prend conscience de sa finitude, où les marchés de l'énergie se mondialisent encore davantage, les ressources énergétiques seront de plus en plus disputées. Elles deviennent, de manière durable, un élément essentiel de la politique étrangère des États. Il en résulte de nouvelles tensions sur les prix et de nouveaux clivages – entre États, mais aussi entre acteurs étatiques et acteurs non étatiques –, pouvant nourrir de nouveaux différends. Aux conflits d'intérêt classiques susceptibles de s'exacerber, s'ajoutent désormais des problèmes écologico-économiques qui risquent de provoquer, outre de nouvelles batailles, des cercles

La sécurité énergétique mondiale est un enjeu global mais aussi un enjeu de sécurité au sens classique du terme

12. Les mécanismes de flexibilité du protocole de Kyoto sont au nombre de trois : celui de l'échange international des droits d'émission ; le mécanisme projet dit de Mise en œuvre conjointe (MOC ou Joint Implementation, JI), dans les pays soumis à une obligation de réduction : il permet à une entreprise qui réduit ses émissions de recevoir, en échange, des crédits carbone d'un montant égal à ces réductions, échangeables sur le marché international des quotas ; et le Mécanisme pour un développement propre (MDP ou Clean Development Mechanism, CDM), comparable à la MOC, mais qui concerne les pays en développement non soumis à des obligations de réduction chiffrées. Il s'apparente à une subvention incitant au transfert de technologies propres dans les pays en développement à l'occasion d'investissements de modernisation.

vicieux de décroissance – dans un premier temps dans une région donnée ou dans tel ou tel secteur économique. Enfin, la concurrence, voire l'opposition, entre intérêts partiels de moyen terme (nationaux et d'entreprises), et intérêts globaux de long terme, devraient être de plus en plus nettes. Le champ géographique, sectoriel et temporel des problématiques classiques de l'énergie se modifie donc à la faveur des nouveaux défis environnementaux ;

– si l'on assiste à un certain « retour des États » sur la scène énergétique, après l'effacement relatif imposé par la doctrine libérale, les conflits d'intérêts que générera la prise en compte croissante par la communauté internationale de la problématique « énergie-climat » plaident pour la mise en place d'un nouvel ordre multilatéral et multipolaire qui dépasse le jeu des acteurs étatiques, ou en tout cas en régule l'action dans l'intérêt commun. Le nouveau cadre, qui se met progressivement en place dans ce domaine pourrait être calqué sur ce qui existe en matière de « diplomatie préventive ». Cependant, les États joueront toujours un rôle déterminant dans les évolutions futures, par leurs positions de politique étrangère, notamment dans le domaine de la diplomatie économique, ou leurs choix de politiques énergétique et de développement. À cet égard, l'arbitrage entre les choix de court terme et les choix de long terme sera déterminant ;

– au-delà des prises de conscience et des déclarations d'intentions, le foisonnement récent d'initiatives sur les questions de l'énergie et du climat incite à sérier les questions, afin d'organiser l'action de façon efficace. Les pays participants aux futures rencontres devront avoir une vision claire de ce qui dépend ou non d'eux, de ce qui relève du niveau national, du niveau interétatique ou de l'action d'acteurs non étatiques, de ce qui est possible à court terme, et des solutions de long terme, des moyens d'action concrets dont ils disposent... C'est dans cet esprit, par exemple, que la France a proposé dans le cadre européen, au début de l'année 2006, un *Mémorandum sur la relance de la politique énergétique européenne dans une perspective de développement durable*[13], qui identifie plusieurs pistes d'action – au niveau communautaire et pour les relations extérieures de l'Europe –, et devrait permettre de conforter la sécurité énergétique européenne sans affecter sa compétitivité, et d'apporter une contribution significative à la lutte contre le changement climatique.

PE

MOTS-CLÉS :

G8, sécurité énergétique, changement climatique, protocole de Kyoto

13. Le texte du mémorandum, ainsi que de nombreux autres documents sur la politique énergétique française dans le contexte international sont disponibles sur le site officiel du ministère délégué à l'Industrie <www.industrie.gouv.fr/energie>.

page 145 libres propos

Kosovo : le débat du statut

Par **Marina Glamotchak** et **Diane Masson**

Marina Glamotchak est chercheur au Groupe de sociologie de la défense à l'École des hautes études en sciences sociales (EHESS). Elle est l'auteur de *La Transition guerrière yougoslave* (Paris, L'Harmattan, 2002).

Diane Masson est analyste sur les Balkans. Elle est notamment l'auteur de *L'Utilisation de la guerre dans la construction des systèmes politiques en Serbie et en Croatie, 1989-1995* (Paris, L'Harmattan, 2002).

Si les négociations sur le futur statut du Kosovo soulèvent le problème de la conciliation des demandes de la majorité albanaise avec celles de la minorité serbe de la province, elles représentent également un enjeu de politique intérieure pour Belgrade. L'éventualité d'une indépendance du Kosovo interroge ainsi ce que serait la viabilité socio-économique et politique du nouvel État, et au-delà pose la question de la stabilité d'une région où la communauté internationale s'est beaucoup investie.

politique étrangère

L'avènement de l'ère post-communiste a mis fin à la logique de la guerre froide, dont l'un des effets était de dessiner précisément les frontières. Plusieurs conflits ont été engendrés par l'implosion de fédérations, Yougoslavie comprise, et ont reconfiguré les confins internationaux, à l'est de l'Europe, sous l'effet de diverses « pulsions » de souveraineté. Ces auto-affirmations nationales ont fait rentrer sur la scène politique le conflit frontalier, le droit à l'autodétermination ne permettant pas, à lui seul, de trouver un accord entre les nations pour délimiter leurs territoires (ethniques) respectifs. La chute du système communiste a ainsi réveillé des tensions d'ordre ethnique, avec la forme extrême de la cohésion nationale connue sous la notion d'ethnicisme[1]. Les guerres yougoslaves ont fait resurgir le nettoyage ethnique comme « solution » à la fois politique (pour résoudre la question d'un corps « étranger » au corps national) et militaire (pour « nettoyer » le terrain). La revendication nationale, dans son ambi-

1. L'ethnicité diffère du nationalisme, bien qu'elle lui soit étroitement liée dans le processus de création de la nation. La définition de l'ethnicité, donnée par E. Gellner (*Nations et nationalisme*, Paris, Payot, 1989, p. 13), fait référence à un principe que l'on retrouvera dans toutes les versions fortes du nationalisme, l'homogénéité, qui se présente soit comme un idéal, soit comme une norme. Cette homogénéité néglige les différences, y compris politiques, le plus important étant le lien du sang.

La population albanaise du Kosovo et des balkans

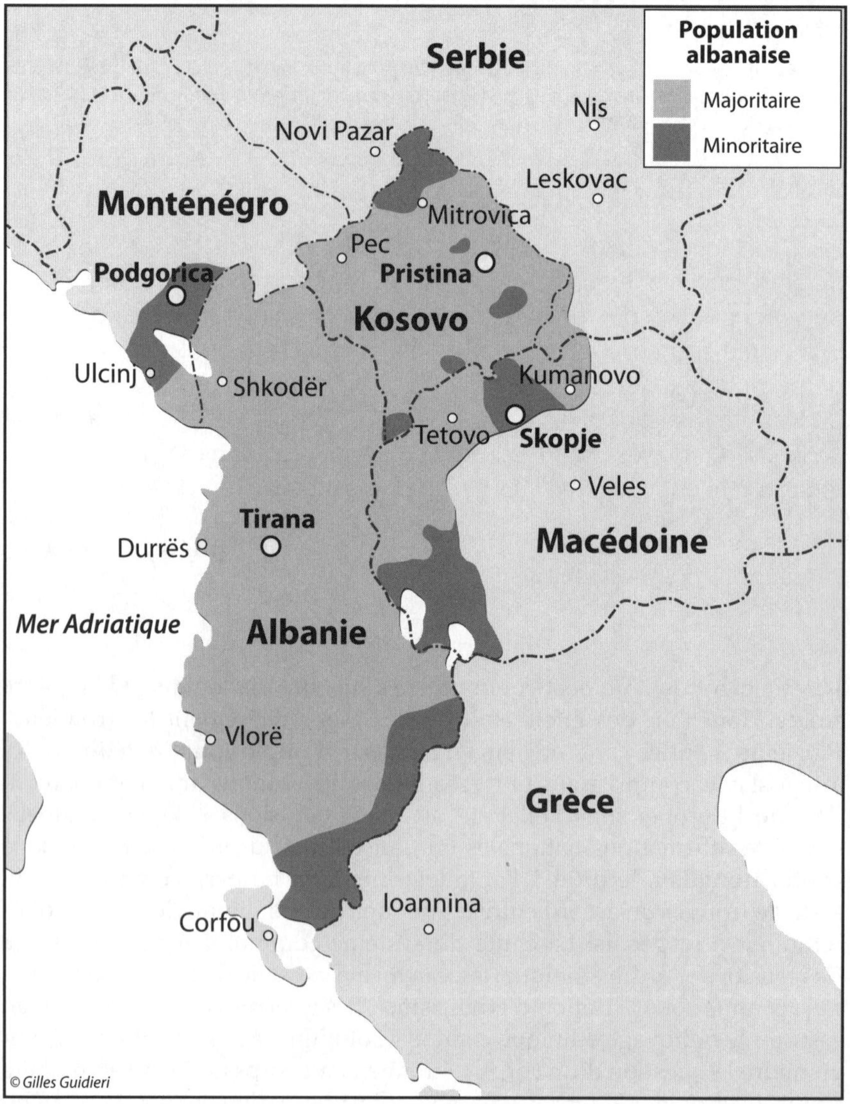

tion étatique, n'aspire plus, dès lors, qu'à englober l'entité ethnique. Or, les pays balkaniques, historiquement vus comme espace de démarcation entre des Églises (orthodoxe et catholique) et des Empires (romain, ottoman et austro-hongrois), influencés par de grandes puissances, ont constitué au fil des siècles de vastes ensembles multiethniques ou supranationaux, qui se transforment aujourd'hui en États nationaux concurrents.

Ces nouveaux pays sont souvent nationalement, voire ethniquement, homogènes[2]. Ce choix politique, hier responsable de la guerre dans l'espace yougoslave, va-t-il influencer durablement la question des frontières dans les Balkans ? La démocratisation de la société, la reconstruction d'institutions étatiques, la sécurisation de la région par les forces internationales freinent-elles la dérive d'une question frontalière étroitement liée à la question nationale ? Près de quinze ans après la désintégration de la Fédération yougoslave, son démembrement se poursuit. Au printemps 2006, les derniers, et lâches, liens unissant la Serbie et le Monténégro devraient être remis en question par un référendum sur l'indépendance dans ce dernier. La même année devrait également voir l'aboutissement des négociations sur le statut du Kosovo. Province serbe peuplée d'Albanais, qui ont très tôt revendiqué leur identité au sein de la Yougoslavie[3], puis leur rattachement à l'Albanie[4], le Kosovo s'embrase en 1998[5], alors que les conflits bosniaque et croate ont pris fin.

Des positions inconciliables

Le Kosovo est sous administration internationale depuis juin 1999. À la suite de la guerre aérienne menée par l'Organisation du traité de l'Atlantique Nord (OTAN) (mars-juin 1999), la résolution 1244 a défini le mandat des présences internationales civiles et de sécurité dans la province : la Mission d'administration intérimaire des Nations unies au Kosovo (MINUK[6]) et la Force multinationale de maintien de la paix au Kosovo (Kosovo Force,

---

2. Deux États sont homogènes du point de vue ethnique : la Slovénie, qui l'a toujours été, et la Croatie qui l'est devenue après le départ massif des Serbes en 1991-1995. La population du Kosovo est à 95 % albanaise. En Bosnie-Herzégovine, les communautés (bosniaque, croate, serbe) sont désormais concentrées territorialement, comme, dans une moindre mesure, en Macédoine (Albanais et Slavo-Macédoniens). Paradoxalement, seule la Serbie-et-Monténégro échappe à ce constat.

3. En 1968, « les revendications portaient alors sur la formation d'une République du Kosovo, laquelle aurait également englobé le territoire macédonien peuplé d'Albanais ». K. Gjeloshaj et J.-M. de Waele, « La République d'Albanie et la question du Kosovo », *CEMOTI*, n° 29, numéro « La question humanitaire – L'Albanie », juin 2000 ; Déclaration d'indépendance du Kosovo en 1981.

4. Dès 1989, les principaux partis et organisations politiques des Albanais du Kosovo envisagent tous l'union, d'une manière ou d'une autre, de la « République du Kosovo » avec l'Albanie. I. Rugova, *La Question du Kosovo*, Paris, Fayard, 1994, p. 172.

5. L'Armée de libération du Kosovo (UCK) avait multiplié les attaques contre les forces de police serbes à partir de 1996, remettant ainsi en cause la ligne de résistance pacifiste de la Ligue démocratique du Kosovo (LDK) dirigée par I. Rugova.

6. La MINUK est organisée en quatre piliers : police et justice, administration civile du Kosovo, démocratisation et construction des institutions (OSCE), développement économique (UE). Elle entame une phase de décroissance, son retrait étant prévu en juin 2007 et devant s'accompagner d'une montée en puissance de l'UE.

KFOR), dirigée par l'OTAN, garantissant une « autonomie substantielle [de la province] au sein de la République fédérale de Yougoslavie[7] ». À la suite du premier scrutin kosovar de 2001, un régime parlementaire a été institué, où le président Ibrahim Rugova[8], élu par le Parlement, disposait de pouvoirs réduits[9]. Les autorités albanaises ont consolidé leurs positions au sein de l'appareil politico-administratif, avec pour objectif l'indépendance. Le territoire est également engagé dans un processus de transfert des compétences de la MINUK vers de nouvelles institutions locales ; ces dernières demeurent fragiles, très politisées, et dominées par les Albanais, la communauté serbe ayant décidé de boycotter la vie politique et institutionnelle après les événements de mars 2004[10].

Sur une population de 2 millions d'habitants[11], on évalue aujourd'hui la population serbe à environ 110 000 personnes, réparties dans le nord, soit 50 000 dans la région de Mitrovica[12] contiguë à la Serbie, et dans une vingtaine d'enclaves à l'intérieur de la province[13]. Cette division spatiale implique des conditions d'existence très différentes. La partie nord vit dans une continuité géographique avec la Serbie, et avec un voisinage albanais réduit. Elle bénéficie de structures parallèles financées par Belgrade[14], alors que les Serbes des enclaves, sous protection de la KFOR, sont soumis aux pressions constantes de la population albanaise. L'ouverture des négociations sur le statut du Kosovo devait être subordonnée à l'application de huit « standards » ou « normes » édictés en 2003[15]. En octobre 2005, le rapport de l'ambassadeur

La partie nord du Kosovo vit dans une continuité géographique avec la Serbie, et avec un voisinage albanais réduit

7. Voir <www.un.org/french/docs/sc/1999/99s1244.htm>.
8. Ibrahim Rugova est décédé le 21 janvier 2006.
9. Depuis octobre 2004, un gouvernement de coalition (LDK et Alliance pour l'avenir du Kosovo [AAK]) est en place.
10. Du 17 au 19 mars 2004, à la suite de la noyade de trois enfants albanais, imputée à la communauté serbe, des violences antiserbes, principalement dans les régions de Pristina et de Mitrovica, font 19 morts, détruisant un millier de maisons et des dizaines d'églises serbes. D'après un récent rapport de l'Organisation pour la sécurité et la coopération en Europe (OSCE), seules 209 personnes ont été condamnées, alors que 51 000 auraient participé à ces événements.
11. Rappelons le départ – sans retour – des populations minoritaires du Kosovo (Serbes, Roms, Ashkalis, Croates, Bosniaques) au nombre de 250 000 (sources : UNHCR, 1999), dès l'arrivée des forces internationales en 1999, suivi par de nouveaux départs de Serbes après mars 2004.
12. La ville de Mitrovica est elle-même divisée entre populations serbe au nord et albanaise au sud.
13. Les principaux monastères serbes (siège patriarcal de Pec, monastère de Visoki Decani) sont situés hors des enclaves.
14. Le Comité de coordination du Kosovo, institution basée à Belgrade, finance et contrôle ces institutions parallèles serbes.
15. En 2003, la MINUK a subordonné l'examen du statut à la mise en œuvre de huit normes : fonctionnement des institutions démocratiques ; État de droit ; liberté de mouvement ; droits des communautés et retours durables des déplacés ; économie ; droits de propriété et patrimoine culturel ; dialogue Belgrade-Pristina ; Corps de protection du Kosovo (KPC).

norvégien Kai Eide[16] a ouvert la voie aux négociations, en dépit d'une application très mitigée de ces normes. Il conclut que le *statu quo* n'est plus tenable et préconise le passage à une phase politique de détermination du statut de la province, parallèlement au travail nécessaire pour l'application de ces normes. Sur le terrain, force est de constater que les positions des deux principales communautés demeurent plus qu'antagonistes.

Pour les autorités albanaises, à commencer par le défunt président Rugova, l'indépendance est la seule solution envisageable. Les revendications des Serbes du Kosovo se résument, quant à elles, à une séparation institutionnelle vis-à-vis de Pristina, dans des municipalités distinctes où ils seraient majoritaires, et entretiendraient un lien étroit avec Belgrade[17]. Les Serbes préconisent aussi une autonomie en matière de sécurité et de justice, avec une police et des tribunaux particuliers. Au nord, les aspirations à une partition de la province sont fréquentes. À la suite des violences de mars 2004 et des projets de décentralisation émanant de Belgrade[18], le Groupe de contact[19] avait imposé aux autorités locales de lancer un processus de décentralisation, avec la mise en place de projets pilotes expérimentaux. En juillet 2004, Pristina adoptait un programme cadre : sur cinq projets pilotes annoncés, trois ont été lancés dans deux zones albanaises (Junik, Hani i Elezit) et dans une zone turque (Mamusha). Les deux autres projets prévus en zone serbe (Gracanica, Partes) ont été refusés par les populations concernées qui les ont jugés insuffisants, le gouvernement du Kosovo s'opposant à la création de municipalités où les Serbes seraient majoritaires.

La décentralisation est ainsi perçue comme le moyen d'établir un contrôle ethnique (serbe) sur le territoire (albanais)[20]. Pourtant, la situation au Kosovo est telle que le paramètre démographique est à tous égards déterminant. En outre, la question de la sécurité physique des communautés minoritaires demeure problématique. Les rares retours se sont soldés par la création de nouvelles enclaves serbes gardées par les soldats de la KFOR. Les Serbes du Kosovo exigent avant tout un minimum de sécurité et la garantie de leur liberté de circulation, d'où l'importance de cette décentralisation. Pour les représentants serbes du Kosovo, en cas

16. L'ambassadeur Kai Eide, envoyé spécial des Nations unies chargé de procéder à un examen global de la mise en œuvre des normes au Kosovo, a publié son rapport le 7 octobre 2005 (NDLR).
17. Le poids de la majorité albanaise fait du Kosovo une entité géographique ethniquement cohérente, les Serbes n'étant majoritaires que dans trois des trente municipalités existantes.
18. Au printemps 2004, le gouvernement serbe a proposé un plan de décentralisation préconisant la mise en place d'une entité serbe au Kosovo.
19. États-Unis, France, Royaume-Uni, Russie, Allemagne et Italie.
20. « Maintenant, il est clair que la décentralisation, bien loin des fables politiques sur la "démocratisation du pouvoir" ou le "rapprochement du citoyen et du pouvoir", n'est pas un combat pour les droits des minorités, mais pour le contrôle de territoires ethniques. Il n'est donc pas question de réorganisation territoriale sur des principes démocratiques [...], mais de réorganisation territoriale selon des principes politiques. » (*Koha Ditore*, 9 septembre 2005)

d'évolution vers une indépendance même conditionnelle, la reconnaissance d'une autonomie locale paraît dès lors incontournable.

Sur le plan politique, ces positions divergentes se sont illustrées de manière édifiante. En dépit de tensions intra-partisanes récurrentes[21], les Albanais s'accordent sur l'objectif principal, l'indépendance, espérée pour juin 2006, et toute idée de partition est farouchement combattue[22]. Jusqu'alors ignorée par la science politique (en matière de construction nationale et étatique), la notion de « frustration nationale » est apparue avec la question du Kosovo. Elle influence considérablement le discours sur le futur statut de la province. Les représentants nationaux albanais, politiques ou anciens combattants de l'Armée de libération du Kosovo (UCK), se sentent doublement frustrés : non seulement le Kosovo demeure *de jure* dans le cadre étatique de la Serbie, mais l'objectif de la MINUK vise à ce que tous les acteurs politiques (Albanais et populations minoritaires) participent aux discussions sur son avenir. Une « résolution pour un État du Kosovo indépendant et souverain » a été adoptée par le Parlement kosovar le 17 novembre 2005. En dépit de son absence de poids juridique[23], ce texte met en évidence les aspirations des autorités albanaises : reconnaissance d'un Kosovo indépendant et souverain par les instances internationales, respect les droits de l'homme et des droits des minorités, intégration euro-atlantique et respect de l'intégrité territoriale du nouvel État.

Le futur statut, même s'il ne constitue pas la préoccupation centrale de la population, est un important enjeu de politique intérieure pour les autorités de Belgrade, unies derrière la formule : « plus que l'autonomie, moins que l'indépendance[24] ». Malgré l'harmonie affichée de l'exécutif, la position du président Tadic diffère de celle du gouvernement Kostunica et prône la création de deux entités, serbe et albanaise, sur le modèle bosnien[25]. Les formations politiques serbes du Kosovo, disparates et désorganisées, sont pour leur part divisées. Désunis sur les modalités, Serbes du Kosovo et de Belgrade se rassemblent toutefois contre toute solution imposée et toute forme d'indépendance, conditionnelle ou différée. Le 21 novembre, le Parlement de Serbie a adopté à une large majorité[26] un « mandat pour les discussions politiques sur le futur statut du Kosovo[27] ». Par une argumentation juridique qui s'appuie notamment sur les grands principes de la

21. Dues principalement aux dissensions internes et aux clans rivaux. La maladie, puis le décès du président Rugova n'ont occasionné qu'une accalmie de façade, provoquant au contraire des luttes de succession.
22. La partition priverait la province de ressources essentielles situées au nord : mines, retenue d'eau de Gazivode notamment (qui alimente une grande partie du Kosovo).
23. « Resolutions are non-binding declarations », *Constitutional framework for provisional self-government*, UNMIK, 15 mai 2001.
24. Le gouvernement serbe propose une large autonomie du Kosovo au sein de la Serbie.
25. Cette idée était défendue en son temps par l'ancien Premier ministre serbe Z. Djindjic, assassiné en mars 2003.
26. Sauf le Parti démocrate du président Tadic, qui s'est abstenu.
27. Texte disponible sur <www.serbia.sr.gov.yu>.

légalité internationale (souveraineté des États, respect de l'intégrité territoriale) et sur la résolution 1244, elle démontre l'illégitimité de toute solution qui validerait la séparation de la Serbie d'une partie de son territoire. Le texte souligne notamment la nécessité de l'application de normes essentielles telles que : respect des droits des minorités, liberté de circulation, retours sécurisés des déplacés. Une solution qui « mettrait en danger la paix régionale et les relations de bon voisinage » serait rejetée. Le document prévoit enfin la possibilité d'un recours à un référendum en Serbie sur la question du statut.

Les formations albanaises sont contre toute participation de Belgrade aux pourparlers et ne souhaitent discuter qu'avec la communauté internationale

Le cadre des négociations lui-même est perçu différemment par les parties en présence. Les formations politiques albanaises durcissent régulièrement leur position en se prononçant contre toute participation de Belgrade aux pourparlers et affichent ouvertement leur souhait de ne discuter qu'avec la communauté internationale des modalités de mise en place d'un État indépendant et souverain. Une évolution est toutefois possible étant donné que le président Rugova était le plus opposé à la discussion avec les Serbes. Belgrade affirme en revanche sa préférence pour un dialogue direct et une solution de compromis, excluant toutefois l'indépendance.

Des données socioéconomiques alarmantes

La viabilité d'un Kosovo autonome ou indépendant, dépend aussi de ses capacités économiques[28], fait important que le débat juridique sur le statut a tendance à occulter. Le système démocratique instauré par les instances internationales a un coût de fonctionnement qui semble difficilement compatible avec les ressources officielles de la province. Malgré 2,3 milliards d'euros de dons entre 1999 et 2002 – 65 % provenant de l'Union européenne (UE) et de ses États membres –, le Kosovo demeure l'une des économies les plus pauvres de la région, avec un produit intérieur brut (PIB) d'environ 2,5 milliards d'euros pour une population de 2 millions d'habitants. Son déficit budgétaire s'élevait en 2004 à 128 millions d'euros, la province devant entre 1,1 et 1,4 milliard de dollars aux institutions financières internationales. Il est intéressant de relever que c'est le gouvernement serbe qui rembourse encore les dettes du Kosovo, soit environ 250 millions d'euros par an. Plus de 12 % de la population kosovare vit dans une extrême pauvreté, et 80 % des exploitations agricoles privées ne cultivent que de 0,5 à 2 hectares, ce qui suffit à peine à nourrir une famille. Seule une struc-

28. Les chiffres cités proviennent de sources de l'UE, de l'ONU et de récents rapports sur le Kosovo (OSCE, International Crisis Group [ICG]).

ture sociétale fondée sur la communauté familiale et le clan permet de limiter les effets de cette pauvreté, en redistribuant les ressources. Le taux de chômage culmine entre 50 et 60 %, alors que 40 000 jeunes entrent sur le marché du travail chaque année[29]. La main-d'œuvre du Kosovo s'élève actuellement à 1 million de personnes, dont 15 % ont un « emploi officiel ». Ce taux ne prend pas en compte les emplois clandestins, qui représentent une proportion importante des travailleurs.

Les projections sur la structure démographique indiquent qu'il faudrait augmenter le nombre d'emplois de plus de 50 % dans les cinq prochaines années pour absorber l'afflux des demandeurs d'emploi. Un tel défi laisse entrevoir des risques évidents de radicalisation et de débordements sociaux. En 2005, la situation sociale a été marquée par de nombreuses grèves dans un secteur public pléthorique (près de 70 000 fonctionnaires) et mal payé. Pour pallier l'arrivée croissante de la jeune génération sur le marché du travail, et profitant de l'absence d'un véritable État de droit, les Albanais du Kosovo se sont appuyés sur des liens intercommunautaires (à l'intérieur du corps ethnique[30]), plus particulièrement avec l'Albanie[31]. D'une manière générale, des relations détériorées entre État et société forment un terrain fertile aux sociétés parallèles et à la corruption[32]. Une économie souterraine et illégale, source considérable de revenus et d'emplois, s'est ainsi développée au fil des années.

La situation énergétique reste par ailleurs très problématique : la Compagnie d'électricité du Kosovo n'est pas en mesure de maintenir un approvisionnement constant, moins de 40 % de l'électricité fournie étant payée par les utilisateurs. L'Agence européenne pour la reconstruction, chargée de gérer les principaux programmes d'aide de l'UE en Serbie-et-Monténégro ainsi qu'en Macédoine (Ancienne République yougoslave de Macédoine, ARYM), y consacre plus de 50 millions d'euros par an pour 2005 et 2006[33]. Les propriétés industrielles sont quant à elles composées d'une vingtaine d'entreprises publiques et de nombreuses entreprises administrées collectivement, qui forment aujourd'hui la majeure

---

29. La natalité du Kosovo est la plus élevée d'Europe (une famille moyenne comptait 6,9 membres en 1981). Les Albanais du Kosovo (et d'Albanie) représentent la population la plus jeune d'Europe.
30. Le modèle théorique de l'*ethnic business* est construit à partir de deux dimensions : structures d'opportunité et caractéristiques communautaires des migrants. L'entrepreneur « ethnique » classique, installé, profite de la mobilité de ses compatriotes (bon marché), qui lui permet de masquer l'embauche au noir. M. Morokvasic-Müller, « La mobilité transnationale comme ressource : le cas des migrants de l'Europe de l'Est », *Cultures et conflits*, n° 33-34, octobre 1999.
31. Ph. Chassagne et K. Gjeloshaj « L'émergence de la criminalité organisée albanophone », *CEMOTI*, n° 32, « Drogue et politique », juillet-décembre 2001.
32. Un projet régional de mise en œuvre de stratégies de lutte contre la corruption (Programme against corruption and organised crime in South Eastern Europe/Implementation of anti-corruption plans, PACO IMPACT) a été lancé le 1er mars 2004, jusqu'en février 2006, en Europe du Sud-Est, Kosovo compris.
33. 17 millions d'euros sont consacrés au secteur de l'énergie, bénéficiant principalement au projet de relance de la production de charbon.

partie de l'économie kosovare[34]. Pour leur gestion, la MINUK a mis en place l'Agence fiduciaire du Kosovo (Kosovo Trust Agency, KTA), financée à 90 % par l'UE, qui supervise également les privatisations[35]. À ces défis s'ajoute celui du respect des droits de propriété, défini dans le rapport Eide comme l'un des problèmes majeurs de la multiethnicité. Les deux points cruciaux concernant ces droits, dont le règlement a été maintes fois rejeté ou reporté, sont le cadastre et les propriétés agricoles et commerciales. Ces questions sont étroitement liées à celle du retour des minorités et pourraient avoir un impact non négligeable sur celui-ci.

Le facteur international

Sur le futur statut, qu'il s'agisse d'une « indépendance conditionnelle », d'une « autonomie limitée » ou d'une « indépendance sans souveraineté »[36], un consensus s'est dégagé au sein de la communauté internationale sur la nécessité de fixer trois limites aux discussions : l'exclusion de tout retour à la situation antérieure à la résolution 1244, le refus de toute partition territoriale et le rejet du rattachement de la province à un pays voisin. Cependant, des divergences existent au sein du Groupe de contact, ses membres n'envisageant pas tous de la même manière l'évolution de la province – la Russie est par exemple plus prompte à défendre l'intégrité territoriale de la Serbie et à craindre les conséquences régionales d'une éventuelle indépendance[37].

La communauté internationale exclut tout retour à la situation antérieure, refuse toute partition territoriale, et rejette le rattachement à un pays voisin

Le futur statut du Kosovo implique un changement de rôle pour la représentation internationale et particulièrement pour l'UE, qui devrait occuper une fonction dominante dans la province dès 2007, signe d'affirmation de la politique européenne de sécurité et de défense (PESD)[38]. Si les guerres yougoslaves des années 1990 ont montré les carences des institutions européennes, l'UE a su en tirer les leçons et assumer des responsabilités à la

34. Soit 90 % du tissu industriel, 20 % des terres agricoles et 60 % des forêts.
35. Si son bilan financier est positif, les conséquences de la politique économique de la KTA contribuent à accentuer la ligne de partage entre les deux principales communautés (plus de 80 % des ventes ayant bénéficié aux Albanais du Kosovo ou à des membres de la diaspora albanaise), fait que n'a pas manqué de souligner Kai Eide.
36. Scénarios qui paraissent actuellement les plus probables. « The Balkans in Europe's Future », *Report of the International Commission on the Balkans*, juin 2005.
37. « Le règlement du problème du Kosovo ne doit pas entraîner la désintégration du pays. Ce principe doit aussi s'étendre aux autres pays du monde », estime le président russe. *RIA Novosti*, 15 novembre 2005.
38. La MINUK a déjà entamé un processus graduel de réduction de ses effectifs, en réalité plus une réorganisation qu'un véritable retrait de la présence internationale. Le commandement de l'OTAN pourrait être transféré à l'UE, ce qui ne semble pas envisageable avant la mi-2007, afin que la KFOR accompagne le processus de négociations et veille à la mise en place du futur statut.

fois de court (gestion des crises) et de long termes (perspectives offertes aux pays en transition et/ou post-conflictuels). Le discours européen sur l'« avenir radieux » des Balkans occidentaux, dont les pays deviendraient tous, dans un futur relativement proche, membres de l'Union – cette adhésion atténuant leurs divergences identitaires voire effaçant leurs contentieux –, comprend pourtant d'évidentes limites, au vu des problèmes internes de l'UE et de ses velléités de ralentir l'élargissement, mais également du fait de la complexe configuration ethnique dans les Balkans.

Le futur statut signifiera aussi un transfert de responsabilités pour les élites politiques locales[39]. Jusqu'alors, l'administration internationale a été préoccupée, au-delà de la sécurité, par l'établissement d'institutions étatiques qui vont pourtant souvent à l'encontre d'une véritable démocratie politique. La bureaucratie internationale est en effet confrontée à une élite politique locale impuissante, même si elle est légitime. Le cas kosovar ne diffère guère en cela de la situation en Bosnie-Herzégovine ou en Irak. L'administration internationale est donc dotée de pouvoirs coercitifs directs, tant sur les élus que sur les lois votées par les parlements. De ce fait, c'est elle qui prend les principales décisions pour le pays tandis que l'élite politique locale est censée les approuver par « voix démocratique » (parlement), même si elle est contre. Une assistance internationale prolongée pourrait de surcroît revêtir un intérêt concret pour la classe politique albanaise qui aura, à l'avenir, à répondre de la gestion des affaires devant son électorat.

Sur le plan sécuritaire, la situation est stable mais demeure très volatile, et ce, d'autant plus face au risque de radicalisation des Albanais[40]. L'Armée de libération albanaise, créée à l'automne 2005[41], menace par exemple de lancer des attaques contre les institutions de l'Organisation des Nations unies (ONU) et les négociateurs qui s'opposeraient à l'indépendance du Kosovo. La KFOR avait vite été dépassée par les événements de mars 2004 malgré la présence d'environ 18 000 hommes sur le terrain, et des incidents[42] se produisent d'ores et déjà régulièrement depuis le lancement du processus de négociations. La communauté internationale est de surcroît confrontée à la menace d'un nouvel exode des Serbes de la province[43]. En

39. Deux nouveaux ministères, justice et intérieur, ont été déjà été créés au Kosovo le 21 décembre 2005, s'ajoutant aux trois existants (énergie et mines ; administration locale ; retours et minorités).
40. La police de la MINUK a reconnu l'existence de nouveaux groupes armés albanais qui déploient régulièrement des barrages routiers dans l'ouest de la province et promettent d'éliminer « tous les adversaires des intérêts du Kosovo », <www.rfi.fr/actufr/articles/070/article_39391.asp>.
41. Par des anciens membres de l'UCK vraisemblablement.
42. Coups de feu, grenades, agressions, etc. contre des membres de la communauté serbe.
43. La Serbie-et-Monténégro accueille l'une des plus importantes populations de réfugiés d'Europe (330 776). Une nouvelle vague pourrait avoir des effets plus que déstabilisateurs en Serbie sur le plan politique, notamment avec la montée en puissance de partis radicaux.

cas de départs massifs en effet, c'est elle qui aurait à supporter l'image et la responsabilité d'un nouveau « nettoyage ethnique » dans les Balkans. Une politique de la terre brûlée pourrait d'autre part être menée par la communauté serbe.

***

Un compromis satisfaisant à la fois les parties albanaise et serbe, en dépit des compensations offertes (une intégration à l'UE accélérée pour la Serbie[44] en cas d'indépendance, ou la promesse d'un développement économique plus rapide pour les Albanais), semble difficile voire impossible. La future configuration étatique, quelle qu'elle soit, engendrera des frustrations. De même, l'établissement d'un statut, même s'il constitue un gage juridique, n'est pas une garantie de pérennité pour le Kosovo. L'indépendance créerait *de facto* un deuxième État albanais dans les Balkans, et donc une configuration avec deux pays limitrophes, ethniquement homogènes, avec la même religion[45] et la même langue… Rappelons que l'actuelle Albanie ne regroupe que 40 % du total de la population albanaise, dispersée dans les États voisins. Cette division, ce « véritable crime politique commis par l'Europe », selon l'expression de l'écrivain kosovar albanais Rexhep Qosja[46], n'a jamais cessé de nourrir une mémoire nationale écartelée, et la tentation de l'union pourrait être alors d'autant plus forte. Les négociations qui s'ouvrent sur le futur statut du Kosovo sont donc susceptibles d'avoir un effet domino : le mécontentement des Croates et des Serbes de Bosnie-Herzégovine d'une part, des Albanais de Macédoine, du Monténégro, de Serbie du Sud de l'autre, ou encore des Hongrois de Voïvodine ou de Transylvanie…

L'indépendance créerait *de facto* un deuxième État albanais, donc deux pays limitrophes, ethniquement homogènes avec la même langue et la même religion

En Serbie, les bombardements de l'OTAN en 1999 ont « libéré » l'opposition démocratique, piégée depuis l'arrivée de Milosevic par la question du Kosovo. Une solution optimale concernant le statut de cette province pourrait à nouveau « libérer » l'État serbe, en l'aidant à définir son territoire politique et, à l'instar des autres nations de l'Europe du Sud-Est qui disposent d'une diaspora dans les pays limitrophes, lui permettre d'établir un programme national.

44. Dix jours après l'ouverture des pourparlers sur le Kosovo, le commissaire européen pour l'élargissement a lancé des négociations pour la signature d'un accord de stabilisation et d'association avec la Serbie-et-Monténégro.
45. Plus de 85 % des Albanais sont musulmans.
46. R. Qosja, *La Question albanaise*, Paris, Fayard, 1995.

Pour toutes ces raisons, l'intégration européenne des Balkans doit prendre en compte le décalage entre frontières administratives et nationales, paramètre directement lié au futur statut du Kosovo.

PE

MOTS-CLÉS :

Albanie
Serbie-et-Monténégro
Négociations sur le statut du Kosovo

Espagne : le retour vers l'Europe

Par **Günther Maihold**

Günther Maihold, après avoir été directeur de l'Institut d'études ibéro-américaines du patrimoine culturel de la Prusse (Ibero-Amerikanisches Institut Preußischer Kulturbesitz) à Berlin entre 1999-2004, est aujourd'hui directeur-adjoint de l'Institut allemand pour les Affaires internationales et la sécurité (Stiftung Wissenschaft und Politik, SWP) à Berlin.

Texte traduit de l'allemand par Stéphanie Bauer

L'arrivée au pouvoir de José Luis Zapatero marque un retour de l'Espagne au centre de l'intégration européenne – par opposition à la ligne suivie par son prédécesseur. Ce choix implique des évolutions dans toutes les autres orientations de la politique étrangère espagnole : en Méditerranée, vers l'Amérique latine, ou dans les relations de l'Espagne avec les États-Unis. Mais le succès de ce nouveau cours dépend aussi de la capacité de Madrid à supporter une plus large part des coûts de l'intégration européenne.

politique étrangère

« La vieille Europe est comme neuve » : José Luis Rodríguez Zapatero résume ainsi sa rencontre avec Jacques Chirac et Gerhard Schröder le 13 septembre 2004 à Madrid. La première conférence de la toute jeune « troïka » franco-germano-espagnole mettait fin au rôle singulier que José Maria Aznar avait voulu, tout au long de ses huit ans de mandat, assigner à l'Espagne. Désormais, cette dernière n'aspire plus à occuper une place « au premier rang international » mais s'appuie sur les principaux États européens pour défendre ses intérêts, dans un cadre plus européen que transatlantique. Six mois après son entrée en fonction, et malgré des relations toujours distanciées avec l'Administration Bush, le chef du gouvernement espagnol peut envisager un regain de présence européenne pour son pays, sans pour autant que le succès à moyen terme de cette stratégie d'européanisation soit assuré.

Une nouvelle confession politique européenne

Dans la première année de son mandat, le nouveau président du gouvernement a significativement redéfini la politique étrangère de son pays, avec l'approbation des citoyens[1]. La forte orientation européenne du gouvernement a été confirmée par le référendum du 20 février 2005 qui a fait de l'Espagne le premier pays à ratifier le Traité constitutionnel. L'approbation générale (76,7 % de oui) doit cependant être relativisée par le faible taux de participation (42,3 %) qui explique le peu d'effets que la décision espagnole a produit à l'extérieur du pays[2].

Il importe certes au gouvernement Zapatero que l'Espagne ne subisse pas de coupes massives dans les subventions accordées par le Fonds de cohésion du budget européen 2007-2013. Mais le sommet à trois de septembre 2004 marquait aussi clairement la volonté de l'Espagne de réinvestir la politique européenne de sécurité et de défense (PESD) – en se joignant aux unités franco-allemandes dans le cadre des European Battle Groups –, et la politique étrangère et de sécurité commune (PESC). Le gouvernement espagnol y change de ton : il ne s'agit plus seulement d'exiger un soutien financier mais de définir une nouvelle contribution à l'intégration européenne, qui prenne en compte les nouveaux États membres d'Europe de l'Est.

L'opposition espagnole n'a pu se résoudre, même encore aujourd'hui, à ce nouveau cours, synonyme à ses yeux de « perte de dignité nationale et d'alliés précieux[3] ». Les élections législatives du 14 mars 2004, fortement marquées par les attentats tout juste perpétrés (11 mars 2004), occupent certes encore une grande place dans le climat politique du pays ; mais c'est l'orientation même de cette nouvelle politique étrangère qui est au cœur de la discussion. Avec le retrait des 1 300 soldats espagnols d'Irak, déjà annoncé dans le programme électoral socialiste, le délitement de la coalition de guerre s'est enclenché, ainsi qu'en parallèle le retour de l'Espagne dans l'Europe – deux choix très opposés à la stratégie Aznar, qui consistait à penser l'Europe depuis sa périphérie, et à compléter les alliances européennes par des coalitions transatlantiques.

L'Espagne, acteur politique international ?

« Sortir l'Espagne de la niche de l'histoire, de la niche des pays qui ne comptent pas et ne décident pas », telle était la devise de la politique étran-

1. Selon de récents sondages, 65 % de la population soutiennent le changement d'orientation de la politique étrangère, voir *El País*, 20 septembre 2004.
2. G. Maihold et A. Maurer, « Neue Impulse aus Europas Süden. Spanien und Portugal stärken ihre Initiative im europäischen Einigungsprozeß », *SWP-aktuell*, 13 mars 2005.
3. Selon, par exemple, l'expression de César Alonso de los Rios, « El neopopulismo de ZP », *Abc*, 14 septembre 2004 et dans l'éditorial du même journal : « Zapatero, en el „corazón de Europa" ».

gère du gouvernement Aznar[4]. Ce programme, J. M. Aznar le caractérisa de *seconde transition* : après le passage à la démocratie des années 1970, émergeait le paradigme d'un pays économiquement fort, politiquement sûr de lui et traitant au plan international sur un pied d'égalité avec les grands acteurs mondiaux[5]. J. M. Aznar imaginait ainsi déjà pour l'Espagne un rôle d'intermédiaire dans la mise en place d'une zone de libre-échange entre les États-Unis et l'Europe d'ici 2013. Grâce à sa position de huitième puissance économique du monde, à une langue parlée par 400 millions de personnes, à une position géopolitique de choix, l'Espagne devait redevenir un acteur international de premier rang ; et le pays faisait pression pour entrer au G7...

Un tel projet politique, qui s'appuie sur une conception unitaire du pays en rupture avec les autonomies internes[6], s'oppose largement aux réalités et sensibilités nationales. Vingt-cinq ans après l'entrée en vigueur de la Constitution (1978), l'unité de l'Espagne reste précaire ; la traduction de cette réalité en options de politique étrangère exige un doigté qui, à de multiples occasions, fit défaut au gouvernement Aznar. Ce dernier entreprit de réduire l'importance des intérêts propres de la Catalogne, du Pays Basque ou de la Galice, faisant de « l'unité étatique de l'Espagne[7] » son thème de prédilection. Dans son second mandat (2000-2004), il tenta même de revenir sur les concessions faites en matière de décentralisation et de participation. L'internationalisation de la question basque, mettant sur le même plan terrorisme de l'Euskadi Ta Askatasuna (ETA) et terrorisme international, permit certes des succès judiciaires, mais sans règlement politique de la question.

Sous Aznar, le choix de l'alliance américaine s'est effectué au préjudice des autres options traditionnelles de la diplomatie espagnole

Le choix de l'alliance américaine s'effectua au préjudice des autres options traditionnelles de la diplomatie espagnole : vers l'Europe, l'espace méditerranéen ou l'Amérique latine. Dans le cadre européen, le gouvernement Aznar endossa avec un plaisir soutenu son rôle de membre de la « nouvelle Europe », vue comme alliance de la périphérie aussi bien sur le plan de la

4. Pour une critique de cette position, voir C. del Arenal, « La politica exterior del gobierno socialista », *Politica exterior*, n° 100, juillet/août 2004.
5. Voir M. Kneuer, « Auf dem Weg in die erste Reihe. Die absolute Mehrheit der konservativen Regierung und ihre Erfolgsbilanz geben Spanien ein neues Gewicht in Europa », *Die politische Meinung*, n° 366, mai 2000, p. 55-62.
6. P. Woodworth, « Spain changes course. Aznar's legacy, Zapatero's prospects », *World Policy Journal* vol. XXI, 2004, p. 9.
7. Selon l'expression de J.M. Aznar, *Ocho años de gobierno. Una visión personal de España*, Madrid, Planeta, 2004, p. 267 *sqq*.

politique étrangère[8] que sur le plan de l'intégration politique. Par souci de démarcation vis-à-vis de l'axe franco-allemand et pour redéfinir des équilibres neufs, Madrid se rapprochait de la Grande-Bretagne et des nouveaux pays membres. Les chances de l'Espagne de se hausser au rang d'acteur politique mondial, jusqu'alors perçues, avant tout, en Amérique latine, devaient se perdre dans des horizons trop vastes. Parallèlement, Madrid gaspillait son crédit dans l'espace méditerranéen ; l'atout de ses bonnes relations avec le monde arabe s'en retrouvant fortement ébranlé.

Les fondements d'une nouvelle politique étrangère

Le nouveau gouvernement socialiste considère dès lors comme prioritaire de sortir le pays de ce qu'il considère être le « piège de l'ambition » du gouvernement Aznar, facteur d'isolement de l'Espagne. Le choix de J. L. Zapatero est ainsi clair, favorisant l'Europe et une politique étrangère orientée vers le multilatéralisme. Sa ligne directrice peut se résumer en six principes[9] :

– une option européenne claire,

– le soutien à la légalité internationale représentée par les Nations unies,

– la conscience d'une appartenance active à la communauté hispano-américaine,

– une initiative globale pour la région méditerranéenne, encourageant le dialogue et la coopération avec tous les pays du bassin, et un effort particulier pour une résolution du conflit israélo-arabe,

– la reconnaissance de l'importance du dialogue transatlantique, au niveau bilatéral, et au niveau global pour consolider l'autonomie européenne,

– la lutte contre le terrorisme et le crime organisé.

Pour appliquer ces orientations, le gouvernement Zapatero identifie[10] quatre grands axes : Union européenne, Amérique hispanique, espace méditerranéen et relation transatlantique, en se référant à des positions qui, depuis la fin du gouvernement de Felipe González (1996), constituent des éléments traditionnels des orientations du Parti socialiste ouvrier espagnol (PSOE). J. L. Zapatero peut s'adjoindre, de plus, le soutien des partis régio-

8. On pense par exemple au rôle actif de J.M. Aznar dans la « Lettre des huit » du 30 janvier 2003 en soutien à la position des États-Unis.

9. Voir sur ce point, et pour ce qui suit, le chapitre sur la politique étrangère (« España en el Mundo ») du programme électoral du PSOE : *Programa electoral: merecemos una España mejor*, Madrid, PSOE, 2003.

10. J. I. Torreblanca, *La política exterior en las elecciones generales del 2004: entre el divorcio de la opnión pública y la falta de consenso entre los partidos*, Madrid, Real Instituto Elcano, 2004, p. 4.

nalistes au Parlement, puisqu'il leur laisse la marge de manœuvre nécessaire au développement de politiques propres vis-à-vis de l'extérieur.

Retour au centre de l'Europe

Conformément au programme électoral du PSOE et aux premières déclarations du nouveau président, l'actuel gouvernement entend dépasser la position unilatérale et figée de son prédécesseur. Le nouveau gouvernement a ainsi mis fin au refus espagnol d'inscrire le principe de double majorité au Conseil des ministres dans le Traité constitutionnel, qui avait signé l'échec de la conférence de Bruxelles[11]. Il rendait ainsi possible la ratification de la Constitution européenne, en débloquant le refus polonais.

Le gouvernement espagnol est conscient que la formation de groupes d'États au sein de l'Union pourrait nuire au processus d'intégration, et signifier pour Madrid une perte d'influence dans le contexte post-élargissement. Il souhaite donc utiliser l'axe franco-allemand pour ménager à l'Espagne une place au centre de l'Europe, abandonnant l'idée d'alliances pesant depuis la périphérie[12]. Du fait de ce retournement, les rapports de l'Espagne avec quelques partenaires privilégiés se sont compliqués, comme en témoignent les récentes consultations avec la Pologne, qui n'ont abouti à aucun résultat concret. La relation avec la Grande-Bretagne demeurant spéciale du fait de Gibraltar – et Londres ne pouvant être considérée comme engagée dans l'approfondissement de l'Union –, l'attention se porte sur les deux acteurs centraux que sont la France et l'Allemagne, susceptibles de soutenir les positions espagnoles en matière sociale, de politique européenne de l'emploi, voire d'agenda de sécurité. Inversement, en prolongeant l'axe Paris-Berlin vers Madrid, ces deux partenaires européens (en particulier l'Allemagne) devancent la crainte de l'Espagne de se voir marginalisée et « périphérisée » dans le cadre d'une intégration différenciée qui accepterait la formation de groupes à l'intérieur de l'Union européenne (UE)[13].

Il reste certes à résoudre le dilemme propre de l'Espagne, un pays qui entend jouer un rôle de première importance sur la scène mondiale, tout en demeurant le plus grand receveur net d'aides de l'UE. Au-delà des rapports bilatéraux, la formation de groupes au sein de l'Union entre

11. D. Nohlen et A. Hildenbrand, « Steigt Spanien in die erste Liga auf ? », *in* J. Varwick et W. Knelangen (dir.), *Neues Europa – alte EU? Fragen an den europäischen Integrationsprozess*, Opladen, 2004, p. 337 *sqq*.
12. Au centre des réflexions sur ce point se trouvait la perspective d'un axe atlantique-périphérie, qui ne devait pas seulement rassembler des pays comme la Grande-Bretagne et des nations traditionnellement atlantistes comme le Portugal ou le Danemark, mais pouvait aussi espérer le soutien des nouveaux pays membres. Voir J.I. Torreblanca, *op. cit.* note [10], p. 6.
13. A. Maurer, « Die Gravitationskraft der Staaten in der Europäischen Union. Chancen und Gefahren der EU-Gruppenbildung », *SWP-Aktuell*, 10 mars 2004.

contributeurs et receveurs nets pourrait être stoppée, et une position intermédiaire reviendrait à l'Espagne. Avec l'élargissement de 2004, les dix États qui ont fait leur entrée dans le groupe européen, faisant nettement baisser le revenu moyen de l'UE, sont en droit de revendiquer les subventions du Fonds structurel et du Fonds de cohésion. L'Espagne risque de devoir rapidement passer du statut de premier pays *receveur* (8,4 millions d'euros en 2003) à celui de *contributeur* net. Cette perspective correspond à son aspiration à maximiser son poids politique, mais annonce un problème majeur pour le développement de la partie périphérique du pays et de zones comme les Canaries. On peut sans aucun doute attendre du gouvernement Zapatero une position souple sur la question de la réévaluation du budget communautaire ; il n'en reste pas moins que son parti domine dans les régions structurellement faibles du pays, qui continuent de dépendre des fonds européens.

L'Espagne risque de devoir rapidement passer du statut de premier pays *receveur* de l'UE à celui de *contributeur* net

Au plan de la logique de l'intégration européenne, le gouvernement Zapatero suit un modèle fédéraliste, opposé au principe intergouvernemental prôné par le gouvernement précédent. Les régions autonomes espagnoles se voient ainsi attribuer un rôle plus important dans le cadre de l'UE – point que J. M. Aznar refusait de concéder. D'autre part, pour la France et l'Allemagne, la réintégration de l'Espagne dans le jeu européen pourrait atténuer la crise de leadership actuelle du tandem franco-allemand. On peut même penser que la nouvelle posture espagnole pourrait aider à convaincre les petits ou moyens États membres que la coordination franco-allemande ne saurait remplacer un large consensus au sein de l'Union. Alors que pour J. M. Aznar, très influencé par les concepts anglo-saxons[14], la France et l'Allemagne freinaient l'émergence d'une UE aux visées concurrentielles mondiales – il était donc normal de les reléguer au rang de partenaires secondaires –, le gouvernement socialiste cherche, quant à lui, à dialoguer sur la protection sociale, les nouvelles formes de gouvernance et les politiques économiques compatibles avec la sauvegarde de l'environnement. Certes, ce changement n'était pas encore très clair lors des discussions au Conseil européen de mars 2004 sur l'avancement de l'Agenda de Lisbonne. Mais le vote législatif espagnol a tout de suite relativisé l'importance de la lettre des six chefs de gouvernement d'Estonie, d'Italie, des Pays-Bas, de Pologne, du Portugal et d'Espagne à la Commission européenne présidée par Romano Prodi, qui exigeait une prise de position nette en faveur des réformes structurelles et du maintien de la stabilité macroéconomique (avec ici une allusion nette à la France et à l'Allemagne).

---

14. Voir J. M. Aznar, *op. cit.*, note [7], p. 153.

Le changement de gouvernement a également signifié un revirement en matière de sécurité et le glissement d'un agenda atlantiste à un agenda européen. À l'occasion de la commémoration des attentats de Madrid, le nouveau chef du gouvernement a ainsi développé devant les Nations unies, ainsi que devant la Ligue arabe, sa proposition d'une « alliance des civilisations » pour mettre en place un dialogue entre les cultures et se démarquer d'une appréhension purement militaire des politiques de sécurité. Une participation accrue de l'Espagne à la force d'intervention rapide de l'Organisation du traité de l'Atlantique nord (OTAN), tout comme à la mise en place de forces européennes, dépendra désormais des avancées réalisées ou non dans la mise en place de la PESC et de la PESD. L'Espagne rejoint ici la conviction selon laquelle une Europe forte et unie est la seule base crédible d'un lien transatlantique solide.

La redécouverte de la perspective méditerranéenne

L'attention principale de la nouvelle politique méditerranéenne de l'Espagne se porte, à côté des efforts pour la paix au Proche-Orient, sur les États du Maghreb, et plus particulièrement sur le Maroc. Les relations entre les deux pays, tendues depuis l'occupation marocaine, puis la reconquête, de l'îlot du Persil (juillet 2002), dépendent également de questions ouvertes sur les migrations illégales, la pêche ou le commerce de la drogue. Le renforcement de la présence militaire espagnole à Ceuta et Melilla a encore dégradé le rapport entre les deux capitales. Et la tentative du gouvernement Aznar de faire pression sur le Maroc en resserrant les liens diplomatiques entre l'Espagne et l'Algérie s'est soldée par un échec.

L'entrée en fonction du nouveau gouvernement s'est accompagnée d'un intérêt renouvelé pour la question du Sahara occidental, dans laquelle l'Espagne a jusqu'à présent soutenu les positions du Front Polisario. Le gouvernement espagnol encourage toujours les efforts des Nations unies pour trouver un équilibre entre les intérêts marocains et algériens, sans pour autant perdre de vue les positions, en partie fondées, du Front Polisario[15]. L'insertion de la France dans la politique espagnole sur le Sahara occidental, tout comme les premières initiatives du nouveau représentant spécial du secrétaire général des Nations unies Alvaro de Soto pour la résolution du conflit au-delà du référendum, peuvent laisser penser que l'Espagne compte sur de nouvelles concessions du Front Polisario.

Le premier déplacement à l'étranger du nouveau chef du gouvernement a été réservé au Maroc : un signe clair de la priorité accordée par sa nouvelle politique étrangère. Les relations avec le Maroc de Mohammed VI sont

15. Voir P. Egurbide, « Argelia espera nuevos detalles de la posición española sobre el Sáhara », *El País*, 16 juillet 2004.

en effet cruciales après les attentats de mars 2004, en particulier en ce qui concerne la poursuite des coupables au Maroc, et plus généralement pour la lutte contre le fondamentalisme islamique et ses excroissances terroristes. Le défi des rapports hispano-marocains dépasse désormais très largement les questions – si pressantes soient-elles – des migrations. Il ne s'agit plus seulement pour l'Espagne de définir une nouvelle politique d'immigration vis-à-vis des pays du Nord de l'Afrique d'où les migrants continuent d'affluer[16], mais bien de définir une stratégie globale de stabilisation de la région. La perte relative d'autonomie due au soutien et à la participation active de l'Espagne à la coalition contre l'Irak en 2003 a sans doute nui au bon développement de ses relations avec les pays du Maghreb[17]. Le changement d'orientation devait donc être visible, et témoigner d'une part, d'un renforcement de la dimension européenne dans la région (en particulier par une coopération plus étroite avec Paris), et de l'autre d'une véritable prise de distance vis-à-vis de l'atlantisme de J. M. Aznar. Ceci vaut aussi pour les relations avec l'Algérie, dont l'Espagne dépend traditionnellement pour son approvisionnement énergétique, et avec la Tunisie que le gouvernement Aznar reléguait au second rang dans son intérêt pour la région.

En tentant de redynamiser le Processus de Barcelone, forum de dialogue et de coopération de l'UE avec les pays de la couronne méditerranéenne, le nouveau gouvernement entendait reprendre l'initiative et regagner l'espace perdu par l'Espagne dans la région. La rencontre des chefs d'État et de gouvernement de novembre 2005, dix ans après la première conférence de Barcelone[18], devait annoncer une nouvelle impulsion et redonner au Processus la fonction centrale souhaitée par Madrid, à travers l'application du programme MEDA[19] ou la mise sur pied d'une zone de libre-échange méditerranéenne. Le nouveau gouvernement juge ainsi son rôle de coordinateur des relations entre l'UE et le monde méditerranéen aussi important que celui qu'il peut revendiquer dans les relations entre l'Union et l'Amérique latine.

16. 5 480 personnes ont été arrêtées dans les six premiers mois de 2004, en tentant d'atteindre les îles Canaries par bateau (voir *El País*, 16 juillet 2004). Le chiffre des migrants en provenance d'Afrique reste toutefois comparable à celui de l'année précédente. Le gouvernement espagnol doit cependant clarifier sa position sur la question de l'immigration, notamment en raison des flux provenant d'Amérique latine et de fortes pressions intérieures. Pour la deuxième année successive, selon des données d'Eurostat, l'Espagne a été en 2003 le plus grand pays d'immigration d'Europe, avec un flux de 600 000 entrants.
17. C. del Arenal, « La política exterior del gobierno socialista », *Política Exterior*, Madrid, n° 1000, août 2004.
18. Voir « España convocará una cumbre euromediterránea en 2005 », *El País*, 08 juillet 2004.
19. Principal instrument financier de l'UE au service du partenariat euro-méditerranéen, le programme MEDA encourage, par des mesures d'accompagnement financières et techniques, les réformes de structure (économique et sociale) des partenaires méditerranéens (NDLR).

L'Amérique latine : la base naturelle de la politique étrangère espagnole

C'est bien sur les États-Unis que s'est concentrée l'attention politique du gouvernement Aznar en fait de politique étrangère, ce qui n'est pas resté sans conséquences pour l'ancrage de l'Espagne en Amérique latine. L'Espagne n'a ainsi pas réussi à faire fructifier le potentiel qu'annonçait l'européanisation de son action dans la région. L'Amérique latine se retrouvait bientôt marginalisée dans l'agenda de sécurité de l'UE, et l'Espagne, elle-même en marge de l'Union, ne pouvait s'opposer à ce glissement[20]. Le gouvernement Zapatero entend inverser la tendance, et redonner aux traditionnelles relations avec l'Amérique latine une place prioritaire. J. L. Zapatero a ainsi annoncé aux partenaires latino-américains le développement de relations d'égal à égal, sans le truchement des États-Unis ou de leurs intérêts propres. On a en effet fort peu apprécié en Amérique latine la tentative de pression de l'Administration Bush sur les membres du Conseil de sécurité latino-américain pour qu'ils appuient la résolution en faveur de la guerre en Irak, par le biais des déplacements officiels du président du gouvernement espagnol J. M. Aznar.

Le gouvernement entend redonner aux traditionnelles relations avec l'Amérique latine une place prioritaire

Mais l'Espagne ne pourra pas si aisément renouer avec la tradition. Elle est désormais confrontée dans la région à des pays dont le poids politique s'est renforcé, comme le Brésil[21], et doit également se soucier de certaines revendications : celles, par exemple, de l'Argentine qui exige un plus grand contrôle face à l'augmentation massive, ces dernières décennies, des investissements espagnols[22]. L'idée du gouvernement espagnol de renforcer les sommets hispano-américains en les inscrivant dans un cadre communautaire doté d'un secrétariat exécutif (suivant la proposition de Fernando Henrique Cardoso) dirigé par Enrique Iglesias, ne saurait pourtant suffire à améliorer les relations de l'Espagne avec ces pays. Le gouvernement Aznar avait pris, vis-à-vis des foyers potentiels de conflit de la région, des positions qui restent encore en mémoire : on peut citer le parti pris explicite en faveur du gouvernement Uribe en Colombie ou contre Hugo Chávez au Venezuela ; ou la prise de distance par rapport à Cuba qui avait favorisé un rapprochement avec les États-Unis. Précédemment, le gouvernement de Felipe González avait maintenu le dialogue, en raison notamment de l'importance des investissements espagnols à Cuba. Le gouvernement

20. C. del Arenal, « La política española hacia America Latina en 2002 », *Anuario Elcano America Latina 2002-2003*, Madrid, Real Instituto Elcano, 2003, p. 26.
21. S. Gratius, « Die Außenpolitik der Regierung Lula. Brasiliens Aufstieg von einer diskreten Regional- zu einer kooperativen Führungsmacht », *SWP-Studie*, 2004/S 07, 2004.
22. A. Alloza et J. Noya, *Capital disonante: La imagen de las inversiones españolas en America Latina*, Madrid, Real Instituto Elcano, 2004, p. 8 *sqq*.

Zapatero a, pour sa part, pris une première initiative en demandant à l'UE d'assouplir sa politique vis-à-vis de Cuba, après la libération d'un certain nombre de prisonniers politiques. Le Conseil européen a entériné cette nouvelle politique, qui reste toutefois placée sous le signe de l'incertitude – surtout du côté allemand – compte tenu de la relative rigidité des positions cubaines. Les chances de succès dépendent ici de la capacité du gouvernement Zapatero à abandonner rapidement la « position de leader hégémonique[23] » dans la région orchestrée par l'ancien gouvernement.

Le changement d'orientation affecte également la volonté du gouvernement Aznar de valoriser le rapprochement avec les États-Unis en s'adressant directement au groupe des *Hispanics*, les hispanophones de la population américaine. L'avenir de la campagne sur la « marque Espagne » – qui, par le slogan *Spain: the friend in Europe*, voulait amener les *Hispanics* à raffermir leur identification à l'Espagne – paraît bien incertain[24]. Ce marketing d'une *hispanidad* à l'échelle planétaire a été très vivement critiqué par le PSOE. La discussion relevait qu'une telle « stratégie d'appropriation » des latino-américains des États-Unis ferait obstacle au bon développement de leurs rapports avec leurs nations d'origine. Pour le nouveau gouvernement, il s'agit bien de garder intact ce lien afin d'éviter, compte tenu du flux d'émigration latino-américaine vers l'Espagne, qu'un problème de politique intérieure ne devienne objet de discorde dans les relations avec l'Amérique hispanique[25]. Il est donc décisif, pour le gouvernement Zapatero, de poser de nouvelles bases stratégiques pour un dialogue avec d'une part l'Argentine, le Brésil et le Mexique, et d'autre part avec les regroupements régionaux. En proposant la conversion de la dette en programmes d'éducation, il a émis un signe en ce sens. Mais le rôle de porte-parole et d'intermédiaire de l'UE auprès de l'Amérique latine ne peut revenir à l'Espagne que si elle réussit à la fois à développer la dimension européenne de ses choix, en marginalisant la logique bilatérale que dictent ses intérêts particuliers, et à renouer son propre dialogue avec Bruxelles et les principaux États membres.

Les relations avec les États-Unis

La rupture – due au gouvernement Aznar – du consensus qui régnait depuis 1976 entre les deux grands partis espagnols en matière de politique étrangère, a en définitive conduit au revirement électoral du 14 mars 2004.

23. R. Sanhueza, « El sistema de Cumbres Iberoamericanas », *in* T. Mallo et L. Ruíz Jiménez (coord.), *El sistema de Cumbres Iberoamericanas. Balance de una década y estrategias de consolidación*, Madrid, AECI, 2002, p. 31 *sqq*.
24. J. Noya, *La imagen de Francia, Alemania y España en los EEUU*, Madrid, Real Instituto Elcano, 2004, p. 7.
25. La population originaire d'Amérique latine et des Caraïbes est passée en Espagne de 92 642 personnes en 1995 à 514 485 en 2003. Voir International Organization for Migration, *Migration from Latin America to Europe: Trends and Policy Challenges*, Genève, IOM, 2004, p. 6.

Mais ce succès met le nouveau gouvernement dans une position délicate, contraint qu'il est de naviguer entre les attentes de l'opinion et sa propre responsabilité à l'égard de la communauté internationale.

La promesse de retrait des 1 300 soldats espagnols d'Irak n'a pas gêné la nouvelle ligne de politique étrangère. En dépit de la pression américaine (de l'Administration Bush mais aussi du candidat démocrate à la présidence) pour le maintien de l'engagement espagnol, le nouveau gouvernement appela à la mise sur pied d'un nouveau gouvernement en Irak, avant même le retour officiel à la souveraineté, puis rappela ses troupes, entraînant à sa suite les partenaires latino-américains de la coalition. Au plan intérieur, cette décision eut un écho très favorable et fut avancée par le gouvernement comme preuve de la réalisation des engagements électoraux – un argument déterminant pour les proches élections européennes.

Au-delà même de la question irakienne, les relations entre l'Espagne et les États-Unis ne pouvaient que se distendre, compte tenu des rapports personnels privilégiés entretenus par le président américain et l'ancien chef du gouvernement espagnol[26]. Fêter comme un privilège le fait que George W. Bush fasse de l'Espagne la première escale de son voyage en Europe n'est plus guère de mise[27]. Dans nombre de questions politiques (la politique de l'environnement, la préférence pour des structures de *global governance*), le nouveau gouvernement adopte une approche multilatérale qui s'oppose aux choix de l'Administration américaine. Quand bien même la politique américaine en Irak évoluerait, et même en tenant compte de l'engagement d'un contingent espagnol de 1 040 hommes dans le cadre des élections en Afghanistan, ou de la participation de Madrid aux forces de paix en Haïti, l'amélioration rapide de la relation entre les deux pays reste peu vraisemblable. L'effort d'ensemble de la seconde Administration Bush pour détendre ses rapports avec l'Europe ne s'est pas encore vraiment fait sentir vis-à-vis de l'Espagne. Des axes d'action communs pourraient cependant voir le jour au Proche-Orient : dans le passé, l'Espagne s'est rendue utile sur ce dossier.

Dans nombre de questions politiques, le nouveau gouvernement adopte une approche multilatérale qui s'oppose aux choix de l'Administration américaine

26. Nohlen et Hildebrandt (voir *op. cit.* note [11]), identifient dans la politique étrangère de J.M. Aznar « les principes du modèle de la politique étrangère franquiste (coopération étroite avec, en arrière plan, un rejet de la population, basée sur l'idée fausse que l'Espagne pourrait désormais, hors du cadre européen – voire même contre le processus d'intégration – manœuvrer de conserve avec les États-Unis sur la scène internationale. Il s'agit cependant là d'une pure relation de dépendance. », p. 343.

27. R. Gillespie, « Lidiando con la ambición: la política exterior y de seguridad de España al inicio del nuevo milenio », *Anuario Internacional CIDOB 2001*, Barcelone, Fundacio CIDOB, 2002, p. 27.

Retour à la tradition ?

Le fait que le nouveau gouvernement espagnol pense l'Europe à partir de son centre et non plus, comme son prédécesseur, depuis sa périphérie constitue un changement d'importance. L'engagement européen de l'Espagne suit désormais trois orientations : une conception essentiellement redistributive de l'Europe, la défense du statut du pays dans les organes de l'Union et le rejet d'une intégration différenciée. Mais ces choix doivent être adaptés aux réalités de l'Europe élargie[28]. Cette adaptation devra aussi tenir compte des choix du Portugal, qui entend désormais s'engager plus fortement en faveur d'un point de vue ibérique sur les questions européennes. L'Espagne ne peut donc plus se contenter de chercher à maximiser les financements européens. Elle affiche désormais son appartenance à un centre européen comme une priorité politique. Le succès de cette politique dépendra de l'ouverture des partenaires européens et de la disposition de Madrid à assumer une part élargie des coûts de l'intégration.

Dans une telle logique, la France et l'Allemagne occupent une place centrale alors que le gouvernement Aznar voyait en elles les principaux obstacles à un renforcement du rôle de l'Espagne en Europe[29]. Il n'en reste pas moins que les déclarations amicales vis-à-vis de Paris et Berlin doivent être suivies d'actes. Et d'abord dans les domaines (Méditerranée, Amérique latine) où l'Espagne veut et peut jouer un rôle particulier. L'intelligence du nouveau gouvernement espagnol se lira dans sa capacité à concevoir ce rôle dans un esprit résolument européen ou strictement national.

Le changement de direction de la politique étrangère espagnole[30] n'est pas un simple retour au modèle de l'époque de la transition. Il s'agit plutôt de l'adaptation de celui-ci aux défis internationaux de l'après-11 septembre et de l'après-11 mars. Développer une nouvelle synthèse et lui obtenir un consensus national : voici le défi central du gouvernement Zapatero.

MOTS-CLÉS :

Politique étrangère de l'Espagne, Union européenne, Maghreb, Amérique latine, États-Unis

28. G. Maihold et A. Maurer, *op. cit.*, note [2].
29. Voir le rapport d'un des principaux conseillers au gouvernement Aznar : Ch. Powell, *La cumbre de Berlín, el liderazgo de los „tres grandes" y el futuro de la Unión Europea*, Madrid, Real Instituto Elcano, 2004.
30. Voir le bilan des 100 premiers jours du nouveau gouvernement « Un giro exterior de 180 grados », *El País*, 25 juillet 2004.

page 171 lectures

TAMING AMERICAN POWER. THE GLOBAL RESPONSE TO US PRIMACY

Stephen M. Walt
Londres, Norton, 2005, pages

THE OPPORTUNITY. AMERICA'S MOMENT TO ALTER HISTORY'S CURSE

Richard Haass
New York, Public Affairs, 2005, 242 pages

AMERICA AT THE CROSSROADS. DEMOCRACY, POWER, AND THE NEO-CONSERVATIVE LEGACY

Francis Fukuyama
New Haven, Yale University Press, 2006, 240 pages

Dans l'*International Herald Tribune* du 19 août 2005, le rédacteur en chef de Foreign Affairs, Gideon Rose, croyait pouvoir annoncer la conversion de l'Administration Bush au réalisme depuis le début de son deuxième mandat[1]. Il y voyait un nouvel exemple d'un cycle familier de l'histoire américaine : l'alternance entre une politique dite réaliste, prudente et pragmatique, fondée sur l'intérêt national, et une politique plus audacieuse, se voulant plus morale ou idéaliste et se donnant une mission universelle. Celle-ci (celle, à des titres divers, de Kennedy, de Carter, de Reagan première manière, de George W. Bush au cours de son premier mandat) aboutit inévitablement à des échecs ou des impasses qui ramènent sur le devant de la scène les réalistes chargés de limiter les dégâts (Eisenhower, Nixon, Bush Père, Bush deuxième manière).

Ce qui est sûr, en tout cas, c'est que l'atmosphère politique et intellectuelle des États-Unis a évolué dans un sens favorable à l'école réaliste. À l'imposante bibliothèque consacrée aux néo-conservateurs et à la doctrine Bush pour les expliquer, les illustrer ou les attaquer, succède une nouvelle vague d'ouvrages qui, prenant acte de leur échec, s'efforcent de tracer une voie nouvelle, laquelle n'est souvent qu'un retour à la modération et à la sagesse diplomatique traditionnelle.

Les auteurs de ces trois ouvrages, Stephen M. Walt, Richard Haass et Francis Fukuyama, se situent sur une échelle décroissante dans l'ancienneté et l'intensité de leur opposition à l'entreprise impériale actuelle. Stephen Walt est un opposant de la première heure, en tant que théoricien réaliste orthodoxe, membre fondateur actif de la Coalition for a Realistic

1. G. Rose, « The Bush Administration gets real », *International Herald Tribune*, 19 août 2005.

Foreign Policy, qui dénonçait, en 2003, les dangers de la direction impériale adoptée par George W. Bush. Richard Haass, républicain modéré, avait été le théoricien du rôle des États-Unis comme « shérif réticent » intervenant pour maintenir l'ordre à la tête d'une coalition de circonstance, puis directeur du Policy Planning Staff sous Colin Powell et est devenu beaucoup plus ouvertement critique de la politique actuelle depuis qu'il a quitté ses fonctions pour prendre celle de président du Council on Foreign Relations et que son patron a lui-même quitté le poste de secrétaire d'État.

Enfin Francis Fukuyama a été jusqu'à la guerre d'Irak un compagnon de route des néo-conservateurs, dont il a signé les manifestes de la fin des années 1990 appelant à une politique américaine plus offensive et, notamment, au renversement de Saddam Hussein. Son opposition, esquissée dès 2002, s'est déclarée publiquement en 2004 et l'a amené, après une polémique acerbe avec Charles Krauthammer, à fonder, en compagnie notamment de Zbigniew Brzezinski, une nouvelle revue, *The American Interest*, destinée à définir et à défendre une nouvelle ligne, qu'il appelle un « wilsonisme réaliste ».

Les trois livres ont beaucoup de thèmes communs : la critique de la guerre en Irak, de la doctrine de la guerre préventive déguisée en guerre préemptive, de la propension bushienne à l'unilatéralisme et à la surestimation de la force militaire comme instrument de la politique. Tous les trois considèrent que l'empire ou l'« hégémonie bienveillante » sont impossibles à l'âge du nationalisme. Aucun des trois, cependant, ne veut renoncer à la primauté américaine et à son caractère positif, à condition que les États-Unis apprennent la modération, l'art d'écouter les autres et l'acceptation de règles communes et d'un multilatéralisme multiple, échappant à l'alternative de l'unilatéralisme et d'une obéissance inconditionnelle à l'Organisation des Nations unies (ONU). Mais chacun a ses points forts et, sinon ses points faibles, du moins ses limites propres.

Taming American Power a l'originalité, rare chez les auteurs américains, de regarder les États-Unis avec les lunettes du monde extérieur. Il documente, à grand renfort de sondages, l'extraordinaire chute de popularité que la politique du président Bush, la guerre d'Irak, les photos d'Abou Graib ont infligée aux États-Unis. Mais son apport le plus précieux est l'analyse des différentes tactiques à l'aide desquelles les autres États, incapables de faire équilibre selon le modèle classique à la puissance hégémonique, en lui opposant une coalition égale ou supérieure en puissance, s'arrangent néanmoins pour faire obstacle à ses desseins. C'est ce que l'auteur, à la suite de Robert Pape, appelle *soft balancing*. Les stratégies asymétriques, la mauvaise volonté dans l'exécution des politiques communes, où l'on suit le leader en traînant les pieds, l'emploi de normes et d'institutions pour ligoter

Gulliver (Walt note à juste titre que cette stratégie est beaucoup moins efficace quand il s'agit de sécurité que d'économie), le chantage, la délégitimation, sont autant de « manières de subvertir, de harasser, de saper, de dissuader, d'ennuyer les États-Unis pour faire pièce à leur politique ».

Brillant et convaincant dans cette démonstration, Walt l'est peut-être moins dans ses conclusions pratiques. Il recommande aux États-Unis une politique d'*off-shore balancing*, inspirée de celle du Royaume-Uni dans l'équilibre européen : ne pas s'empêtrer dans une présence massive et permanente, mais se contenter d'intervenir à la pièce, en gardant sa liberté d'action pour rétablir l'équilibre devant la menace de puissances continentales. Il sous-estime peut-être l'incertitude, voire l'insécurité ainsi créées chez les alliés des Américains et le danger que leurs ennemis ne voient dans cette stratégie une preuve de faiblesse et d'abandon. D'une manière générale, si ses propositions sont souvent, comme sur le problème israélo-palestinien, réalistes dans le meilleur sens du terme, et courageuses dans le contexte américain, sa foi dans les solutions diplomatiques l'amène parfois à un optimisme peu réaliste. Ainsi, à propos de la prolifération nucléaire, s'il a raison de voir dans la politique de l'Administration Bush qui affiche son mépris pour le Traité de non-prolifération (TNP) et son attachement aux armes nucléaires, une attitude désastreuse au point de vue de la lutte contre la prolifération, son idée d'un « grand marchandage » par lequel les États-Unis réduiraient le rôle des armes nucléaires dans leur stratégie et obtiendraient en échange que la Corée du Nord ou l'Iran renoncent aux armes nucléaires, ne tient pas compte des motivations idéologiques ou régionales qui les leur font rechercher.

Dans le livre de Richard Haass, on trouve également une critique efficace, plus discrète et feutrée que celle de Walt, des excès idéologiques et aventuristes de l'Administration Bush, mais aussi un optimisme un peu facile dans la recherche de solutions alternatives. Le concept positif de Haass, qu'il voudrait substituer à l'endiguement de George Kennan valable pendant la guerre froide, est celui d'intégration. Mais, d'une part, il conçoit celle-ci comme inspirée et dirigée par les États-Unis, ce qui ne peut manquer d'être interprété comme un « impérialisme soft », celui, justement, du *soft power*, et susciter chez beaucoup une réaction de rejet. D'autre part, on ne sait pas s'il s'agit de viser une intégration du type de celle de l'Union européenne, impliquant des transferts réels de souveraineté, ou simplement une adoption enthousiaste de la mondialisation et du multilatéralisme.

C'est probablement Fukuyama qui aboutit à la synthèse la plus satisfaisante, condensée dans la formule un peu ambiguë d'un « wilsonisme réaliste ». Prise en tant que telle, il est difficile de la distinguer du « réalisme démocratique » prôné par Charles Krauthammer, que l'auteur a attaqué vigoureusement, ou de « l'idéalisme pragmatique » dont se réclame désormais Condoleezza Rice. Mais Fukuyama réussit à définir une position plus réaliste à la fois que celle des wilsoniens classiques (avec leur foi dans une organisation internationale qui dépasserait définitivement l'équilibre des puissances) et que celle des néo-conservateurs et de leur « wilsonisme botté », sans pour autant abandonner leur apport essentiel – la foi dans l'importance des régimes politiques intérieurs et dans la promotion de la démocratie. Il refuse à la fois le légalisme onusien et la militarisation de la politique extérieure et l'*hubris* aventuriste de l'équipe Bush, sans retomber dans la vision purement interétatique et conservatrice des « réalistes » classiques. Le livre est riche en analyses et en suggestions sur les combinaisons à trouver entre le *hard power* et le *soft power*, sur les leçons des erreurs de la guerre d'Irak quant à la validité des notions de prévention et de préemption, sur les multilatéralismes multiples, sur les perspectives d'un ordre international à l'intérieur duquel les États-Unis, sans abandonner leur souveraineté ni leur liberté d'action, se donneraient une légitimité fondée sur la réciprocité et la concertation.

Il lui arrive aussi, cependant, de pécher par optimisme ou par simplification. C'est ainsi que, critiquant à juste titre l'identification bushiste de la guerre contre l'Irak et de la guerre contre le terrorisme, ainsi que l'idée que pour combattre celui-ci, il faudrait aller à la source et renverser les régimes dont proviennent les dirigeants d'Al-Qaida, il passe à l'autre extrême en adoptant sans guère de nuances la théorie, partiellement vraie mais sans doute excessive, d'Olivier Roy. Pour celui-ci, ce n'est pas dans les madrasas qu'il faut chercher la clef du terrorisme et des attentats-suicide, mais en Occident même, dans la réaction de jeunes immigrés formés dans ses écoles et ses universités, mais déracinés et réagissant violemment contre un monde qui leur fait horreur. Fukuyama conclut, en pensant à Mohammed Atta, le leader des auteurs du 11 septembre 2001 formé à Hambourg, que le foyer du terrorisme se trouve non au Moyen-Orient mais en Europe occidentale, et que la clef en est l'inaptitude de l'Europe occidentale à intégrer ses immigrés. On ne saurait contester cette dernière constatation, mais c'est aller un peu vite en besogne que de lui faire porter tout le poids du terrorisme et des attentats-suicide. Que faire, alors, d'Abou Moussab Al-Zarkawi, des attentats-suicide palestiniens, de ceux du Maroc ou d'Indonésie ? Il faut bien reconnaître que ce qui était faux au départ est en train de devenir vrai : Al-Qaida opère bien maintenant en Irak, et l'on assiste bien à la mondialisation du terrorisme en même temps qu'à sa décentralisation.

De même, lorsque Fukuyama pense que l'Organisation du traité de l'Atlantique Nord (OTAN) et une « communauté des démocraties » pourraient être des formes de multilatéralisme politique préférables à l'unilatéralisme américain et à l'ONU, il n'a pas tort, à certaines conditions, mais il sous-estime peut-être la profondeur du ressentiment créé par les actions, qu'il critique, du gouvernement Bush, et donc la méfiance que les initiatives américaines, même dans les directions favorables au multilatéralisme, risquent de susciter, surtout si elles sont officielles et voyantes.

D'une manière générale, les trois ouvrages paraissent irréfutables dans leur dénonciation convergente des politiques du premier mandat de la présidence Bush, mais, peut-être, trop optimistes encore sur les chances de réparer les dégâts en suivant leurs recommandations. L'alliance du fanatisme et de la technologie, justement dénoncée par Bush qui, en véritable pompier incendiaire, n'a fait que l'aggraver, risque de résister à la sagesse et à la prudence politiques que nos trois auteurs recommandent et que leurs livres illustrent à merveille.

Pierre Hassner

directeur de recherche émérite
au Centre d'études et de recherches internationales (CERI)
de la Fondation nationale des sciences politiques (FNSP)

RELATIONS INTERNATIONALES

WAR AND THE LAW OF NATIONS. A GENERAL HISTORY

Stephen C. Neff
Cambridge, Cambridge University Press, 2005, 455 pages

Le projet est ici de faire une histoire des conceptions de la guerre des origines de l'humanité à nos jours à travers l'évolution du droit international. Selon Stephen Neff, de nombreux ouvrages ont traité des transformations du droit dans la « conduite » de la guerre, mais peu se sont intéressés à l'évolution des conceptions légales. Ce sont donc les conceptions philosophico-juridiques des relations internationales sous-tendant les pratiques et les théories de la guerre qui forment le sujet de cette synthèse ambitieuse. Bien que l'auteur tente d'englober les mondes non européens dans son histoire, la présence des mondes arabo-islamique ou sinisé est néanmoins très succincte. Stephen Neff s'en défend en mettant en avant le fait que ce sont surtout les développements européens des théories de la guerre (notamment en relation avec les théories antiques et modernes du droit naturel) qui ont influencé le droit public international contemporain.

L'auteur distingue quatre périodes : dans la première, des débuts de l'histoire jusqu'en 1600, la guerre est avant tout considérée comme une manière d'appliquer le droit. Cette conception culmine dans les théories scolastiques de la guerre juste, héritières de la pensée antique et chrétienne. La deuxième, de 1600 à 1815, est qualifiée par l'auteur de « période de transition » : s'y forment les prémices du droit public international contemporain. La guerre cesse progressivement d'être pensée comme un instrument de la justice divine pour devenir un outil proprement humain. La troisième période, le XIXe siècle, est celle du positivisme triomphant. La guerre est désormais considérée comme l'expression ordinaire d'un conflit d'intérêts nationaux divergents et non plus comme un moyen de matérialiser un ordre transcendant, philosophique ou religieux. La guerre du XIXe siècle est marquée par son institutionnalisation poussée, elle devient une « institution du droit international » proprement dite. Dans la dernière période, de 1918 à nos jours, on assiste à un retour à une conception « néo-médiévale » (si l'on peut employer ce terme !) du rapport entre droit et guerre. La mise hors-la-loi de la guerre par la Société des nations (SDN), puis sous d'autres formes par l'Organisation des Nations unies (ONU), implique la fin de l'institutionnalisation de la guerre en droit international caractéristique de la période précédente. La problématique de la guerre juste fait un retour marqué tandis que de nouvelles formes de guerre (conflits coloniaux, terrorisme international) apparaissent.

Stephen Neff voit dans cette évolution générale, non un progrès des idées juridiques sur la guerre (les théories stoïciennes de la guerre ne sont ni « inférieures » ni « supérieures » aux idées actuelles) mais le conflit historique entre deux approches des relations internationales : l'une, hobbesienne, accepte la permanence de la guerre ; l'autre, inspirée par le droit naturel et ses dérivés, fait de la paix un idéal de la raison.

Les historiens se méfient – à tort ou à raison – des « grandes fresques », surtout dans le cas de phénomènes aussi multiformes que la guerre et le droit. Ils doutent souvent des raccourcis imposés par la synthèse à une telle échelle (ici de la préhistoire à nos jours). Par ailleurs, ils trouvent que les juristes ou sociologues des relations internationales ont tendance à plaquer les conceptions contemporaines sur les périodes les plus reculées de l'histoire. Bien qu'il s'en défende, le présent ouvrage n'échappe pas à ce reproche. Ainsi, peut-on réellement parler de « relations internationales » ou d'« États-nations » pour les périodes antérieures à la Révolution française alors même que les acteurs des relations entre États à l'époque moderne sont des souverains, des princes, des dynasties dont les intérêts sont très loin de correspondre à des « intérêts nationaux », concept qui devrait être interrogé pour les périodes antérieures au XIXe siècle. Peut-on utiliser, sans verser dans le réductionnisme, le concept de « période de transition » appliqué à la presque totalité de l'époque dite moderne de 1600 à 1815 ? De même, n'y a-t-il pas une dose de déterminisme dans le fait d'affirmer que l'idée de juste cause de la guerre ne survit du XVIe au début du XIXe siècle qu'à l'état d'anachronisme ? L'importance excessive accordée aux idées de Hobbes et de Machiavel (qui ne sont ni l'un ni l'autre considérés par leurs contemporains comme des spécialistes des relations entre les souverains et n'ont jamais fait de théorie en tant que telle des rapports entre les peuples) n'est-elle pas le fruit d'une conception téléologique de la pensée politique ? Les travaux historiques récents sur la question ont, au contraire, plutôt montré à quel point le droit naturel continuait à encadrer la pensée des juristes au moins jusqu'au début du XIXe siècle, et que la pensée de Hobbes et de Machiavel était largement absente de la réflexion sur la guerre et les relations internationales. On peut être également étonné par l'affirmation liminaire de l'auteur selon laquelle la perspective des conceptions du droit international et des relations entre les peuples a été négligée dans l'historiographie récente : le thème a connu, ces dernières années, un renouveau décisif chez certains historiens, français (voir la *Nouvelle histoire des relations internationales*) et européens (Christian Windler ou par exemple le recueil *War, Peace and World Orders in European History* dirigé par Anja V. Hartmann et Beatrice Heuser, qui réunit des historiens français, allemands et anglais)[1].

1. Voir les trois tomes de la *Nouvelle Histoire des relations internationales* signés par J.-M. Sallman pour le XVIe siècle, Cl. Gantet pour le XVIIe siècle et J.-P. Bois pour le XVIIIe siècle. La série est parue aux éditions du Seuil en 2004-2005. Voir également C. Windler, *La Diplomatie comme expérience de l'autre. Consuls français au Maghreb (1700-1840)*, Genève, Droz, 2002, et A.V. Hartmann et B. Heuser (dir.), *War, Peace and World Orders in European History*, Londres, Routledge, 2004.

Ces quelques remarques ne remettent pas en cause l'intérêt du projet ni l'ampleur de la synthèse réalisée par l'auteur.

Marc Belissa

LE CONSEIL DE SÉCURITÉ DANS L'APRÈS-11 SEPTEMBRE

Serge Sur
Paris, LGDJ, 2005, 162 pages

L'actualité internationale des dernières années a placé l'Organisation des Nations unies (ONU) et son Conseil de sécurité au centre du débat sur la régulation du désordre international par le droit, la coopération, l'acceptation par les États d'un certain nombre de normes. Dans cette fonction de régulation, le Conseil de sécurité fut alternativement central et marginalisé, donnant lieu dans les deux cas à des débats sur sa capacité à répondre aux défis de la sécurité internationale et à encadrer l'action des États.

C'est au cœur de cette problématique que se situe l'ouvrage de Serge Sur, professeur de droit international qui depuis longtemps croise analyse juridique et analyse politique des faits internationaux.

Serge Sur commence son ouvrage par une présentation objective des forces et faiblesses du Conseil de sécurité, tantôt « monstre » parce qu'omnipotent et au service des seuls puissants, tantôt « victime » des mêmes puissants, lesquels placent leurs intérêts individuels avant l'intérêt collectif.

S'ensuit une analyse précise et documentée du rôle du Conseil dans l'encadrement du recours à la force au cours des trois épisodes du Kosovo, du 11 septembre 2001 et de l'Irak. Bien sûr, les trois cas font apparaître les fortunes diverses du Conseil et Serge Sur déplore sa mise à l'écart, au Kosovo puis en Irak. Mais il loue aussi sa capacité à reprendre place au centre du système international après qu'il en fut écarté. C'est la « récupération habile » (p. 44) permise par la résolution 1244 dans le cas du Kosovo, ou même l'« intégrité du Conseil de sécurité » (p. 79) qui aurait été sauvegardée par la menace de veto français dans le cas de l'Irak. Entre les deux événements, le Conseil de sécurité démontre sa vitalité et sa flexibilité en encadrant la réponse aux attentats du 11 septembre, d'abord par son interprétation de la légitime défense (résolution 1368), ensuite par son rôle normatif dans la lutte contre le financement du terrorisme (résolution 1373).

Au travers de ces différents éléments, se dégage une vision résolument optimiste du Conseil de sécurité : d'une part le Conseil aurait « pleinement conservé ses capacités et ses virtualités » (p. 107) en dépit des difficultés récentes ; d'autre part il reste saisi de nombreuses situations touchant à la sécurité internationale et où sa centralité paraît plus évidente.

En somme, Serge Sur fait sienne la thèse selon laquelle le Conseil de sécurité est imparfait mais indispensable ; il reste l'unique source de légitimité pour l'action des États sur la scène internationale et en particulier le recours à la force, une caractéristique que les Américains n'auraient pas réussi à éroder significativement (p. 156). Après tout, si tel est le cas, une telle résistance n'est-elle pas la preuve d'une forme de vitalité et de pertinence (*relevance*) ?

Thierry Tardy

JUSTIFIER LA GUERRE ? DE L'HUMANITAIRE AU CONTRE-TERRORISME

Gilles Andréani
et Pierre Hassner (dir.)
Paris, Presses de Sciences Po,
2005, 364 pages

Ce beau volume est le fruit d'une réflexion collective, menée dans le cadre du séminaire « Éthique et relations internationales : un regard croisé transatlantique », mis en place par le Centre d'études et de recherches internationales (CERI) de la Fondation nationale des sciences politiques et le Centre d'analyse et de prévision (CAP) du ministère des Affaires étrangères. Après une décennie marquée par la multiplication des « interventions humanitaires », les défis du terrorisme et du contre-terrorisme ont remis au premier plan l'impératif sécuritaire. C'est dire si les concepts de droit et de force, de légalité et de légitimité, de morale et d'empirisme, de « logique » et d'« expérience » se trouvent remis en cause, entraînant des divergences de vues profondes entre Américains et Européens.

Le premier temps de la discussion est consacré à « la moralité du recours à la force », en tenant compte des « nouvelles figures de l'intervention », avec l'élargissement des notions de menace à la paix et de légitime défense dans la pratique du Conseil de sécurité, comme dans la conceptualisation de la « responsabilité collective de protéger » avec la déclaration du sommet de septembre 2005. Les dilemmes de l'action sont analysés aux niveaux doctrinal – avec l'actualisation de la notion de « guerre juste » que présente Christian Mellon – et pratique – avec l'étude de Sir Michael Quinlan qui en souligne les applications concrètes. L'analyse déborde le cadre du droit de la guerre pour prendre en compte le *jus post bellum* – ce qu'Ariel Colonomos appelle le *jus ad pacem*. Cette dimension *ex post* est aussi illustrée par Eric Chevallier qui évoque, à la lumière du Kosovo, les « leçons d'après-guerre » : la fin ne justifie pas les moyens, mais les résultats viennent juger la décision. La théorie de la « guerre juste » a toujours pris en compte les conséquences : non seulement avec le principe de proportionnalité, mais en invoquant l'« espérance de succès ». L'argument rend d'ailleurs justice au reproche de « doubles standards », au nom d'un « principe d'éthique » là où il est habituel de ne voir que démission et hypocrisie. Le choix n'est pas entre le tout ou rien, l'aventure militaire et « le risque de ne rien faire », comme le montre Sir Michael à propos de la guerre en Irak (p. 73). Ainsi s'établit une dialectique permanente entre le « légal » et le « moral », entre le possible et le nécessaire. Dans ce double registre, comme le rappelle Christian Mellon, le choix peut n'être « qu'entre une inaction juridiquement correcte et une action éthiquement nécessaire » (p. 96).

C'est dans ce contexte que la « guerre au terrorisme », thème d'une deuxième partie, donne une nouvelle dimension au débat transatlantique. Sir Adam Roberts resitue la lutte contre le terrorisme dans la perspective historique, évoquant différentes hypothèses permettant de concevoir un terme, à défaut d'une impossible « victoire ». Gilles Andréani analyse précisément les limites du concept de guerre contre le terrorisme, avec son effet amplificateur qui « fait le jeu des terroristes ». Il montre comment les États-Unis, en privilégiant la démocratisation du Moyen-Orient, négligent des « facteurs politiques où leur responsabilité est engagée », tout comme la mobilisation que suscitent leurs interventions dans le monde arabe. « Un Moyen-Orient où gagne la démocratie risquera d'être plus nationaliste et plus antiaméricain qu'il ne l'est aujourd'hui » (p. 193). Christoph Bertram souligne une contradiction supplémentaire de la « guerre globale » des États-Unis, qui les fait négliger une approche cas par de cas des différentes « cibles », et surtout mobiliser dans leur coalition des alliés pour le moins douteux, affaiblissant la légitimité de leur cause.

Les deux articles de Michael Glennon esquissent une défense radicale de la thèse américaine, opposant les discours aux réalités, pour mieux vanter le « réalisme pragmatique » des États-Unis. L'article « Droit, légitimité et intervention militaire » montre brillamment comment l'intervention américaine en Irak viole le principe du non-recours à la force qui est au cœur de la Charte des Nations unies. Il importe sans doute peu à ce niveau de raisonnement que la Cour internationale de justice – dans le droit fil de son arrêt de 1986 qui n'a pas manqué d'irriter les États-Unis – vienne de réaffirmer ce principe fondamental dans un arrêt du 19 décembre 2005. Faire de cette violation un « principe de liberté » (p. 232) ne suffit pas à démontrer l'intérêt qu'ont les États-Unis à tuer la Charte de San Francisco. Faire des traités internationaux de simples « chiffons de papier » n'est pas la meilleure façon de fonder un « ordre international », de garantir la sécurité juridique et de gagner la confiance des autres États. À cet égard, Pierre Bulher montre bien que la notion de légalité garde toute sa place dans la rationalité des décideurs, « non pas comme un corps de règles commandant la vénération au nom de la sacralité du droit, mais sur le mode d'un calcul d'opportunité intégrant les avantages et le coût associé à ce qui peut être perçu comme une transgression du droit » (p. 260).

Face à la « privatisation de la violence de masse » que constitue le terrorisme, le risque de mimétisme aboutissant à la destruction de la norme internationale est évident. Pierre Hassner conclut en évoquant les « contradictions de l'ordre ». Partant du constat que « ni les États-Unis ni l'Union européenne n'ont résolu le problème de l'articulation optimale entre le droit et la force, pas plus qu'entre la morale et la politique », il prône la recherche d'un nouvel « équilibre entre inégalité et réciprocité, pluralisme et solidarité », à travers « l'adaptation réciproque d'institutions ambiguës et de changements contradictoires ». Cette acceptation nuancée de la complexité est sans doute la moins mauvaise réponse possible au dilemme de l'heure, qui oppose unilatéralisme aveugle et impuissance collective.

Emmanuel Decaux

FÉDÉRALISME ET ANTIFÉDÉRALISME

François Vergniolle de Chantal
Paris, Puf, coll. « Que sais-je », 2005

Au regard de la modestie affichée de son ambition théorique, ce petit ouvrage tient largement ses promesses. Il s'agit en effet de dire l'intérêt, mais aussi les limites, d'une comparaison entre les exemples connus de fédéralisme, en premier lieu ceux des États-Unis, et de la construction européenne. La référence américaine est ici centrale, les termes mêmes du titre étant empruntés au vocabulaire politique américain : il n'y a pas sur le vieux continent d'« antifédéralistes », sauf par analogie.

Rappelant d'abord le développement historique du fédéralisme américain, F. Vergniolle de Chantal montre combien cet assemblage institutionnel est le fruit d'un long processus, d'ajustements successifs dont les trois grandes étapes seraient la guerre de Sécession, le New Deal, et les revendications sociales et civiques des années 1960. Il pointe l'indétermination du terme même de « fédéralisme », qui après avoir longtemps fait référence à la volonté de donner un corps à l'unité politique du territoire américain, désigne désormais la défense d'une plus grande autonomie des États. L'auteur fait ensuite un détour par le Canada et l'Australie, où l'on voit que même dans deux pays neufs, terres d'immigration, à qui l'héritage colonial britannique prête une parenté culturelle et linguistique, le fédéralisme a connu des évolutions contraires. Le Canada se heurte aujourd'hui à un quasi-séparatisme, alors que l'Australie fonctionne comme une république, n'en refusant plus que le nom. Confrontées enfin au cas européen, ces quelques clés de lecture viennent relativiser la pertinence de la comparaison, tout en montrant malgré tout ce qu'elle peut avoir d'éclairant.

Cette troisième partie va d'abord contre l'idée qu'un projet fédéral en Europe serait forcément une importation étrangère. On y revient sur les origines d'une pensée fédéraliste dans les milieux de la Réforme, où naît l'idée d'un partage de la souveraineté entre deux niveaux de gouvernement. À ces premiers germes de doctrine, dont la philosophie politique européenne s'est par la suite détournée, vient s'ajouter au XIXe siècle la notion de « subsidiarité », fruit des préoccupations sociales de l'Église catholique, et enfin, au XXe siècle, l'idéal mieux connu des fondateurs de l'Europe actuelle, d'un continent uni dans la paix par la prospérité économique. Mais s'il y a bien là quelques ingrédients autochtones de fédéralisme, le constat sur le fonctionnement de l'Union est clair : créature paradoxale des États-nations, l'UE n'en est en rien affranchie. Il existe bien une technocratie bruxelloise, avec ses mécanismes et ses opacités, mais pas d'espace politique européen où une autonomie fiscale, par exemple, permettrait la prise de décision à l'échelle supranationale.

Ce qui ne veut pas dire que le projet fédéral est inapplicable à notre continent, mais plutôt que nul aujourd'hui ne le porte réellement. Les exemples américain, canadien et australien montrent qu'une dose d'homogénéité des sociétés est un préalable nécessaire à l'arrangement fédéral, mais aussi que ce dernier peut prendre des formes variées. Dans ces trois cas, en revanche, la réussite ou l'échec du fédéralisme sont passés par une « nationalisation », ou au contraire une « territorialisation » du discours des partis politiques. Pour ceux qu'attriste l'échec du référendum sur le Traité constitutionnel, il reste alors à espérer l'avènement d'un vrai parti politique européen, qui cherche une audience au-delà des frontières d'un seul État.

Anne-Lorraine Bujon de l'Estang

LA FIN DE L'OCCIDENT. L'AMÉRIQUE, L'EUROPE ET LE MOYEN-ORIENT

François Heisbourg
Paris, Odile Jacob, 2005,
272 pages

François Heisbourg dresse un état des lieux pessimiste des risques qui pèsent sur l'ordre international au lendemain de la réélection de George W. Bush. Si jamais, depuis la guerre froide, « le monde n'a été plus près d'une confrontation planétaire » (p. 11), c'est en raison du choc de deux phénomènes.

D'une part, l'avènement de l'« hyperterrorisme » – concept que François Heisbourg avait forgé au lendemain du 11 septembre 2001 –, qui pourra trouver demain dans les armes de destruction massive les instruments de son projet nihiliste. L'auteur dresse à titre d'exemple quatre scénarios : le détournement d'un ferry Transmanche sur les installations gazières du port de Dunkerque, l'explosion d'une « bombe sale » dans le RER à la station des Halles à Paris, la pulvérisation de spores de charbon dans le système d'aération d'un grand immeuble du quartier de La Défense (dans la banlieue ouest de Paris) ou l'explosion d'une bombe atomique artisanale en plein cœur de Bruxelles.

D'autre part – même si François Heisbourg se garde de mettre ces deux « menaces » sur le même plan –, la politique américaine impulsée par les Vulcains (l'expression est de James Mann[1]), ces conseillers de George W. Bush qui, selon qu'ils adhèrent aux thèses néo-conservatrices, qu'ils soient proches de l'aile droite du Likoud ou encore qu'ils restent attachés à la realpolitik de Bush père, font rimer unilatéralisme, exceptionnalisme et messianisme. L'auteur voit dans la politique des États-Unis, notamment au Moyen-Orient, un des ressorts de l'hyperterrorisme. Cette politique étend ses effets néfastes au-delà du seul Moyen-Orient et est à l'origine de ce que François Heisbourg appelle le « grand schisme d'Occident ». Il évoque à titre d'exemple trois défis planétaires que la mésentente transatlantique empêche de prendre à bras-le-corps : l'émergence de la Chine, le réchauffement planétaire et le « désastre africain ».

Que faire face à la conjonction de ces deux maux ? Sans surprise, on lit un plaidoyer en faveur d'une politique sécuritaire plus efficace mais respectueuse des libertés publiques. Le défi n'est pas mince : il faut à la fois prévenir les attaques terroristes (grâce au renforcement de la coordination des services de lutte antiterroriste, dans chaque État et entre États) et réduire les effets des attentats terroristes inévitables. On ne peut que suivre François Heisbourg dans sa critique du « tout préventif » dont le moindre effet n'est pas de paralyser et de renchérir le transit des voyageurs dans les aéroports pour des résultats minimes. La priorité devrait être mise sur la sécurité civile chargée, en cas d'attentat, des secours.

L'auteur appelle enfin de ses vœux la reconstruction de la relation euro-atlantique. Selon lui, l'Organisation du traité de l'Atlantique Nord (OTAN) n'est pas le forum pertinent d'une telle entreprise. Il voit plus d'avenir dans un « secrétariat euro-américain » chargé de la préparation et du suivi des sommets Union européenne/États-Unis. Même si l'Administration Bush II ne s'apprête pas à lui faire de cadeau, la France a un rôle à jouer dans ce projet. Sans la placer au cœur d'un monde multipolaire que Jacques Chirac ou Dominique de Villepin ont cru voir se dessiner au Conseil de sécurité le 14 février 2003, sa distance par rapport à Washington lui confère sinon une puissance, du moins une influence, notamment dans le monde arabe, qui peut être utile.

Yves Gounin

1. *Rise of the Vulcans – The History of Bush's War Cabinet*, James Mann, Londres, Viking Press, 2004.

HISTOIRE

L'ÈRE DE LA GUERRE 1914-1945
TOME 1. VIOLENCE, MOBILISATIONS, DEUIL 1914-1918
TOME 2. NAZISMES, OCCUPATIONS, PRATIQUES GÉNOCIDES 1939-1945

Anne Duménil, Nicolas Beaupré et Christian Ingrao (dir.)
Paris, Agnès Viénot Éditions, 2003-2004, 299 et 301 pages

L'Ère de la guerre concerne, en deux volumes, les deux guerres mondiales et s'intègre dans le cadre d'un conflit de trente ans, suivant la formule d'André Gide.

Le premier volume concerne la Première Guerre mondiale et, d'un accord général, la primauté y est accordée au soldat, préoccupation d'autant plus légitime que les combattants, essentiellement fantassins, ont subi les sacrifices les plus élevés.

Un des aspects les plus neufs de cette préoccupation est d'insister sur le front oriental, trop souvent négligé par les historiens occidentaux, à l'exception peut-être de Tannenberg. L'armée la plus éprouvée est celle de la Serbie avec plus de 20 % de pertes, associées à la retraite de 1914-1915 le long de la « route de la mort » dans les montagnes du Monténégro à destination de la côte dalmate, où les survivants à bout de forces, victimes du typhus, sont recueillis par les marines française et italienne et dirigés sur Corfou et Bizerte. Près de 500 000 civils auraient été englobés dans cette retraite, chiffre excessif si l'on s'en tient aux archives des deux marines. L'armée russe aura, elle, près de 2 millions de morts contre 1,8 pour l'Allemagne, 1,4 pour la France, 1 million pour l'Autriche-Hongrie et 750 000 pour le Royaume-Uni.

Contrairement à une idée reçue, la guerre de positions à l'ouest ne peut s'assimiler à une guerre de siège. Tous les belligérants, en marge de l'obsession de la percée, ont conservé la liberté de leurs arrières et ont pu mettre en place une économie de guerre fondée sur le développement considérable d'un matériel organisé autour des armes automatiques et de l'artillerie. À se limiter à la France, la production d'obus passe de 15 000 par jour en 1914 à plus de 400 000 à la fin du conflit.

Y a-t-il réellement eu communion entre l'arrière et l'avant ? On peut parfois en douter, à lire les souvenirs du futur général de Lattre de Tassigny, du jeune universitaire Delvert (*Carnets d'un fantassin*), les *Jours de guerre* ô combien révélateurs de Pourcher ou les *Carnets de guerre* de Louis Barthas.

Dans la Seconde Guerre mondiale, les civils sont de loin les plus éprouvés et l'Allemagne nazie, avec le génocide, est au cœur du conflit. Dès les débuts de la guerre à l'Est, les *Einsatz Gruppen* de la SS procèdent à l'exécution massive des commissaires politiques ou des cadres du Parti communiste, associés aux Juifs. Des hommes comme les généraux Manstein ou Hoepner, commandant d'un corps blindé, appliquent strictement les directives du Führer. Hoepner déclare avant même le début des hostilités : « Ce conflit a pour but la ruine de la Russie actuelle et doit être conduit avec une brutalité sans précédent. Dans ce conflit mené contre le judéo-bolchevisme, aucune pitié ne devra se manifester. » Il n'est pas sans intérêt de rappeler que Hoepner participera à la conjuration contre Hitler du 20 juillet 1944.

L'armée s'associe à ces exécutions massives. L'exposition itinérante organisée en Allemagne sur les crimes de la Wehrmacht a certes connu un vif succès, mais elle a aussi suscité des polémiques, suite aux précisions apportées par des historiens polonais ou hongrois sur les exécutions de Juifs dans les pays satellites du Reich ou même en Union soviétique.

Les civils ont également été victimes des bombardements stratégiques, ou plutôt de terreur. L'ouvrage de Jörg Friedrich *L'Incendie* – figurant ici dans une note de bas de page – n'est pas vraiment l'objet de controverses, et il est excessif de traiter son auteur d'essayiste car son livre ne fait que confirmer des études antérieures.

À cette occasion, on peut encore regretter l'absence de toute étude concernant le théâtre extrême-oriental. C'est oublier que la Seconde Guerre mondiale débute dès 1935 avec le conflit sino-japonais, marqué par des atrocités comme le « sac de Nankin ». À partir de 1943, le Japon est également soumis à des raids de terreur qui semblent avoir fait près de 1 million de victimes, indépendamment d'Hiroshima et de Nagasaki.

Au cours de ce second conflit, le soldat est largement oublié. Là encore, il a connu bien souvent un abominable calvaire, comme le montrent les ouvrages de Guy Sajer, de Léon Degrelle ou d'August von Kageneck. Il est regrettable que le combattant russe sombre dans cet oubli. L'historien britannique Anthony Beevor auteur d'ouvrages remarquables, *Stalingrad* ou *La Bataille de Berlin* a pu accéder à certaines archives soviétiques. En quatre années de guerre, 450 000 soldats de l'Armée rouge ont été exécutés pour désertion ou manque de combativité.

Notons encore que, d'après le témoignage irréfutable de Soljenitsyne, l'Union soviétique a battu le record des transfuges ; les prisonniers qui avaient échappé à la maladie ou à la famine ont été considérés comme traîtres et condamnés au goulag. Le stalinisme et le peuple russe ne font l'objet que d'une note de bas de page.

Un des sorts les plus cruels, totalement oublié par l'historiographie occidentale, fut celui des soldats japonais de Mandchourie, qui, en vertu des accords de Potsdam, auraient dû être immédiatement libérés. En réalité, sur 500 000 captifs, on comptera dix ans après la fin de la guerre moins de 100 000 survivants, le plus souvent victimes de lavage de cerveau.

Parmi les articles les plus révélateurs de l'ouvrage, on peut retenir « Le cinéma français et la guerre » et « Le mythe de la Résistance » dans l'histoire de la France, de la Belgique et des Pays-Bas au lendemain de leur libération. Au total, ces deux tomes constituent un ensemble de haut niveau dont la plupart des études méritent une lecture attentive, même si on peut regretter parfois l'abus d'un vocabulaire tiré de la culture de guerre.

Philippe Masson

Philippe Masson, collaborateur fidèle de Politique étrangère, *est décédé le 27 décembre dernier. Que ses proches trouvent ici l'expression de nos très sincères condoléances.*

VISIONS OF VICTORY. THE HOPES OF EIGHT WORLD WAR II LEADERS

Gerhard L. Weinberg
Cambridge, Cambridge University Press, 2005, 297 pages

À l'occasion de ses recherches extensives sur la Seconde Guerre mondiale[1], l'historien Gerhard Weinberg s'est aperçu qu'il était difficile de comprendre le conflit et ses suites sans tenir compte de ce qu'avaient en tête les leaders des principales puissances belligérantes. Quelles étaient leurs aspirations, leurs espérances ? Comment concevaient-ils l'avenir une fois la victoire acquise ? De quelle manière leur vision a-t-elle évolué au cours du conflit ? En quoi leurs représentations ont-elles influencé leurs choix stratégiques pendant la conduite des hostilités ? À quel degré le monde de l'après-guerre a-t-il donné corps à leurs images du futur ?

Il y a bien entendu dans ce livre des zones de flou, imputables à l'inégale qualité des renseignements accessibles. Les données existantes permettent néanmoins de cerner les vues des différents acteurs. De manière logique, l'ouvrage s'intéresse d'abord aux partisans du changement radical. On redécouvre les projets mégalomaniaques d'Hitler : établissement d'une domination planétaire, destruction des populations impures – les Juifs, les handicapés, les mutilés de guerre – et soumission des peuplades inférieures. On trouve aussi trace des perspectives de sortie de crise, l'inévitable conflit hégémonique avec les États-Unis étant censé se conclure autour de 1950, au terme d'un rapide affrontement. Vient ensuite le cas Tojo, non moins étonnant en ce qu'il met en évidence la gloutonnerie et la puérilité des états-majors japonais. Conquêtes à grande échelle : la Sibérie, la Chine, l'essentiel de l'Inde, toute l'Asie du Sud-Est, mais aussi Hawaii, l'Amérique centrale, une partie des États-Unis, la Jamaïque, etc. : de toute évidence, la structure de gouvernement féodalo-militaire

1. Voir G.L. Weinberg, *A World at Arms : A Global History of WWII*, Cambridge, Cambridge University Press, 1994.

avait un programme d'asservissement à peine moins ambitieux et moins brutal que celui des nazis. Les deux principales puissances de l'Axe étaient donc vouées, tôt ou tard, à s'entre-déchirer. Mussolini, de son côté, paraît plus mesuré dans ses ambitions : extension des possessions coloniales, contrôle de la Méditerranée et domination de l'Europe du Sud – au détriment de la France.

Visions of Victory apporte également des précisions très stimulantes sur les cadres conceptuels des dirigeants placés à la tête des puissances alliées. Churchill en ressort comme un optimiste, très tôt conscient de la nocivité nazie, mais englué dans le XIXe siècle, enclin à défendre la pérennité de l'empire, à perdre de vue les priorités élémentaires de la population britannique, à surestimer la qualité des liens avec l'Union soviétique, etc. De Gaulle ne paraît guère mieux servi. Loin des représentations hagiographiques jouant sur le mythe du visionnaire progressiste, le tableau qui ressort est celui d'un conservateur peu évolutif, pétri d'obsessions hiérarchiques et statutaires, bien décidé à démembrer l'Allemagne, à maintenir le domaine asiatique et africain sous tutelle, à décrocher l'Italie, et disposé à établir après-guerre une alliance d'opportunité avec l'URSS, contre le Royaume-Uni et les États-Unis. Le bilan du généralissime Tchang Kai-chek se montre plus décevant encore : d'un côté, une louable volonté de restauration de la puissance et de la dignité nationales, mais de l'autre aucune vision économique, sociale ou politique susceptible d'emporter l'adhésion raisonnée des masses. Et Staline ? Gerhard Weinberg nous assure que le dictateur soviétique possédait d'excellents instincts machiavéliens, mais qu'il restait prisonnier de biais – paranoïa, certitudes idéologiques, agressivité – et de logiques de pouvoir – conquêtes, annexions – incompatibles avec le développement de propositions constructives. Au final, l'ouvrage décerne la palme du réalisme à Roosevelt. Le relatif flou idéologique du leader démocrate n'est pas nié. Mais, à distance, « FDR » ressort comme celui qui était doté de la vision politiquement la plus aboutie, à la fois parce qu'il avait perçu la nécessité d'une nouvelle organisation médiatrice internationale, soutenue par les États-Unis, parce qu'il avait correctement anticipé l'inévitable démantèlement des empires coloniaux et parce qu'il s'était très tôt fixé comme objectif de réintégrer le Japon et l'Allemagne dans le concert des nations civilisées.

Visions of Victory souffre parfois d'un effet de répétition, imputable à la structure de l'ouvrage. Mais l'ensemble permet de rendre compte d'une dimension éminemment importante des relations internationales. En même temps, actualité post-11 septembre 2001 oblige, il invite à reconsidérer les difficultés d'adaptation des révisionnistes radicaux et autres idéologues de bureau.

Jérôme Marchand

ARMAGEDDON. THE BATTLE FOR GERMANY, 1944-1945

Max Hastings (dir.)
New York, Knopf, 2004,
584 pages

Dans cette étude sur les huit derniers mois de la Seconde Guerre mondiale, Max Hastings part de la croyance, largement partagée par les alliés occidentaux à la fin de l'été 1944, que la Wehrmacht était alors battue et que la fin du nazisme devait nécessairement se produire pour Noël de cette même année. Or les désastres subis aux Pays-Bas (échec de l'opération aéroportée « Market Garden », sur Arnhem), les revers américains sur la frontière allemande et dans la forêt de Hurtgen, et enfin la contre-offensive de von Rundstedt dans les Ardennes bouleversèrent ce planning par trop optimiste. En outre, Hastings pose des questions dérangeantes : pourquoi, à la fin de la guerre, les Allemands et les Soviétiques étaient-ils de bien meilleurs soldats que les Américains et les Britanniques ? Les dirigeants de Londres et de Washington ont-ils délibérément freiné l'avance de leurs troupes dans le but de laisser les Soviétiques accomplir le gros de la tâche de destruction de la machine de guerre nazie – et donc subir les plus grosses pertes ? Pourquoi les bombardements stratégiques anglo-américains sur les villes allemandes ont-ils continué jusque dans les dernières semaines du conflit, alors qu'ils n'avaient plus guère d'influence sur le cours global des événements ?

L'auteur met ainsi à la disposition du « grand public cultivé » les dernières recherches des historiens universitaires (en particulier anglo-saxons) concernant la Seconde Guerre mondiale en général, et les phases terminales de ce conflit en particulier. Or l'histoire de cette guerre, y compris aux plans diplomatique, stratégique et militaire, n'a pas été définitivement épuisée dans les années 1950 et 1960, comme trop de gens ont encore tendance à le croire. Ces problématiques-là ont ainsi été revisitées en profondeur durant les deux dernières décennies. Citons, par exemple, les travaux de Karl-Heinz Frieser (sur la légende de la guerre-éclair[1]), de David M. Glantz (sur l'armée soviétique[2]), d'Omer Bartov (sur l'armée allemande[3]) ou encore de Richard Overy (*Why the Allies Won*[4]). Tous ont notamment réévalué de façon considérable le mythe de l'excellence militaire allemande. Hastings fait donc ici de la « vulgarisation scientifique de qualité », genre littéraire que les Anglo-Saxons maîtrisent d'ailleurs si bien, et ce, depuis de nombreuses années. Il nous offre un passionnant récit, à mi-chemin de l'œuvre du journaliste et de l'historien académique, produit, à la fois, d'un impressionnant travail dans les archives, et de très nombreux

1. K.H. Frieser, *Le mythe de la guerre-éclair. La campagne de l'Ouest de 1940*, Paris, Belin, 2003.
2. D.M. Glantz (dir.), *The Initial Period of War on the Eastern Front. 22 June-August 1941. Proceedings of the Fourth Art of War Symposium, October 1987*, Londres, Frank Cass, 2001.
3. O. Bartov, *L'armée d'Hitler. La Wehrmacht, les nazis et la guerre*, Paris, Hachette, 2003.
4. R. Overy, *Why the Allies Won*, Londres, Pimlico Press, 1996.

entretiens avec des protagonistes encore en vie. Il se montre en outre particulièrement habile dans ce que l'on pourrait nommer une utilisation intelligente de l'anecdote. Pour toutes ces raisons, cet ouvrage de Hastings appartient à la même famille que les deux célèbres livres d'Anthony Beevor, consacrés aux batailles de Stalingrad et de Berlin[5]. Mais Hastings va aussi plus loin que ne va Beevor dans le récit que fait ce dernier de la chute de Berlin, puisqu'il traite également du front occidental, et aborde cette phase du conflit de façon globale, en étudiant l'interrelation entre les questions diplomatiques, politiques, stratégiques, sociales, logistiques, opératives et tactiques. Il n'hésite pas non plus à se pencher tant sur le sort des simples soldats de tous les camps que sur les péripéties des dirigeants civils ou militaires de l'époque. On trouvera donc dans cet ouvrage autant d'« histoire bataille » que d'histoire sociale, notamment les récits de la terrible famine qui ravagea les Pays-Bas ou de l'apocalyptique fuite des populations allemandes de Prusse orientale. Pour toutes ces raisons, ce livre mérite bien son titre... Il fait aussi écho à ce magnifique documentaire réalisé il y a de cela une trentaine d'années pour la télévision française par Thierry Costelle et Henri de Turenne, « La Bataille d'Allemagne ».

5. A. Beevor, *Stalingrad*, Londres, Viking Press, 1998 (traduction française : *Stalingrad*, Paris, Bernard de Fallois, 1999) et *Berlin. The Downfall*, 1945, Londres, Viking, 2002 (traduction française : *La Chute de Berlin*, Paris, Bernard de Fallois, 2002).

Avec ce récit passionnant, on dispose d'un outil permettant d'analyser une situation stratégique particulièrement complexe et embrouillée, où le politique et le militaire sont toujours en étroite relation. Mais ce livre constitue également un témoignage précieux pour tous ceux qui s'intéressent à l'histoire de l'Europe de l'après-guerre et surtout aux origines de la guerre froide et au processus de mise en place de ce qui fut un véritable système géopolitique.

Laurent Henninger

FRANÇOIS-FERDINAND D'AUTRICHE. DE MAYERLING À SARAJEVO

Jean-Louis Thiériot
Paris, Bernard de Fallois, 2005, 368 pages

Dans la famille Habsbourg, les historiens et, plus encore, les médias ont privilégié Sissi l'impératrice et son fils Rodolphe, ne s'intéressant guère à celui qui, après le drame de Mayerling, allait normalement succéder à son oncle François-Joseph, l'archiduc François-Ferdinand : rien n'avait été publié à son propos depuis 1932 ! Le présent livre comble donc une lacune, même si on peut regretter qu'il n'ait pas été plus soigneusement relu.

L'auteur n'a pas cherché à cacher que son personnage était « peu correct » sur le plan politico-idéologique, avec son catholicisme intolérant, son attachement intransigeant au principe monarchique et son refus du suffrage universel.

Mort prématurément à 51 ans alors que François-Joseph régnera jusqu'en 1916, il n'a pu participer pleinement aux grandes décisions, d'autant que sa volonté d'épouser une femme de la petite noblesse heurtait les principes dynastiques en vigueur dans sa famille et l'obligea à accepter la formule d'un mariage morganatique, interdisant à sa femme et à ses descendants tout droit d'accès au trône.

On perçoit tout de même qu'il aurait cherché à réagir contre les pouvoirs excessifs que le compromis de 1867 donnait aux Hongrois, au détriment d'autres composantes ethniques, notamment slaves. Il était par ailleurs soucieux d'éviter tout aventurisme à l'extérieur tant que les forces armées austro-hongroises n'auraient pas été radicalement modernisées. Les collaborateurs dont il s'était entouré à la fin de sa vie laissent penser qu'il avait mis en place un véritable *think tank* avant la lettre. En tout cas, les idées, quelle qu'en soit la source, qu'il exprima à maintes reprises, notamment en 1913, quant au risque d'un engrenage du style juillet-août 1914 – « Je ne ferai jamais la guerre contre la Russie. Une guerre entre l'Autriche et la Russie finirait soit par la chute des Romanov, soit par celle des Habsbourg, peut-être par celle des deux » – témoignent d'une intuition politique que l'on aurait souhaité plus répandue dans les milieux dirigeants de l'époque. Elles expliquent que l'historien britannique Hew Strachan ait pu écrire que « par sa mort, l'archiduc rendit la guerre possible de plus d'une manière[1] ». Réciproquement, les ultranationalistes serbes pensaient que la meilleure façon de faire avancer leur cause était de provoquer une réaction autrichienne contre la Serbie, qui amènerait la Russie à intervenir en faveur de cette dernière. On notera que le terrorisme à usage politique de cette époque, aussi fanatique que de nos jours, était relativement économe en vies humaines puisqu'il ne visait que quelques personnages haut placés[2]. On a fait des progrès depuis lors.

Bernard Cazes

MITTERRAND ET LA PALESTINE. L'AMI D'ISRAËL QUI SAUVA PAR TROIS FOIS YASSER ARAFAT

Jean-Pierre Filiu
Paris, Fayard, 2005, 368 pages

Le livre que vient de publier Jean-Pierre Filiu sur *Mitterrand et la Palestine* est le fruit à la fois de l'expérience personnelle d'un témoin de la relation franco-palestinienne et de ses recherches, notamment auprès des principaux acteurs de cette relation.

Il met d'abord en évidence l'évolution personnelle d'un homme, ami d'Israël, face au problème palestinien qu'il a vécu à plusieurs étapes

1. H. Strachan, *The First World War*, volume 1 : *To Arms*, Oxford, Oxford University Press, 2001, p. 68.
2. Du moins dans ses retombées immédiates : les deux victimes du 28 juin 1914 ont été en fait suivies d'un immense cortège de près de 10 millions de tués. Chère Yougoslavie…

de sa vie politique, aussi bien comme premier secrétaire du Parti socialiste que comme président de la République. On est effectivement frappé, comme le souligne l'auteur, par la cohérence et la continuité de la réflexion mitterrandienne : dès les années 1970, alors qu'il était encore dans l'opposition, le futur président avait déjà défini les grandes lignes de sa position. À cet égard son voyage à Gaza en mars 1971 le marque profondément. Sa pensée sur le sujet est formulée dès 1976 même si elle ne s'exprimera dans toute sa solennité que lors du fameux discours devant la Knesset en mai 1982. Le message est clair : les deux protagonistes, Israël et l'Organisation de libération de la Palestine (OLP), doivent se reconnaître mutuellement ; les Palestiniens ont un droit à l'autodétermination, donc à un État. C'est dans ce cadre qu'il faut situer les trois sauvetages de Yasser Arafat décrits par l'auteur : celui d'août 1982, qui lui permet de quitter sain et sauf Beyrouth assiégé par l'armée israélienne ; celui de Tripoli en décembre 1983 au cours duquel la marine française permet au chef de l'OLP d'échapper à l'étau syrien ; enfin, celui, moins dramatique, de Paris en mai 1989 à l'occasion de son premier voyage officiel en France. Dans ce dernier cas, il s'agit, tout autant que d'un sauvetage, de la reconnaissance que le « président » Arafat invité officiellement en France est désormais un interlocuteur non seulement valable mais incontournable. En effet, Yasser Arafat confirme solennellement, lors de sa conférence de presse à l'Institut du monde arabe (IMA), que la charte de l'OLP est « caduque ». Le président Mitterrand a obtenu ce qu'il souhaitait, la reconnaissance par l'OLP que l'« autre », Israël, existait : une telle déclaration a contribué à faire d'Arafat, qualifié jusqu'alors de « terroriste », une personnalité fréquentable et l'homme avec qui il fallait négocier si l'on voulait aboutir à la paix au Proche-Orient. La relation établie alors avec l'OLP a été poussée très loin, puisqu'elle a débouché sur une coopération entre l'organisation palestinienne et les services de renseignement français.

Ce n'est pas le moindre mérite de cet ouvrage que de rappeler les constantes de la relation de François Mitterrand avec Israël dont il se voulait l'ami. S'il a aussi fermement poursuivi son objectif de reconnaissance mutuelle des deux peuples, c'est parce qu'il était convaincu d'agir, également, en faveur de la sécurité et la pérennité d'Israël. Cette politique n'a pas toujours été comprise par les Israéliens : il dut faire face à des accusations d'antisémitisme qui l'ont profondément affecté.

À un moment où « la politique arabe de la France » est en discussion, ce livre rappelle la continuité de la position française sur la question palestinienne. Cette continuité est évidente depuis quarante ans à travers la politique menée par les différents présidents de la Ve République. Il rappelle également que la France a joué un rôle important dans la tentative de réconciliation entre les deux peuples qui continuent de s'affronter au Proche-Orient. Les accords d'Oslo et le processus de paix sont au point mort, mais les espoirs de paix demeurent. La création d'un État palestinien est devenue une nécessité reconnue et l'OLP et son président apparaissent comme les seuls interlocuteurs pouvant faire accepter à la population un règlement pacifique. Faute d'avoir entendu ce message, la communauté internationale a maintenant en face d'elle le Hamas. C'est le mérite de J.-P. Filiu de rappeler cette constante de la politique de Mitterrand en faveur de la paix au Proche-Orient, dont le seul tort, dirait-il, est d'avoir eu raison trop tôt.

Denis Bauchard

HATING AMERICA: A HISTORY

Barry M. Rubin et Judith Colp Rubin
New York, Oxford University Press, 2004, 307 pages

Respectivement directeur du Global Research in International Affairs (GLORIA) Center et correspondante indépendante de presse, Barry M. Rubin et Judith Colp Rubin livrent dans *Hating America* une analyse d'un stéréotype particulièrement résilient des politiques étrangères et de leurs réceptions publiques, l'antiaméricanisme. L'ouvrage s'essaie à une compréhension de ses nombreuses mutations historiques en s'attachant, de la fondation des États-Unis jusqu'à nos jours, à la restitution de ses variantes tant en Europe et en Amérique latine que dans le monde musulman. L'aversion des penseurs européens pour la république américaine se fonde sur une « théorie de la dégénération » qui, développée au XVIIIe siècle et transformée au XIXe, cible plus spécifiquement des valeurs matérielles, culturelles et égalitaires contraires à l'héritage aristocratique européen. À compter du tournant du XIXe siècle, l'indéniable montée en puissance des États-Unis sur les plans économique et militaire participe d'un durcissement de l'antiaméricanisme qui s'ajuste, avec plasticité, aux impératifs de politique intérieure et étrangère des démocraties et des dictatures européennes. Il sert également de trame aux systèmes de pensée libéraux ou communistes au nom des nationalismes culturels, industriels ou politiques, européens ou latino-américains. Attisée par le conflit israélo-palestinien, la propagation du ressentiment antiaméricain dans le monde musulman, dont le 11 septembre 2001 représente la « démonstration la plus graphique », est vue par les auteurs comme la version ultime et contemporaine de cette « haine pour l'Amérique » qui tente de déconsidérer une diplomatie et une nation qui prônent la démocratisation de la région moyen-orientale.

L'analyse des genèses historiques et des modalités opératoires des stéréotypes est un exercice scientifique délicat. Le travail d'écriture doit en effet veiller à ne pas réactiver leur vigueur latente, ou prendre la forme d'une simple dénonciation. À ce titre, l'ouvrage s'avère décevant et, parfois, contestable. Si les auteurs font référence, en termes qualifiants, aux travaux de Philippe Roger, *Hating America* demeure loin de leur rigueur méthodologique[1]. L'examen approfondi des divers contextes historiques dans lesquels s'enracine l'antiaméricanisme est négligé au profit de très nombreuses citations d'auteurs qualifiés d'« antiaméricains », dont les engagements intellectuels et politiques sont rarement explicités. Pour l'époque contemporaine, la guerre du Vietnam et le coup d'État chilien ne sont traités qu'allusivement, privant le lecteur d'une compréhension critique des mouvements anti-impérialistes et tiers-mondistes. La réaction des opinions publiques mondiales (notamment européennes) à l'intervention américaine en Irak fait, enfin, l'objet d'une analyse qui ne force pas la conviction. La stratégie rhétorique retenue dans l'ouvrage conduit à se demander si les auteurs ne se heurtent pas aux mêmes difficultés que celles de l'Administration américaine actuelle quand elle entreprend de réhabiliter l'image des États-Unis.

Jean-Philippe Dedieu

1. Ph. Roger, *L'Ennemi américain. Généalogie de l'antiaméricanisme français*, Paris, Le Seuil, 2004.

SÉCURITÉ

PEACE OPERATIONS AFTER 11 SEPTEMBER 2001

Thierry Tardy (dir.)
Londres, Frank Cass, 2004,
224 pages

Le 11 septembre 2001 a changé les priorités de l'agenda de sécurité. En cela, il a affecté les opérations de paix du fait de la dépendance de ces dernières à l'égard de l'évolution du système international, comme cela fut le cas à la fin de la guerre froide. En outre, les suites du 11 septembre et la « guerre contre le terrorisme » peuvent avoir des répercussions sur la conduite de ces opérations, lorsqu'elles ont lieu dans des environnements propices à l'émergence du terrorisme.

L'excellente analyse de Thierry Tardy évalue ainsi les effets du 11 septembre et de la guerre contre le terrorisme non seulement sur la façon dont les opérations de paix sont conduites mais aussi sur la façon dont les États, les organisations internationales et les acteurs non étatiques considèrent ces opérations. L'un des mérites du livre est ainsi de s'attacher à la pratique du maintien de la paix, en analysant par exemple les changements qui peuvent affecter les organisations non gouvernementales (ONG).

La thèse centrale de l'ouvrage consiste à affirmer que les rôles et les capacités des acteurs engagés dans les opérations de paix (l'« environnement international » des opérations de paix) sont susceptibles de changer, contrairement à la conception même des opérations comme instrument de gestion de crise (l'« environnement local » des opérations de paix) qui, elle, n'est pas autant à même de se modifier.

À travers une série de contributions, deux questions essentielles sont alors abordées par les auteurs : les opérations de paix sont-elles un instrument crédible de politique de sécurité et sont-elles un instrument efficace de gestion de crise ?

Elles sont en partie un instrument crédible de politique de sécurité, dans la mesure où l'opération de paix est un moyen pour des organisations de se positionner par rapport à un événement donné. Ainsi l'Organisation du traité de l'Atlantique Nord (OTAN) est-elle l'organisation qui a le plus vu changer ses missions. Conceptuellement, l'interprétation de la notion de *self defence* pourrait modifier le caractère traditionnel de la défense collective. Opérationnellement, l'organisation sera amenée à adapter ses capacités militaires à la guerre contre le terrorisme. À la différence de l'OTAN, le rôle des Nations unies dans les opérations de maintien de la paix (OMP) ne devrait pas changer de manière fondamentale, notamment parce que la politisation de ces opérations a ses limites. Le principe d'impartialité, pilier du maintien de la paix, est, par exemple, difficilement conciliable avec une « guerre » contre des cellules terroristes. La réponse de l'Union européenne n'est, quant à elle, pas en rupture avec le développement de la politique étrangère et de sécurité commune (PESC). Le 11 septembre est intervenu trop tôt pour pouvoir avoir un réel impact sur une politique encore naissante.

L'ouvrage nous interroge aussi sur la place et l'efficacité des opérations de paix comme instruments de gestion de crise. Ici, il apparaît finalement qu'elles ne sont pas perçues comme un instrument central. Les modifications susceptibles d'intervenir concerneront vraisemblablement les aspects prévention des conflits et consolidation de la paix de ces opérations. En effet, ce sont ces activités qui peuvent agir sur les « causes du terrorisme ». Mais cette évolution ne pourra se vérifier que si les États considèrent les opérations de paix comme un instrument pour « lutter contre les causes du terrorisme, et non pas seulement les causes des conflits en général ».

L'analyse suggère quelques doutes quant à la réactivité, à l'élasticité de la notion d'OMP face aux événements, au moins parce que certaines contributions ont du mal à garder le lien entre opérations de paix et 11 septembre. Les modifications opérées dans les politiques ne concernent pas toujours principalement les opérations de paix ; par ailleurs, les changements sur le terrain sont plus le résultat d'une réflexion générale sur le concept d'OMP que d'une réelle prise en compte du 11 septembre comme facteur expliquant cette évolution.

Ce livre ouvre donc un débat sur la relation entre opérations de paix, représentation du système international et construction des politiques internationales, qui aurait tout intérêt à être poursuivi.

Emmanuel Bargues

SIPRI YEARBOOK 2005. ARMAMENTS, DISARMAMENT AND INTERNATIONAL SECURITY

Oxford, Oxford University Press, 2005, 853 pages

On trouve, dans le 35e annuaire du Stockholm International Peace Research Institute (SIPRI), les rubriques habituelles sur les conflits armés, les dépenses militaires, la production et la commercialisation des matériels de guerre, la maîtrise des armements et le désarmement. Mais cet annuaire n'est pas seulement une source d'information irremplaçable ; il offre également des analyses pertinentes sur des thèmes aussi divers que les organisations internationales, les nouvelles formes de conflictualité, les risques du terrorisme, la prolifération des armes de destruction massive et les nouveaux modes de penser la réglementation des armements à une ère où les méthodes traditionnelles semblent avoir épuisé leurs virtualités. La prise en considération par le SIPRI des problèmes de sécurité entendus au sens le plus large procède d'un choix délibéré fait par Adam Rotfeld dans les années 1990, et il faut se féliciter qu'Alyson Bailes, qui lui a succédé à la tête de l'Institut, ait maintenu ce cap tout en marquant de son empreinte les programmes de recherche réalisés sous son égide.

À cet égard, on relèvera les accents nouveaux figurant dans l'introduction générale où sont abordées sans vaine précaution des questions centrales comme la contribution de l'Organisation des Nations unies (ONU) et des organisations régionales à l'instauration d'un ordre mondial, la place de l'État et des organisations non gouvernementales (ONG) dans la construction de la paix, les limites du recours à la force pour le règlement des différends, les exigences d'une politique de stabilisation et de restauration des pouvoirs publics dans les pays ravagés par des guerres civiles, enfin les menaces qui pèsent sur les pays du Nord du fait de la dégradation de la situation économique et sociale dans les pays du Sud. Sur tous ces points, les thèmes esquissés dans l'introduction font l'objet de développements substantiels dans la première partie consacrée précisément à « la sécurité et aux conflits ». On y trouvera notamment un exposé complet des problèmes relatifs à la sécurité dans l'espace euro-atlantique, dans le « Grand Moyen-Orient » et en Amérique latine ; des analyses fines et des réflexions stimulantes sur la nature des conflits contemporains et sur les moyens d'y mettre un terme en respectant les spécificités culturelles des peuples directement concernés ; enfin, un inventaire raisonné des missions de paix qui ont mobilisé plus de 200 000 hommes en 2004 et suscitent des interrogations quant à leur finalité et à l'adéquation de leur mode opératoire

La deuxième partie traite des dépenses militaires et des armements mondiaux. Il s'agit là d'un domaine où le SIPRI peut se prévaloir d'une longue tradition et dispose d'une méthode éprouvée pour évaluer les ressources financières affectées à la défense et déterminer le volume des transferts d'armements. Toutefois, il prend soin de préciser que les chiffres qu'il publie sont des estimations qui ne rendent qu'imparfaitement compte des investissements des États dans le secteur militaire ou de la valeur marchande des transactions portant sur les matériels de guerre. Le lecteur est donc invité à manier avec discernement les données quantitatives publiées dans ce volume, en sachant qu'elles ne font qu'indiquer des tendances et ne peuvent satisfaire les aspirations à une plus grande transparence des dépenses militaires. Indépendamment des réserves et des considérations méthodologiques sur la fiabilité des informations relatives à la production et au commerce des armes, le SIPRI n'hésite pas à aborder de front les problèmes actuels du financement de la sécurité dans la mesure où les moyens militaires classiques ne sont plus adaptés pour promouvoir la paix dans les pays du Sud et où leur stabilisation et leur développement requièrent une assistance durable de la part des pays riches.

La dernière partie de l'annuaire présente un inventaire complet des mesures adoptées par les États pour contenir la prolifération des armes nucléaires, réglementer les transferts d'armes et de technologies sensibles et renforcer l'efficacité des traités de désarmement. Le SIPRI ne se borne pas à fournir des données empiriques et à décrire les acquis de la maîtrise des armements et du désarmement, mais souligne les carences des régimes en vigueur et fait des propositions pour y remédier. Elles visent plus particulièrement le renforcement du contrôle de la Convention d'interdiction des armes biologiques (CIAB), les mesures destinées à empêcher les acteurs non étatiques d'accéder aux armes de destruction massive et la réhabilitation des organes créés par l'ONU pour surveiller le désarmement de l'Irak dont la compétence est avérée et qu'il serait fâcheux de laisser en friche.

Ce volume, dont nous n'avons pu donner qu'un aperçu, témoigne de la continuité de l'action du SIPRI pour la promotion de la paix et le développement des études sur la sécurité internationale. Sa consultation s'impose à tous ceux qui veulent se faire une opinion fondée sur ces questions sensibles et contribuer à leur solution.

Jean Klein

THE UNITED STATES AND THE NUCLEAR DIMENSION OF EUROPEAN INTEGRATION

Gunnar Skogmar
Basingstoke, Palgrave Macmillan, 2004, 331 pages

En 1993, Gunnar Skogmar publiait une étude solidement argumentée sur les relations entre les États-Unis, le Royaume-Uni et la France dans le domaine nucléaire de 1939 à 1950[1]. Elle mettait en évidence la volonté de l'Administration Truman de réserver aux États-Unis le monopole de l'arme atomique et décrivait les tentatives de coopération entre Français et Britanniques pour la mise au point de l'arme nouvelle. Mais ces projets étaient voués à l'échec en raison de l'attachement du Royaume-Uni aux « relations spéciales » avec les États-Unis, des divergences entre la France et les Anglo-Saxons en matière de politique étrangère, et de la répugnance de Washington à collaborer avec un pays soupçonné de complaisance à l'égard des communistes à l'époque et où Frédéric Joliot-Curie était Haut Commissaire à l'énergie atomique.

Le dernier livre de Gunnar Skogmar s'inscrit dans la continuité de *Nuclear Triangle* et analyse la dimension nucléaire de la politique européenne des États-Unis de 1953 à 1957. Le président Eisenhower poursuivait un double objectif : empêcher la prolifération des armes nucléaires après l'échec du plan Baruch et favoriser l'intégration européenne. À cet effet, il était essentiel de mettre en œuvre une politique d'encadrement de la République fédérale d'Allemagne (RFA) dont la contribution à la défense commune était jugée nécessaire, mais dont le réarmement inspirait des craintes dans les pays qui avaient subi les effets de la politique hégémonique du IIIe Reich. Aux yeux des Américains, la construction de l'Europe était motivée essentiellement par des considérations de sécurité et ils étaient disposés à faire des sacrifices au plan économique pour réaliser leur dessein. C'est cette politique que l'auteur soumet à un examen critique en se fondant sur l'exploitation des archives accessibles dans les quatre pays – États-Unis, France, RFA et Royaume-Uni – qui ont joué les premiers rôles dans les négociations en vue de la création de la Communauté européenne de défense (CED), de l'Union de l'Europe occidentale (UEO) et de la Communauté européenne de l'énergie atomique (European Atomic Energy Community, EURATOM).

On se bornera ici à de brèves observations sur les points les plus saillants de la démonstration. Ainsi, la politique suivie par le président Eisenhower pour contenir la prolifération n'était pas exempte de contradictions puisque celui-ci n'excluait pas le transfert d'armes nucléaires aux alliés et

1. Un compte-rendu de *Nuclear Triangle. Relations between the United States, Great Britain and France in the Atomic energy field 1939-1950* est paru dans *Politique étrangère*, n° 2/1995.

qu'il était personnellement favorable à l'émergence d'une entité européenne disposant d'une capacité de défense autonome. Mais il apparut bientôt que les transferts d'armes nucléaires américaines étaient assortis de contrôles stricts et qu'il s'agissait moins de favoriser la création de nouveaux centres de décision nucléaire que d'associer les Européens à la mise en œuvre d'une stratégie contrôlée par les Américains. Quant à l'option européenne, elle restait théoriquement ouverte mais avait peu de chances d'être exercée en raison des résistances auxquelles elle se heurtait à Washington où l'on craignait une érosion du leadership américain dans l'Organisation du traité de l'Atlantique Nord (OTAN).

À l'examen, il s'avère que les États-Unis voyaient surtout dans l'intégration européenne un moyen d'empêcher la France et l'Allemagne d'accéder à l'arme atomique et telle était bien la visée de la CED. Or la France était résolue à se doter de l'arme nouvelle et cette considération n'est sans doute pas étrangère au rejet du traité par l'Assemblée nationale en août 1954. Ultérieurement, les efforts de la diplomatie française tendront à préserver la liberté d'action du pays dans ce domaine et ils ont été couronnés de succès puisque ni l'UEO, ni l'EURATOM ne prévoyaient de dispositions de nature à entraver la réalisation d'un programme nucléaire militaire. En définitive, les buts visés par les États-Unis et les tenants de l'intégration européenne n'ont été atteints ni au plan de la coopération euro-américaine dans le domaine de l'utilisation pacifique de l'énergie atomique, ni en ce qui concerne la lutte contre la prolifération. Dès lors, l'EURATOM a surtout servi à surveiller les activités nucléaires de la RFA en attendant de devenir l'auxiliaire de l'Agence internationale de l'énergie atomique (AIEA) pour la mise en œuvre du Traité de non-prolifération (TNP).

Ce livre traite de questions qui paraîtront anachroniques aux esprits fascinés par l'histoire immédiate et peu enclins à méditer les expériences du passé pour imaginer des projets d'avenir. Certes, les démarches de la diplomatie américaine et le jeu des trois puissances européennes décrits par Gunnar Skogmar se situent dans le contexte de la guerre froide ; il serait hasardeux d'en déduire des modèles de lutte contre la prolifération au XXIe siècle. En revanche, on y relève des constantes dans la conception que les Américains se font de la sécurité euro-atlantique et de la défense européenne. Indépendamment de l'intérêt que présente cette étude pour la connaissance des politiques de sécurité dans les années 1950, elle devrait donc retenir également l'attention de ceux qui s'interrogent sur la signification et les chances d'une Europe capable de s'affirmer comme puissance sur la scène mondiale.

Jean Klein

CULTURE

CANAL + ET LES MAJORS AMÉRICAINES. UNE VISION DÉSENCHANTÉE DU CINÉMA-MONDE

Josepha Laroche
et Alexandre Bohas
Paris, Pepper, coll. « Chaos international », 2005, 272 pages

Si l'hégémonie américaine repose aussi sur son *soft power,* peu d'auteurs ont tenté de comprendre ses origines. À quoi tient la difficulté des politiques publiques à préserver le patrimoine culturel face à l'inondation des produits américains ? Josepha Laroche et Alexandre Bohas soulèvent cette question en examinant l'échec du groupe Canal + comme acteur de l'exception culturelle française. Alors que ce groupe est habituellement perçu comme une entreprise nationale, les auteurs soulignent d'emblée son caractère transnational. Les transformations technologiques, économiques et politiques auraient renforcé les acteurs non étatiques et ébranlé la promotion du cinéma « national » incarné à l'origine par Canal +.

J. Laroche et A. Bohas mettent en avant la banalisation des produits cinématographiques. La désacralisation du septième art tient autant à la profusion des supports (les DVD, la télévision numérique) qu'à la standardisation des contenus que traduit le cinéma d'action et de divertissement. Celui-ci tend à devenir une marchandise comme les autres, confirmant la thèse de Walter Benjamin selon laquelle la reproductibilité technique favoriserait la valeur d'exposition de l'œuvre au détriment de sa « valeur cultuelle ». Enfin, les mutations de l'environnement socioéconomique comme le passage du fordisme au toyotisme ou à la *market civilisation* (Stephen Gill), caractérisée par une individualisation croissante, stimuleraient la consommation des films à domicile au détriment de la fréquentation des salles.

Le monde du cinéma est décrit par les auteurs comme un « cinéma-monde », c'est-à-dire un ensemble stratifié et interdépendant où les ressources sont concentrées par un centre – Hollywood et ses huit majors. La domination américaine, avec sa « violence symbolique », est rarement perçue comme telle. En dehors de la France, peu de pays européens font des efforts pour préserver leur cinéma. La supériorité d'Hollywood est à la fois due à son immense capital, à son savoir-faire et à une distribution efficace. Contre les idées reçues, les auteurs soulignent que le cinéma hollywoodien a bénéficié d'aides fédérales importantes dans les années 1960 et 1970 afin de s'adapter aux mutations technologiques et sociales. Forts de leurs ressources, les cinéastes hollywoodiens mobilisent – à la différence de leurs collègues européens – des tests commerciaux par des *sneak reviews*. Ils disposent aussi de réseaux de distribution multiples. La domination hollywoodienne tient donc sans doute d'abord au cercle vertueux du succès. C'est grâce aux diffusions permanentes des séries américaines que les consommateurs s'identifient facilement aux personnages des films hollywoodiens, alors qu'ils ont du mal à s'affranchir des obstacles « culturels » lorsqu'ils sont confrontés aux productions européennes.

L'étude démontre aussi pourquoi les systèmes de protection nationale de la culture sont peu efficaces face aux flux transnationaux qui traversent l'industrie cinématographique. Dans un contexte de libéralisation et de retrait de l'État, on assiste à une prolifération des opérateurs engagés dans une compétition de plus en plus farouche. Face à la logique du marché, le groupe Canal +, dont l'attractivité reposait sur la diffusion exclusive des films en *prime time*, enregistre une baisse d'audience sensible. Les interventions nationales, *via* le Conseil supérieur de l'audiovisuel (CSA) en France, visant à réserver des quotas nationaux pour les films diffusés par les chaînes de télévision, demeurent d'une efficacité limitée. La télévision par satellite échappe largement au contrôle de l'État, comme le démontrent les chaînes de Ted Turner. La concentration des firmes à l'échelle mondiale à travers les fusions-acquisitions conduit à la formation de conglomérats multinationaux qui se jouent des frontières nationales. Le nombre de films produits avec le concours de sociétés nationales différentes augmente constamment et pose le problème d'une révision des critères donnant accès aux subventions nationales. Les firmes transnationales, libres de toute souveraineté, constituent une sérieuse menace pour la diversité culturelle. Elles tendent à diffuser des films standardisés et à but prioritairement commercial. J. Laroche et A. Bohas suggèrent que c'est seulement grâce à une coopération internationale – notamment *via* des régimes « culturels » – que l'on peut espérer endiguer l'homogénéisation du monde. Dans un style concis, ce livre invite à réfléchir sur les effets politiques du *soft power* du cinéma américain. La perspective est ici rafraîchissante puisque doublement originale : autant par son objet empirique – négligé par la discipline des relations internationales – que par l'examen d'acteurs internationaux cachés mais influents.

Thomas Lindemann

LA DIVERSITÉ CULTURELLE. VERS UNE CONVENTION INTERNATIONALE EFFECTIVE ?

Gilbert Gagné (dir.)
Montréal, Fides, 2005, 216 pages

Une course contre la montre est engagée sur la diversité culturelle. Tandis que l'Organisation des Nations unies pour l'éducation, la science et la culture (United Nations Educational, Scientific and Cultural Organization, UNESCO) s'efforce d'instaurer un instrument de défense, les États-Unis concluent des accords de libre-échange bilatéraux qui brident la capacité des États à développer des politiques culturelles. Or la construction d'une convention internationale sur la diversité culturelle doit se faire dans un souci d'effectivité : plus elle sera consensuelle, moins elle sera contraignante ; plus elle sera contraignante, moins elle aura de chance d'être adoptée !

Dans ces conditions, il est important de dépasser le slogan, « cri de ralliement des États et des citoyens qui résistent aux effets homogénéisants de la mondialisation », pour se focaliser sur les enjeux des processus en cours au sein des instances internationales.

C'est l'objectif que s'est assigné le Groupe de recherche sur l'intégration continentale (GRIC) de l'Université du Québec à Montréal, dans le cadre d'abord d'une conférence internationale en mars 2004, puis de cet ouvrage collectif.

Le passage du « slogan » à la mise en œuvre se heurte à des freins qui tiennent au fonctionnement même des institutions et à la nature des relations entre commerce et culture. Les impératifs culturels s'opposent aux approches commerciales et doivent composer avec une véritable hiérarchie entre l'Organisation mondiale du commerce (OMC) et l'UNESCO à l'échelle internationale, mais aussi entre les ministres chargés du Commerce ou de la Culture au sein des gouvernements. Le combat, nous dit une ancienne ministre canadienne en charge de ce dossier, devrait se jouer « tout autant, sinon plus, à l'intérieur des États que sur la scène internationale ».

Au-delà de la diversité culturelle, c'est la capacité de la gouvernance internationale à intégrer des normes autres que commerciales, liées au droit du travail ou à la faim dans le monde, qui est en jeu. Sous cet angle, le livre se lit aussi comme l'analyse d'un « processus de construction d'un nouveau modèle de "gouvernance mondiale" ».

Thomas Paris

AMÉRIQUES

RUNNING THE WORLD. THE INSIDE STORY OF THE NATIONAL SECURITY COUNCIL AND THE ARCHITECTS OF AMERICAN POWER

David Rothkopf
New York, Public Affairs, 2005, 554 pages

Cette étude consacrée au National Security Council (NSC) comble une lacune. Depuis sa création (1947), l'institution a progressivement acquis une place centrale dans la formulation et la mise en œuvre de la politique étrangère américaine, mais elle est mal connue. Du point de vue de l'auteur, les analyses institutionnelles restent trop centrées sur la dimension formelle des processus décisionnels et ne donnent qu'une représentation tronquée d'une instance enracinée dans les réseaux d'influence de Washington. À partir d'un important travail de lectures et d'entretiens, David Rothkopf a cherché à reconstituer le fonctionnement opérationnel du NSC, avec un intérêt particulier pour la façon qu'ont les différents présidents et leurs équipes de remodeler la structure à leur convenance.

Cette approche permet à chaque fois de reconsidérer les bonnes intentions affichées en début de mandat, puis de voir en quoi le réel a contraint les équipes dirigeantes à revoir leurs manières de penser et d'agir. De multiples portraits éclairent les choix des personnes et leurs conséquences à moyen ou long terme. Le choix est ingénieux et remplit bien les pages. On saisit mieux l'impact du style de leadership impulsé par le *Chief Executive* et son *National Security Advisor* (NSA), les dynamiques de groupe, le mode dominant de gestion des problèmes publics, les affinités électives. On comprend aussi l'utilité profonde du NSC. Structure à basse visibilité, proche du président, non contrôlée par le Congrès, cette instance consultative possède une plus grande marge de manœuvre – conceptuelle/idéologique/transactionnelle – que les entités bureaucratiques conventionnelles. Elle se trouve ainsi en mesure de tenir le rôle de « fou du roi », vecteur de messages politiquement incorrects mais stratégiquement pertinents.

Plus concrètement, David Rothkopf dresse une comparaison très utile des différents conseillers pour la sécurité nationale depuis la fin des années 1960. Le cas Kissinger figure en bonne place dans le tableau, avec un bilan mitigé. Tout en saluant les remarquables capacités du Docteur K, l'auteur semble par moments déplorer les débords expansionnistes de l'intéressé, ainsi que sa propension à capter les feux de la rampe. Le NSA a vocation à être une éminence du clair-obscur ; le fait qu'il se place systématiquement en première ligne augmente les occasions de conflit territorial (*turf war*) et fait peser sur lui toutes sortes de contraintes surnuméraires ; un Brent Scowcroft correspond mieux aux exigences premières de la fonction. Le cas Brzezinski fait lui aussi l'objet de précisions très intéressantes, concernant notamment les techniques d'approche déployées pour gagner la confiance du candidat Jimmy Carter. On aurait aimé, en contrepartie, que l'auteur se montre plus explicite quant aux pathologies décisionnelles venues affecter la Maison-Blanche des années 1976-1980. Mais le pire était à venir. Les passages les plus critiques de l'ouvrage concernent la présidence Reagan. Gestionnaire distant et approximatif, le « grand communicateur » a laissé la rivalité Shultz-Weinberger s'envenimer ; pire encore, il a confié au NSC le soin de mener des opérations parallèles, conçues par des sous-doués de type Oliver North (Marines) ou Bill Casey (CIA), avec les résultats calamiteux que l'on sait. Plus près de nous, la présidence Clinton reçoit elle aussi sa dose de commentaires dépréciatifs. Décrit comme un personnage indécis, brouillon et bavard, peu familiarisé avec les complexités de la politique étrangère, l'ancien gouverneur de l'Arkansas semble avoir mis beaucoup de temps à comprendre le fonctionnement du système d'aide à la décision placé à ses côtés, puis à imposer son autorité ; ses logiques élémentaires d'autoprotection – syndrome du décideur fuyant – n'ont rien arrangé ; et que dire de sa capacité à prendre la mesure du problème terroriste ? *Running the World* accorde également une place de choix aux faiblesses de la présidence Bush junior, et ce, sous deux angles différents : d'abord par la mise en évidence des phénomènes d'inversion des flux conceptuels, du Pentagone à la Maison-Blanche, en passant par le relais d'une vice-présidence interventionniste ; ensuite, par la dénonciation d'un anti-intellectualisme latent qui pousse le pouvoir à s'entourer d'idéologues de bureau et de *yes-men/women* peu aptes à gérer la complexité. Ensemble, ces deux types de développements entraînent une sensible baisse de performances du NSC, notamment dans le domaine de la délibération contradictoire.

Cet ouvrage enrichit substantiellement la compréhension des choix de Washington dans les trois décennies qui séparent la guerre du Vietnam de l'intervention irakienne. Les nombreux entretiens menés par David Rothkopf donnent à son texte une coloration vécue qui tranche agréablement avec les abstractions pontifiantes de la science politique conventionnelle. Au rayon des doléances, on notera qu'il manque une analyse rigoureuse des rapports entre organismes de renseignement et NSC. On aurait également apprécié que la liaison conseils/décisions/retombées soit l'objet de développements plus poussés, à base de cas, pour voir jusqu'où le NSC influence son environnement. Il reste que *Running the World* constitue une référence de premier choix.

Jérôme Marchand

L'AMÉRIQUE DÉRAPE

Paul Krugman
Paris, Flammarion, 2004,
493 pages

Paul Krugman est probablement l'un des économistes contemporains les plus connus. Il a enseigné à l'université Yale, au Massachusetts Institute of Technology (MIT), à l'université Stanford et aujourd'hui à Princeton. On parle de lui comme d'un possible prix Nobel. Pourtant il doit moins sa célébrité à ses travaux sur l'économie internationale qu'à ses éditoriaux bi-hebdomadaires dans le *New York Times*.

Comme il l'avoue dans sa préface, Paul Krugman avait été recruté par le *New York Times* pour parler d'économie : « On comptait sur moi pour expliquer les bizarreries de la nouvelle économie, les conséquences de la mondialisation et les mauvaises orientations économiques adoptées à l'étranger » (p. 18). Mais, après la victoire de George W. Bush aux élections de novembre 2000 et la mise en œuvre d'une politique économique centrée sur des réductions d'impôts massives que Krugman juge néfastes et injustes, le paisible économiste s'est mué en polémiste enflammé. Chacune de ces chroniques est un réquisitoire implacable contre la politique du président Bush. Les sujets économiques sont certes au centre de ce feu roulant : les centaines de milliards de déficit budgétaire, les cadeaux fiscaux au complexe militaro-énergétique acoquiné avec le clan Bush-Cheney, les pannes d'électricité en Californie, l'affaire Enron sont présentés comme les symptômes d'une Amérique qui dérape. Emporté par sa fougue, Krugman quitte son terrain de prédilection pour parler politique. Il reproche au président républicain l'instrumentalisation des attentats du 11 septembre 2001 à des fins partisanes et livre une critique acerbe, mais assez convenue, de la guerre en Irak et de ses motivations.

L'idée qu'il martèle à longueur de chronique est simple. George W. Bush dirige une Administration ultra-conservatrice, composée d'extrémistes religieux et d'hommes d'affaires sans scrupule. Le projet qu'il nourrit est proprement révolutionnaire. Il vise à renverser l'ordre existant : il s'agirait de casser l'État providence et d'avantager les plus riches. Pour ce faire, tous les moyens sont bons : mensonges, pressions, chantages, etc. À en croire l'auteur, la démocratie américaine serait en danger. Lorsque les élections de 2004 se rapprochent, le soupçon grandit que l'équipe sortante, animée par une « conception toujours plus orwellienne de la vérité » ne cherche (encore) à en truquer les résultats.

Que penser d'une telle charge ? Sans doute la politique économique comme la politique étrangère menée par l'Administration Bush sont-elles critiquables. L'obsession irakienne a probablement détourné les États-Unis de la priorité de la lutte antiterroriste, tandis que les réductions d'impôts octroyées ont creusé le déficit sans relancer la croissance. Pour autant, le parti pris systématique de Paul Krugman finit par jeter un doute sur son objectivité. À ressasser encore et encore les mêmes arguments, l'éditorialiste finit par lasser. On peut lui adresser les mêmes reproches que ceux faits à Michael Moore et à son *Fahrenheit 9/11* : une dénonciation, aussi bien fondée soit-elle, des erreurs de George W. Bush est d'autant moins crédible qu'elle est outrée. Au pamphlétaire percutant, on préférera l'économiste pédagogue qui, dans *Pop Internationalism* (traduit en français, *La Mondialisation n'est pas coupable*, Paris, La Découverte, 1998), exposait les vertus et les limites du libre-échange.

Yves Gounin

AFRIQUE

DEMOCRATIC TRANSITION IN EAST AFRICA

Paul J. Kaiser
et F. Wafula Okumu (dir.)
Aldershot, Ashgate, 2004,
230 pages

Produit d'une collaboration entre chercheurs d'universités du sud des États-Unis et universitaires de pays de l'Afrique de l'Est, cet ouvrage traite de l'épineux sujet de la transition démocratique en Afrique subsaharienne. Si l'organisation d'élections pluralistes s'est généralisée sur le continent, les pays qui ont connu une transition démocratique ayant permis un changement de chef d'État par la voie des urnes sont encore rares, surtout s'il s'agit d'adouber un opposant... L'approche du livre est à la fois régionale (le cas de l'Afrique de l'Est est étudié à travers trois pays : Kenya, Ouganda, Tanzanie) et thématique. Les contributions abordent les thèmes classiques de l'étude de la transition démocratique (histoire du processus, système politique et partis, formes du leadership politique, réforme constitutionnelle, société civile, rôle de l'ajustement structurel et des réformes économiques, contexte international et crise de la légitimité).

Cette double approche constitue à la fois l'intérêt et la limite de l'ouvrage. Très instructif pour qui désire s'informer des grands débats autour du phénomène démocratique en Afrique subsaharienne à travers quelques exemples régionalisés, il frustrera plus le connaisseur. En effet, le comparatisme obligé de chaque article prend trop de place et inhibe la réflexion des auteurs.

Il sera pourtant intéressant pour le lecteur français, peu familier de cette partie de l'Afrique, de connaître l'évolution de trois pays qui, bien que voisins et ayant subi la présence du même colonisateur, n'en présentent cependant pas moins des évolutions contrastées. L'Ouganda, aux conflits intérieurs chroniques, ne s'est pas détaché de sa tradition du leader fort (Milton Obote, Idi Amin Dada, Yoseweri Museveni) et de ses réflexes autoritaires. Aujourd'hui encore, la guerre contre la rébellion millénariste du nord, l'Armée de résistance du seigneur (Lord Resistance Army, LRA), justifie des atteintes aux droits de l'homme et un blocage de la transition démocratique. Le Kenya est entré récemment dans le petit cercle des États africains ayant connu une alternance grâce à des élections. Mwaï Kibaki, opposant élu à la tête du pays, est venu rompre la domination de l'Union nationale africaine du Kenya (Kenyan African National Union, KANU) depuis l'indépendance (Jomo Kenyatta et Daniel Arap Moi). La Tanzanie, qui a connu au cours des années 1960 et 1970 une expérience d'économie collectiviste (l'*ujamaa* de Julius Nyerere), tente toujours de résoudre les problèmes posés par sa libéralisation politique et de subtils équilibrages régionaux et religieux – notamment ceux concernant le rôle de Zanzibar.

On notera en particulier l'intéressante (mais trop courte !) analyse de Thomas Burguess des pratiques politiques précoloniales (désignation du chef, modes de rapports entre pairs, etc.) dont la prise en compte est déterminante si l'on veut que la démocratie s'enracine et ne soit pas une simple importation, un corps étranger, une fiction dans l'évolution de ces sociétés.

Il est dommage que les textes de cet ouvrage soient trop souvent descriptifs, et nombre de leurs conclusions si attendues.

Alain Antil

ASIE

MAO TSÉ-TOUNG

Philip Short
Paris, Fayard, 2005, 673 pages

La biographie que nous offre Philip Short, grand connaisseur de la Chine qu'il a parcourue pendant près de 30 ans pour la BBC, est une œuvre rare et précieuse. Alimentée par un travail rigoureux sur des sources chinoises et anglo-saxonnes, elle compte près de 2 500 notes. *Mao Tsé-toung* n'est pas seulement une lecture de la vie du Grand Timonier, c'est aussi une formidable invitation au voyage : comprendre l'effet Mao, c'est sûrement s'approcher de cette grande Chine, sentir sa poussière, toucher sa douleur, humer ses parfums, entendre son silence et les bruits de sa vie.

Fils aîné d'un paysan assez aisé, Mao enfant et adolescent a été en opposition constante avec son père, qu'il dit lui-même « avoir appris à haïr » et qu'il décrivait comme un homme âpre au gain. Pourtant ce père lui donna beaucoup, notamment de quoi subvenir à sa formation intellectuelle alors qu'il espérait une relève pour sa ferme. De sa mère, Mao devait garder le remords de ne pas avoir été à son chevet à sa mort. Un parcours que Philip Short présente comme finalement assez classique, optant ainsi pour une approche distincte de celle de Lucian Pye, autre grand biographe de Mao[1].

À partir des années 1920, Mao structure ses orientations politiques : il découvre le marxisme, s'engage sur le front syndical, conduit plusieurs mouvements ouvriers dans le Hunan, devient secrétaire du comité provincial du Parti. Mao est orphelin et a 30 ans. Il aura « erré » une quinzaine d'années, dans le cadre de sa scolarité tout d'abord, où il teste école sur école avant de choisir la voie de l'histoire et de la littérature qui forment la base de son développement intellectuel. Il

1. L. Pye, *Mao Tse-Tung : The Man in the Leader*, New York, Basic Books, 1976 (traduction française : *Mao Tsé-toung, un portrait*, Paris, Hachette, 1976).

est profondément marqué par les grands textes de la Chine classique – *Le Roman des Trois Royaumes*, *Le miroir complet pour l'illustration du gouvernement* ou encore *Le rêve du Pavillon rouge* – et demeure un avide lecteur.

Tenté par la voie anarchique, il hésite à s'engager sur la route du marxisme-léninisme. L'oppression du peuple chinois, le besoin de modernité – Mao apparaît comme un grand progressiste –, la spécificité de l'histoire chinoise sont les trois moteurs principaux qui ont guidé son engagement et sa distanciation d'avec le communisme soviétique. Au début des années 1920 et sous la pression du Komintern, pour qui l'avenir de la Chine passe par une révolution nationale conduite par le Guomindang, le Parti communiste chinois clandestin pactise avec le parti républicain de Sun Yat-sen – une alliance que Mao et quelques-uns de ses amis rejettent tout d'abord catégoriquement, la politique du Guomindang « parti politique qui se bat pour le pouvoir et le profit » étant « totalement incompatible avec le communisme ». Mais le grand pessimisme qui gagne Mao sur une Chine en proie aux violences le pousse à rejoindre le Front uni où il s'évertue pendant un an et demi à faire triompher la ligne communiste. Cet épisode de la vie politique chinoise et le rôle du Komintern dans les orientations des communistes chinois font l'objet d'analyses particulièrement riches, de même, plus tard, que le processus de réconciliation avec le monde occidental des années 1970.

Suivant les allées et venues de Mao entre Shaoshan, Shanghai, Canton et Pékin, P. Short dégage les postulats du maoïsme d'après 1949. Une voie autonome : adolescent, Mao préconisait de « faire fondre les idées étrangères dans la réalité chinoise ». Sa crainte de l'étranger et son inaptitude à parler les langues étrangères le retiendront de tout voyage d'étude alors qu'il encourageait nombre de ses camarades à partir en France, au Japon ou à Moscou. Autre principe, le respect de la loi et de l'ordre, qui lui fit parfois soutenir des gouvernements de terreur par rejet de la violence révolutionnaire. Enfin, le besoin d'un État fort avec un pouvoir centralisé. Autant de repères dont nous connaissons les tristes suites pour la Chine.

M. Vingt-huit Traits, son pseudonyme de jeunesse – parce que son nom nécessite 28 traits de pinceau pour être écrit –, fut aussi un grand amoureux des femmes, poète à ses heures. Rude, souvent brusque et insaisissable – Philip Short raconte comment ses proches le mettaient sur écoute pour ne pas être dépourvus par les orientations du grand homme ou subir ses humeurs –, Mao était aussi un formidable orateur et un fin tacticien. C'est donc, servie par une belle écriture, l'image brute d'un homme politique d'une force rare que nous livre ici Philip Short.

Régine Serra

PIRATES ET TERRORISTES EN MER D'ASIE. UN MAILLON FAIBLE DU COMMERCE MONDIAL

Solomon Kane et Francis Martin
Paris, Autrement, 2005, 126 pages

Mélangeant réalité et fiction, cet ouvrage a pour objectif de nous sensibiliser aux risques d'une recrudescence des activités de piraterie en Asie. Il nous rappelle, dans son deuxième chapitre, combien la pratique est ancienne. On en retrouve trace dès le xe siècle le long des côtes indiennes, chinoises et coréennes. Marco Polo en fait état dans ses récits de voyage. La topographie maritime s'y prête : importance du phénomène insulaire en Asie du Sud-Est comme facteur d'impunité, rôle très ancien des détroits de Malacca et de la Sonde dans le développement du commerce maritime mondial. Aujourd'hui, la piraterie d'Asie est en pleine recrudescence et concerne, pour 60 % des faits, les eaux de l'archipel philippin. Or la mobilisation internationale n'est pas à la hauteur des enjeux. Ce n'est que lentement et avec parcimonie que les États de la région se mobilisent, que leur coopération se développe. En outre, l'activité de piraterie bénéficie des distorsions entre les possibilités de répression universelle qu'offre le droit international et le souci qu'ont les États côtiers de voir respecter leur souveraineté – d'où un recours croissant aux entreprises privées de sécurité maritime.

Les auteurs précisent également à quel point la diversité du phénomène est une réalité incontournable en Asie. La piraterie s'en prend aussi bien aux petites gens qu'aux grands navires. Pour le premier cas, les boat people vietnamiens en ont fait les frais dans les années 1970 et 1980. Pour le second cas, selon le Bureau maritime international, 7 abordages sur 10 dans le monde ont lieu en Asie, et 70 % sont pratiqués au mouillage, ce qui pose la question de la sécurité de certains ports. La petite piraterie mobilise pêcheurs reconvertis et mafias locales. Plus sérieusement, les triades comme certaines autorités locales peuvent en être parties prenantes. Enfin, le phénomène peut atteindre à la dimension politique. La piraterie peut être mise à contribution pour financer, par exemple, la guérilla des Tigres tamouls. Sur la base de l'expérience de l'*USS The Sullivans* et du *Limburg*, l'ouvrage cherche enfin à nous sensibiliser à l'intérêt d'Al-Qaida pour ce type d'action, et décrit les conséquences d'un éventuel 11 septembre maritime dans le détroit de Malacca.

François Campagnola

EUROPE

LA POLITIQUE ÉTRANGERE DE L'UNION EUROPÉENNE

Romain Yakemtchouk
Paris, L'Harmattan, 2005,
486 pages

L'ouvrage du professeur Romain Yakemtchouk est un impressionnant traité sur l'histoire institutionnelle de la politique étrangère commune de l'Union européenne (UE), sur les diverses crises qui ont égrené son existence et sur les différentes facettes de cette politique (questions de sécurité, relations avec les Nations unies, terrorisme, droits de l'homme, relations avec les différentes régions du monde).

L'ouvrage a les défauts de ses qualités. S'il est très précis et même exhaustif sur chacune des questions traitées, il ne présente pas en revanche de vue d'ensemble sur le fonctionnement à la fois institutionnel et opérationnel de cette politique (avec la délicate articulation entre les procédures communautaires et la politique étrangère et de sécurité commune [PESC]), ni de réflexion géopolitique sur le poids de l'UE dans le monde, sur son articulation avec l'hyperpuissance américaine, sur les possibilités et les limites de son influence. Il faut regretter à cet égard que l'auteur, qui s'attarde à juste titre sur les innovations d'une Constitution européenne qui ne verra peut-être jamais le jour, n'ait pas pris le soin d'analyser plus profondément la « stratégie européenne de sécurité » (simplement mentionnée à la page 136) qui a été adoptée par les chefs d'État et de gouvernement en juin 2003 et qui a constitué, après la crise irakienne, le premier effort des Européens pour conceptualiser ce que peut être sur le fond leur politique étrangère commune. Le caractère révolutionnaire de l'affirmation d'une politique européenne de sécurité et de défense (PESD) depuis le sommet franco-britannique de Saint-Malo (1998) aurait peut-être aussi mérité de plus amples développements.

Ces regrets mis à part, Romain Yakemtchouk nous offre, en guise d'introduction, une réflexion sur les limites inhérentes de la politique étrangère de l'Union européenne, avec la difficulté à contourner la règle de l'unanimité dans un domaine qui reste au cœur de la souveraineté des États, la variété des positions des États membres à cet égard (si différents en termes de puissance et d'ambition) et le chemin laborieux qui ouvre péniblement la voie, à travers la définition d'intérêts « communs », à une politique étrangère « commune » mais certainement pas « unique ».

Les multiples cas concrets que nous présente l'auteur nous montrent combien l'UE peut s'entendre sur de grands principes comme la défense des droits de l'homme, le soutien aux Nations unies (qu'elle finance à hauteur de 40 %) et l'appui au désarmement, mais combien aussi elle paraît démunie face aux crises du système international telles que le conflit du Proche-Orient, la récente crise irakienne, le drame yougoslave à ses débuts, la tragédie du Rwanda ou de la Tchétchénie, etc. Pourtant, de la déclaration de Venise sur le Proche-Orient (1980) au rôle de Javier Solana pour régler la crise macédonienne (2001) ou la crise ukrainienne (2004), la diplomatie européenne n'a cessé de s'affirmer cahin-caha.

Comme le remarque justement l'auteur dans sa conclusion, « le temps des souverainetés absolues des États est dépassé ». Malgré l'élargissement qui accroît le poids de l'UE mais risque aussi de diluer sa volonté, l'affirmation d'une politique étrangère européenne commune reste essentielle. Si les solutions préconisées par la Constitution européenne ne devaient finalement pas voir le jour, il faudra se montrer inventif pour combiner dans un but commun et dans une démarche commune ce qui reste de puissance et de volonté dans les grands États européens, avec la nécessité d'institutions et de procédures qui garantissent (comme nous le rappelle opportunément la position de Paul-Henri Spaak au moment de l'affaire des plans Fouchet, p. 47) le souci d'égalité des plus petits États.

Maxime Lefebvre

PROCHE ET MOYEN-ORIENT

L'ISLAM DE MARCHÉ. L'AUTRE RÉVOLUTION CONSERVATRICE

Patrick Haenni
Paris, Le Seuil, 2005, 108 pages

Alors que nombre de travaux s'efforcent de distinguer islamistes radicaux et modérés, cet essai nous incite à contourner l'islamisme pour ouvrir le débat sur une « révolution conservatrice » touchant le monde musulman, et dont il pourrait ne pas sortir indemne. Mises de côté les représentations qui font de l'islam, globalement, l'ennemi de l'Occident et de sa modernité, on peut ainsi découvrir que l'intégration de cet islam à l'espace public progresse.

Selon l'auteur, l'« islam de marché » n'est pas le cri des déshérités du monde : les premières pages de ce livre décrivent l'« embourgeoisement » des acteurs de la réislamisation. L'« islam de marché » est l'expression d'une nouvelle bourgeoisie musulmane que représente bien l'homme d'affaires pieux qui croit plus à la réussite professionnelle qu'à l'engagement politique. Ses entrepreneurs sont des militants en rupture avec les conceptions de l'islam politique, notamment des Frères musulmans dont ils critiquent l'excès de discipline et de hiérarchie. À compter des années 1990, ces « militants fâchés » étudient et traduisent la littérature managériale américaine de Stephen Covey ou la théologie de la prospérité de Norman Pearle adaptant progressivement l'islam à une logique marchande, redéfinissant un *homo islamicus* flexible et « battant ».

Le prédicateur de l'islam de marché délaisse la théologie et se transforme en « coach ». Sa nouvelle mission : aider à rompre les « chaînes de la passivité » pour atteindre au succès. Amr Khaled dans les quartiers chics du Caire, Aa Gym à Djakarta ou Fethullah Gülen pour les musulmans de langue turque prêchent la promotion sociale et culturelle et réorganisent l'islam autour des valeurs de l'entreprise.

« Passant du politique à l'économique, le conflit [avec l'Occident] devient une compétition régulée par le marché » : entrepreneurs et consommateurs musulmans s'inscrivent aujourd'hui dans l'espace global du marché, et y introduisent leurs produits halal. Ils concilient les imaginaires occidentaux avec les valeurs musulmanes et régénèrent le secteur privé par une vision anti-étatiste où l'islam inspire de multiples projets.

La dernière partie de l'ouvrage traite plus explicitement du rapprochement entre le néolibéralisme de l'islam de marché et celui des néoconservateurs américains. Avec une idéologie qui rappelle la *faith based initiative* de George W. Bush, l'islam de marché propose aux « communautés religieuses [qui] *sont* la société civile » de s'affranchir de la tutelle étatique, de s'investir dans les œuvres et de rétablir la morale. Une nouvelle alliance se constituerait ainsi, l'« axe de la vertu » pour Patrick Haenni. Des scénarios inédits s'ébauchent dès lors, où « l'islam de marché apparaît d'ores et déjà comme le partenaire idéal des Américains non seulement dans leur politique moyen-orientale, mais également dans le conflit de la modernité qui l'oppose à l'Europe des Lumières, de la raison laïque et étatiste. »

Cet ouvrage a le grand mérite de démontrer que certaines formes du renouveau de l'islam peuvent ignorer la rhétorique du djihad et emprunter à l'Occident ses modèles séculiers.

Valentina Frate

L'HEURE DE L'IRAN

Frédéric Tellier
Paris, Ellipses, 2005, 220 pages

Cet ouvrage, qui entend décrypter le système politique de la République islamique d'Iran et les problèmes liés à son intégration et à sa place au sein de la communauté internationale, est sans concession pour les autorités d'un régime que l'auteur qualifie justement d'« idéocratie ». Cette analyse constitue un réquisitoire implacable contre un État dont la nature présente, selon l'auteur, toutes les caractéristiques du « totalitarisme » selon la définition proposée par la science politique occidentale, d'Hannah Arendt à Raymond Aron.

Cette position mérite d'être nuancée. En effet, il existe parfois, à l'intérieur de balises soigneusement mises en places, un débat politique qui permet l'expression d'opinions contradictoires. De même, les élections, malgré le filtre imposé par le Conseil des gardiens sur les candidatures, ne sont pas forcément jouées d'avance. Par conséquent, si le système politique de la République islamique a bien une composante autocratique dominante, il contient aussi certains éléments « démocratiques ».

L'auteur aborde également de manière convaincante ce qu'il appelle le « quiproquo réformiste » : comment le régime a entretenu le mythe de la réforme d'un système qui s'est avéré, au terme de l'expérience réformiste… irréformable.

S'agissant de la politique extérieure, la rhétorique reste agressive, même si l'Iran a renoncé à exporter sa révolution et s'est efforcé avec un certain succès de normaliser ses relations avec ses voisins. Sa politique étrangère est marquée par une certaine continuité, dont quelques éléments remontent à la période du Shah, notamment l'obsession de la sécurité. L'Iran se sent désormais « assiégé » par la présence de forces armées ou de régimes alliés des États-Unis à ses frontières.

Frédéric Tellier pose enfin le problème du *regime change*. Il est peu probable qu'il puisse être imposé de l'extérieur, par la force ou le renforcement du régime des sanctions. Une aventure militaire américaine en Iran semble exclue, l'expérience irakienne ayant renforcé Téhéran et placé les États-Unis dans une situation inconfortable. D'autre part, le régime des sanctions auquel est soumis Téhéran ne peut être efficace que si l'ensemble de la communauté internationale organise un boycott de l'offre énergétique iranienne, une perspective qui reste très improbable, comme le souligne avec raison l'auteur. Le changement ne pourra donc venir que de la société iranienne elle-même.

En dépit des réserves mentionnées, l'analyse permet de comprendre la place centrale occupée par la question iranienne dans les préoccupations de la communauté internationale.

Jean-Claude Dussier

LA DÉFENSE DES INTÉRÊTS DE L'ÉTAT D'ISRAËL EN FRANCE

Marc Hecker

Paris, L'Harmattan, 2005, 124 pages

Marc Hecker présente, à travers *La Défense des intérêts de l'État d'Israël en France*, une analyse novatrice, sereine et consensuelle, des voies et moyens d'influence de celui-ci dans notre pays.

Récusant l'idée et le terme de « lobby », l'auteur décrit, pour reprendre les termes d'un des préfaciers, « la cartographie des vecteurs par lesquels passe l'influence d'Israël en France ». Le terme de lobby lui paraît impropre d'un double point de vue : couramment utilisé à l'étranger, il conserve en France une connotation péjorative, quel que soit d'ailleurs l'acteur du lobbying, syndicats professionnels, groupes religieux ou communautaires. Et qui dit lobby, dit action cohérente d'un groupe. Or ce qui frappe ici, c'est la diversité des points de vue, chacun ayant sa conception de l'intérêt à défendre. De Théo Klein, ancien président du Conseil représentatif des institutions juives de France (CRIF), qui pense que l'intérêt d'Israël passe par l'existence d'un État palestinien, qualifié de ce fait d'ambassadeur d'Arafat par Michel Darmon, ancien président de l'association France-Israël, à ce dernier, partisan du Grand Israël, il y a plus qu'une nuance : une véritable divergence. Le seul dénominateur commun est celui de la défense des droits d'Israël à l'existence et à la sécurité.

Très opportunément, Marc Hecker positionne cette défense dans le contexte de la « politique arabe » de la France. En effet, il n'est pas possible de disjoindre les relations franco-israéliennes de cette politique. Après l'âge d'or de la IVe République, la politique française post-1967 n'a jamais été véritablement acceptée par l'opinion publique en Israël.

Pour cette défense de l'État d'Israël, l'ambassade à Paris, une des plus grosses missions israéliennes à l'étranger, joue un rôle pilote qui est ici bien décrit. Cette position clé s'explique tant par les ambitions de la politique française au Proche-Orient que par l'importance de la communauté juive française ou par la densité de la relation franco-israélienne. Elle peut aussi renvoyer à la conception propre de l'ambassadeur qui, parfois, n'hésite pas à franchir la ligne rouge de l'ingérence : un comportement qui a valu à Ovadia Soffer, entre 1983 et 1992, quelques rappels à l'ordre.

Un autre acteur important est naturellement le CRIF qui regroupe une soixantaine d'associations, avec la vocation d'assurer la représentation politique de la communauté juive de France, sans monopole toutefois. D'autres associations revendiquent un tel rôle, notamment celles qui recrutent hors de la communauté parmi les sympathisants et les admirateurs de l'État d'Israël. Tel est le cas de France-Israël, qui « œuvre pour le renforcement des liens entre le peuple de France et le peuple d'Israël [...] quelle que soit la tendance politique de leur gouvernement ». Elle continue l'action de l'association France-Palestine fondée en 1926 par le président du Conseil de l'époque, dont la vocation était de plaider, auprès des instances internationales, la création d'un État juif au Proche-Orient.

Les acteurs identifiés, les modalités d'action sont inventoriées, qui vont de l'action de communication aux manifestations de masse, en passant par des contacts avec les milieux de la politique, de la presse ou de l'administration. Un temps fort de cette communication est le dîner annuel du CRIF, auquel participent le Premier ministre et plusieurs ministres. Son président n'hésite pas, souvent avec une franchise remarquée, à leur adresser compliments ou remontrances, non seulement sur les relations avec la communauté juive de France mais aussi sur la politique française au Proche-Orient. Quant au Quai d'Orsay, il a, pour la communauté juive, la réputation d'être un bastion pro-arabe : encore convient-il de rappeler que la politique étrangère de la France se décide en dernier ressort à l'Élysée…

Cette action d'influence est-elle efficace ? Pour certains, cette influence est considérable. Pour d'autres, comme l'observe Michel Gurfinkiel, cette action n'est « ni monolithique, ni gérée de façon excessivement professionnelle ou efficace ». L'impression d'ensemble est celle d'une réelle influence, variant avec les circonstances.

L'ouvrage s'appuie sur une documentation variée et souvent de première main, alliant textes ou documents officiels émanant des différents acteurs, à des entretiens menés par l'auteur auprès des principaux responsables de ces actions d'influence. Cette étude documentée et objective mérite une lecture attentive. Elle contribue à faire mieux connaître l'arrière-plan de notre politique étrangère dans cette région du monde.

Denis Bauchard

LA TURQUIE

Semih Vaner (dir.)
Paris, Fayard/CERI, 2005,
733 pages

La portée presque philosophique du panorama ici offert témoigne d'un effort de clarification intellectuelle salutaire. La complexité de la réalité turque est restituée à la fois par une grande somme d'informations historiques, géographiques, humaines, mais aussi par la richesse des analyses.

Au nombre des thèmes transversaux on pourrait d'abord relever les transformations de l'État turc, si souvent analysé au miroir de l'État français, et dont le rôle spécifique ne peut être compris sans appréhender au plus près la psychologie de l'empire déchu. La portée de la question territoriale et du sort des minorités ethniques, linguistiques et religieuses est également centrale, dans un pays obsédé par l'homogénéité alors qu'il est un carrefour géographique et un creuset culturel sans pareil. Le rapport des Turcs à l'altérité demeure difficile, et le rêve européen apparaît peut-être aujourd'hui comme une possibilité d'apaiser enfin une tension permanente entre fierté nationale et volonté de normalisation. On comprend finalement que la dialectique stabilité/instabilité reste une catégorie de compréhension fondamentale pour qui veut saisir les interactions, parfois étranges, entre l'évolution de la scène politique turque et l'état de l'économie du pays, et un immense besoin d'ancrage extérieur, qui se manifeste par un européisme presque obsessionnel depuis les débuts de la République. L'origine, les manifestations et l'évolution de la violence politique en Turquie dessinent enfin l'une des lignes de continuité les plus fascinantes de l'ouvrage. Cette question, traitée comme telle par Hamit Bozarslan, imprègne également les chapitres sur la question kurde, la minorité alévie, ou encore la très intéressante contribution de Sirin Tekeli sur le sort des femmes dans la construction du système kémaliste.

Le choix des sujets rend donc surtout justice à la complexité des évolutions politiques turques. L'économie turque est analysée avec moins de précision que les thématiques politiques, bien que la remarquable contribution de Deniz Akagül réussisse à problématiser politiquement, et de façon très convaincante, le chaos statistique des vingt dernières années. Les relations internationales sont également un peu sacrifiées, l'ouvrage se concentrant sur les dynamiques internes. Entre ses relations privilégiées avec l'Occident, comme pilier de l'Organisation du traité de l'Atlantique Nord (OTAN) et membre potentiel de l'Union européenne (UE), la gestion complexe de ses relations avec des voisins issus de l'ex-empire soviétique et la proximité dangereuse d'un Moyen-Orient en crise ouverte, la Turquie est aujourd'hui sous contraintes. L'abcès chypriote ou les effets du conflit irakien pèsent fortement sur les recompositions stratégiques régionales.

On l'aura compris, ce livre entend nous faire comprendre la Turquie « de l'intérieur », celle qui ne se livre pas aisément, produit d'un passé long, chargé en événements, et de la recomposition permanente d'intérêts confus et contradictoires. Une centaine de pages sont consacrées à la culture, thème essentiel pour qui veut saisir l'ampleur des transformations à l'œuvre. D'une lecture agréable et prenante, qui suscite l'envie d'en savoir plus, ce livre est bien un classique en puissance.

Dorothée Schmid

LES SECRETS D'UN DIPLOMATE

Avi Pazner
Monaco, Éditions du Rocher, 2005, 364 pages

Quel point commun existe-t-il entre des diplomates israéliens apparemment aussi différents qu'Avi Primor, Elie Barnavi, Eliahou Ben Elissar et Ovadia Soffer ? Tous ont été en poste à Paris et tous ont raconté leur expérience parisienne dans des livres autobiographiques. Les aspirations littéraires des hauts fonctionnaires israéliens affectés en France semblent se confirmer puisqu'Avi Pazner vient, lui aussi, de publier ses mémoires.

Alors que les ouvrages de Primor, de Barnavi et de Soffer étaient réellement centrés sur les relations franco-israéliennes, Avi Pazner adopte une optique plus large : le récit commence en 1937, année de sa naissance à Dantzig, et se termine en 2005 à Jérusalem.

Il détaille le parcours qui l'a conduit aux quatre coins du monde. En toile de fond, il commente les grandes étapes de la vie politique israélienne. Analyses et anecdotes s'entremêlent, rendant la lecture aussi plaisante qu'intéressante. Il rapporte par exemple que, lorsqu'il était en poste à Bangui (République centrafricaine), Jean Bedel Bokassa convoqua l'ambassadeur d'Israël, juste après la guerre des Six Jours (1967), pour lui remettre des liasses de francs CFA en l'honneur de la victoire de Tsahal.

Après Bangui, Avi Pazner est nommé à Nairobi, puis conseiller à Washington. En 1982, Israël envahit le Liban. Le récit en est surprenant : il montre comment Ariel Sharon a pratiqué la politique du fait accompli à l'insu du reste du gouvernement, Itzhak Shamir, alors ministre des Affaires étrangères, n'ayant appris le maintien des troupes israéliennes à Beyrouth que par l'entremise de… George Shultz, secrétaire d'État américain. En 1983, Shamir devient Premier ministre, et Pazner est promu porte-parole du gouvernement.

En 1991, il retourne en poste à l'étranger, cette fois en qualité d'ambassadeur à Rome. Sa mission dure quatre ans et marque un tournant dans l'histoire de la diplomatie israélienne puisque le 31 décembre 1993, soit deux mois après la signature des accords d'Oslo, est paraphé un document établissant officiellement des relations diplomatiques entre l'État hébreu et le Vatican.

Après l'Italie, Pazner est envoyé à Paris. Il décrit la complexité des relations franco-israéliennes et insiste sur l'attitude ambiguë de Jacques Chirac. Le président français – qu'Elie Barnavi qualifie de « philosémite pro-arabe » – demeure, pour l'auteur, une véritable « énigme » (p. 288). De retour à Jérusalem, il est nommé porte-parole du gouvernement d'Ehoud Barak. Lorsque la seconde *Intifida* éclate et qu'Ariel Sharon arrive au pouvoir, ce dernier lui propose de garder la même fonction. Avi Pazner accepte et passe donc du statut de porte-parole d'un gouvernement travailliste à celui d'un gouvernement de droite, position qu'il occupe toujours à l'heure actuelle. Certains considéreront ce changement de cap comme une posture opportuniste. Avi Pazner se voit plutôt comme un haut fonctionnaire dont la mission est de faire fi des clivages politiques pour servir les intérêts de l'État.

Ceux qui s'attendent à découvrir des révélations fracassantes seront déçus, mais le lecteur désireux de visiter sous un angle original les coulisses de la scène politique israélienne trouvera en Avi Pazner un guide passionné et passionnant.

Marc Hecker

PARMI LES LIVRES REÇUS

Allard, J., et A. Garapon, *Les Juges dans la mondialisation. La nouvelle révolution du droit*, Paris, Le Seuil, 2005.

Coulon, J. (dir.), *Guide de maintien de la paix 2006*, Outremont (Québec)/ Montréal, Athéna éditions/CEPES, 2005.

Dreyfus, F.-G., *Comprendre le monde actuel*, Feucherolles, La Nef, 2005.

Fillion, A., *Laurence d'Arabie au Moyen-Orient*, Paris, Le Fellin, 2005.

Frémeaux, J. et M. Battesti (dir.), *Sorties de guerre*, Paris, Ministère de la Défense, Secrétariat général pour l'administration, « Cahiers du Centre d'études d'histoire de la défense », n° 24, 2005.

Hofnung, Th., *La Crise en Côte-d'Ivoire. Dix clefs pour comprendre*, Paris, La Découverte, 2005.

Guilhaudis, J.-F., *Relations internationales contemporaines*, Paris, LITEC, 2005 (2e édition).

Leveau, R. et F. Charillon (dir.), *Afrique du Nord Moyen-Orient. Les incertitudes du Grand Moyen-Orient*, Paris, La Documentation française, 2005.

Musselin, Ch., *Le Marché des universitaires, France, Allemagne, États-Unis*, Paris, Presses de Sciences Po, 2005.

Réau, É. du, Ch. Manigand et T. Sandu (dir.), *Dynamiques et résistances politiques dans le nouvel espace européen*, Paris, L'Harmattan, 2005.

Schwok, R., *Théories de l'intégration européenne*, Paris, Montchrestien, 2005.

Verhoeven, J., (dir.), *Annuaire français de droit international*, Paris, CNRS éditions, 2005.

page 219 abstracts

abstracts

■ Samir Amghar, *Salafism in Europe: An Ever-Changing Polymorphic Scene of a Radicalization*

Since the beginning of the 1980s in Europe, the emergence of a new form of Islamic religiosity among mainly young people of immigrant parents has been observed. This new relation with Islam is largely the result of "re-islamization" movements such as the Muslim Brotherhood movement. However the 1990s have seen the emergence of a new actor in this "re-islamization" dynamics in Europe: Salafism. It is possible to distinguish three streams resulting from Salafism in Europe. The first tendency is the revolutionary one. It places "Jihad" at the heart of religious beliefs. The second is predicative Salafism, which bases its action on preaching and religious courses. The last one is political Salafism which organizes its activities around a political logic.

■ Pavel K. Baev, *Moscow's Counter-Terrorism Drives the Islamization of the North Caucasus*

Since early 2005, Chechnya has become like the eye of a storm that has been gathering force across the region. Growing social anger has been the main source of energy for this storm and it is increasingly channeled through clandestine Islamic networks. Moscow was obviously taken by surprise with this escalation and its reaction was intended to suppress "terrorist cells" by massive use of force. The swift resolution of the October 2005 crisis in Nalchik was interpreted as a victory for this policy; however, a brush-fire of criminalized violence and an underground fire of Islamic radicalism have continued to spread. The issue is not that Russia could fail to defend the North Caucasus against an Islamic uprising; it is whether there is enough survivability in its own body politic.

■ Alyson J.K. Bailes, Caroline Holmqvist, *Business and Security: What Role for the Private Sector?*

The balance of control over security processes is shifting from the state to the private sector – partly because "security" has become defined more widely. Companies have a major potential for good or ill in conflict situations. They are targets of terrorism, may become its accomplices through trafficking and financing, but are also useful partners against it. The commercial provision of defense and security services is growing and raises practical and ethical issues which may require regulation. New ways are needed for private and public actors to communicate on this agenda.

Gareth Evans, *A Practical Guide to Conflict Prevention*

Since the end of the Cold War there has been a dramatic decline in the number of armed conflicts, battle deaths, and the deadliness of individual conflicts; along with a dramatic increase in the number of conflicts resolved by active peacemaking. The best explanation is the increasing effectiveness, for all its shortcomings, of the United Nations security machinery. Five major lessons have been learned for better handling of each of the crucial stages of the conflict cycle – preventing the outbreak, continuation and recurrence of conflict. Violent extremism – or terrorism – remains a more intractable problem, but, here too, the strategies required to succeed are becoming clearer. The ideas, knowledge and experience are all there: what is needed is the political leadership to apply them.

Tracey C. German, *The South Ossetia Conflict: Russia* versus *Georgia*

This article focuses on the deterioration of relations between Georgia and Russia over the secessionist regions of Abkhazia and South Ossetia. Georgia's separatist conflicts are far more than domestic territorial disputes: they have both regional and international implications, and represent one of the principal obstacles to the development of Georgian-Russian relations. As military skirmishes have threatened to escalate, jeopardizing stability in the volatile Caucasus region, President Mikheil Saakashvili's desire to resolve these protracted conflicts has become symbolic of his vigorous approach to tackling Georgia's more intractable problems.

Marina Glamotchak, Diane Masson, *Resolution of the Status of Kosovo*

Kosovo is still part of Serbia-Montenegro, which is seeking to retain some form of sovereignty over the province. Its ethnic Albanian majority wants complete independence from Belgrade. Whereas some crucial UN-set standards such as the decentralization process, the return of refugees, and protection of minorities have not yet been implemented, the Kosovo status talks are underway, having officially began in November 2005. The international community has defined three principles: the province cannot go back to where it was, it will not split or merge with another state, and the negotiators should find a solution that is acceptable to both sides. Regional stability is also at stake in this process, the Yugoslav wars having shown that there is a real danger that problems in this region can deteriorate rapidly.

■ Thomas Gomart, *Russian Foreign Policy: the Unpredictable Fickleness*

A close study of what is a wide reaching foreign policy leads to a number of contradictory conclusions. It is necessary to acknowledge that Vladimir Putin, despite having to overcome a number of hurdles, has managed to expand Russia's options, even if his strategic choices have not always made sense. This has resulted in a measure of uncertainty which favors tactics over strategy. The Russian president has defined a policy which could be encapsulated in the following play-off: maintaining freedom to maneuver so as to do nothing. This play-off will be analyzed through the prism of historical constants (an outline of the theaters, strategic constructs, and energy resources) and of current issues (Iran, diplomatic positions, and regional integration projects).

■ Jean Lamy, *Towards a New G8: Energy Security and Climate Change*

Recent trends relating to the price of energy, global energy security, and the impact of energy consumption on greenhouse gas emissions led the G8 in 2005 to take on, conjointly, two new policy issues: energy and climate change. This is a recognition that a new concept of collective security has emerged on the international level: that global energy security within a sustainable development context has a strategic dimension, which requires new forms of dialogue and cooperation among nations and new actors.

■ Günther Maihold, *Spain's Return to Europe*

The new socialist government of Spain has changed the foreign policy orientation of the country such that it is heading in the opposite direction of its predecessor. In order to situate Spain in the "heart of Europe", the government has been trying to institutionalize a specific form of dialogue with France and Germany. At the same time, the government has moved to reaffirm its relations with the traditional partners in Latin America and to instigate an improved understanding with its Mediterranean neighbors. Initiatives to construct a better understanding with the US are underway. The future of this regained partner will depend on the immediate results of these new perspectives.

■ Mark Medish, *Russia's Incomplete Transformation*

Vladimir Putin's Russia is evolving in contradictory ways: its impressive economic progress, fueled by oil and gas exports, is counterbalanced by retrograde political trends. These ambivalent vectors, combined with Russia's increasingly assertive regional conduct, will pose major policy challenges in 2006. The US and the EU have important security interests vis-à-vis Russia but declining leverage, making Transatlantic coordination imperative.

■ **William Tompson,** *A Frozen Venezuela: the "Resource Curse" and Russian Politics*

This article examines the impact of natural resource wealth on Russian political life. Viewed from a political perspective, what is striking is not how well Russia conforms to the stereotype of a resource-based political economy but how well it has (so far) resisted many of the institutional and political pathologies associated with the "resource curse". There is little reason to think that Russia's policy would be much healthier if it had less resource wealth. Nevertheless, it seems that Russia's resource wealth does pose dangers to its political development. The crucial issue is not the nature of the resources themselves but the location of those resources in an institutional environment that is ill-equipped to cope with the pressures and problems that such wealth can create.

■ **Sébastien Trives,** *Dealing with the Insurrection in Afghanistan*

Experience in Afghanistan during 2005 suggests that the insurgency is not only better organized and more determined, but seems to have adopted a long term strategy. Insurgency-related violence will continue to rise in the area in 2006. Creating a more stable security environment is a prerequisite for the implementation of the processes envisioned in the post-Bonn compact. Short of being able to address the complex issue of the bilateral relationship between Afghanistan and Pakistan, the implementation of a çounterinsurgency drive designed to address the insurgency's internal causes in the South, Southeast and East of the country should be made a priority by the Afghan government and international actors supporting it. This implies a need for an increase in the international presence in the country in the short term.

VOLUME XXXVII, N° 1, MARS 2006

Études internationales

LES LIVRES BLANCS ET LA POLITIQUE ÉTRANGÈRE : PRATIQUES COMPARÉES

SOUS LA DIRECTION DE NELSON MICHAUD

DIRECTION ET RÉDACTION : Institut québécois des hautes études internationales, 5458 Pavillon Charles-De Koninck, Université Laval, Québec, QC, Canada, G1K 7P4, (418) 656-2462, téléc. (418) 656-3634, rei@hei.ulaval.ca, www.iqhei.ulaval.ca.

ABONNEMENTS : Les demandes d'abonnement, le paiement et toute correspondance relative à ce service doivent être adressés au Service des abonnements, Institut québécois des hautes études internationales, 5458 Pavillon Charles-De Koninck, Université Laval, Québec, QC, Canada, G1K 7P4, (418) 656-2462, téléc. (418) 656-3634. Les cartes Visa et Mastercard sont acceptées.

ABONNEMENT ANNUEL : Quatre numéro par an (30 $ le numéro)

	Canada	*Étranger*
Individu	60 $ CAN	70 $ US
Étudiant	45 $ CAN	50 $ US
Institution	100 $ CAN	115 $ US

Nos dernières publications

RAMSES et *Politique étrangère* sont disponibles auprès de votre libraire. Nos autres titres sont diffusés par la Documentation française (29, quai Voltaire, 75344 Paris Cedex 07, tél. : 01 40 15 70 00, <www.ladocfrancaise.gouv.fr>).

La liste exhaustive de nos publications ainsi que certains titres sont désormais consultables en ligne (<www.ifri.org>).

***RAMSES* (Rapport annuel mondial sur le système économique et les stratégies)**

RAMSES 2006 (344 p., septembre 2005, 35 €, coédité avec Dunod)

RAMSES 2005 (376 p., septembre 2004, 35 €, coédité avec Dunod)

Les Notes de l'Ifri

N° 58 : *Does Enlargement Conceal Globalisation? Location Issues in Europe*
Slavo Radosevic et Frédérique Sachwald
(48 p., octobre 2005, 8 €)

N° 57 : *La France, l'Allemagne et l'Europe. Perspectives (3)*
Réflexions franco-allemandes sur l'avenir du budget européen
Martin Koopmann et Hans Stark (dir.)
(40 p., janvier 2005, 7 €)

N° 56 : *La France, l'Allemagne et l'Europe. Perspectives (2) – Quel avenir ?*
Les relations franco-allemandes et la PESD
Martin Koopmann et Hans Stark
(56 p., mars 2004, 8 €)

Travaux et recherches de l'Ifri

Radioscopies de l'Allemagne 2006
Claire Deuresmay et Hans Stark (dir.)
(284 p., janvier 2006, 15 €)

Les Politiques agricoles sont-elles condamnées par la mondialisation ?
Pierre Rainelli (dir.)
(390 pages, juin 2005, 30 €)

La Croissance française 1950-2030. Le défi de l'innovation
Luis Miotti et Frédérique Sachwald (dir.)
(128 p., mars 2005, réédition, 10 €)

Radioscopies de l'Allemagne 2005
Claire Demesmay et Hans Stark (dir.)
(220 p., janvier 2005, 15 €)

Quel Budget européen à l'horizon 2013 ? Moyens et politiques d'une Union élargie
Maxime Lefebvre (coord.)
(214 p., juillet 2004, 15 €)

Politique étrangère

N° 4/2005 : *UE : défis économiques et sociaux*
(224 p., décembre 2005, 20 €)

N° 3/2005 : *Après le non français*
(232 p., septembre 2005, 20 €)

N° 2/2005 : *UE : l'aventure constitutionnelle*
(240 p., juin 2005, 20 €)

N° 1/2005 : *Islams d'Occident et d'ailleurs*
(232 p., mars 2005, 20 €)

N° 4/2004 : *Les nouveaux enjeux du Moyen-Orient*
(250 p., décembre 2004, 20 €)

N° 3/2004 : *La présidence Bush : parenthèse ou changement structurel ?*
(250 p., août 2004, 20 €)

N° 2/2004 : *La Chine dans l'économie mondiale*
(250 p., juin 2004, 20 €)

N° 1/2004 : *Les armes de l'Irak, un an après*
(240 p., mars 2004, 20 €)

N° 3-4/2003 : *2003, un tournant ?*
(430 p., décembre 2003, 20 €)

N° 2/2003 : *Mondialisation, politiques nationales et gouvernance globale/*
Afrique : conflits et développement
(240 p., juin 2003, 18,29 €)

N° 1/2003 : *Les États-Unis, la puissance et la guerre/Autour de la crise irakienne*
(213 p., mars 2003, 18,29 €)

N° 4/2002 : *Quelle politique étrangère pour la France ?*
(272 pages, décembre 2002, 18,29 €)

N° 3/2002 : *Israël-Palestine : chronique d'une impasse/*
Union européenne : le dedans et le dehors
(296 pages, septembre 2002, 18,29 €)